에듀윌과 함께 시작하면,
당신도 합격할 수 있습니다!

에듀윌 IT자격증은 학문을 연구하지 않습니다.
가장 효율적이고 빠른 합격의 길을 연구합니다.

IT자격증은 '사회에 내딛을 첫발'을 준비하는 사회 초년생을 포함하여
새로운 준비를 하는 모든 분들의
'시작'을 위한 도구일 것입니다.

에듀윌은
IT자격증이 여러분의 최종 목표를 앞당기는 도구가 될 수 있도록
빠른 합격을 지원하겠습니다.

누구나 합격할 수 있습니다.
시작하겠다는 '다짐', 이루겠다는 '목표'면 충분합니다.

마지막 페이지를 덮으면,

**에듀윌과 함께
IT자격증 합격이 시작됩니다.**

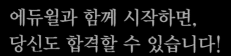

eduwill

엑셀 기본 조작법 및 단축키(Windows)

※ 단축키 사이의 + 표시는 동시에 누르고, > 표시는 순차적으로 한 번씩 누릅니다.

셀 간 이동	방향키
현재 데이터 영역의 가장자리로 이동	Ctrl + 방향키
셀 다중 선택	Shift + 방향키
셀 다중 선택 빠르게 하기 (1열 / 행)	Ctrl + Shift + 방향키
떨어져 있는 셀 추가하기	Ctrl + 클릭 or Shift + F8
열 전체 선택	Ctrl + Space Bar
열 삽입	전체 열 선택 후 Ctrl + +
열 삭제	전체 열 선택 후 Ctrl + −
행 전체 선택	Shift + Space Bar
행 삽입	전체 행 선택 후 Ctrl + +
행 삭제	전체 행 선택 후 Ctrl + −
셀 삽입	Ctrl + +
열 숨기기	전체 열 선택 후 Ctrl + 0
행 숨기기	전체 행 선택 후 Ctrl + 9
데이터 전체 선택	Ctrl + A
열 자동 맞춤	데이터 선택 후 Alt > O > C > A
행 자동 맞춤	데이터 선택 후 Alt > O > R > A
이전 작업 반복하기	F4
현재 셀 편집하기	F2
줄 바꿈 텍스트	Alt + Enter
기호 삽입	Alt > I > S
숫자, 수식 등의 문자화	'
데이터 나누기	Alt > D > E
되돌리기	Ctrl + Z
되돌리기 취소	Ctrl + Y
셀 서식	Ctrl + 1
현재 날짜 입력	Ctrl + ;
현재 시간 입력	Ctrl + Shift + ;
시트 이동	Ctrl + Page Up or Page Down

엑셀 기본 조작법 및 단축키(Mac)

※ 단축키 사이의 + 표시는 동시에 누르고, > 표시는 순차적으로 한 번씩 누릅니다.

셀 간 이동	방향키
현재 데이터 영역의 가장자리로 이동	`Command` + 방향키
셀 다중 선택	`Shift` + 방향키
셀 다중 선택 빠르게 하기 (1열 / 행)	`Command` + `Shift` + 방향키
떨어져 있는 셀 추가하기	`Command` + 클릭 or `Shift` + `F8`
열 전체 선택	`Command` + `Space Bar`
열 삽입	전체 열 선택 후 `Command` + `+`
열 삭제	전체 열 선택 후 `Command` + `-`
행 전체 선택	`Shift` + `Space Bar`
행 삽입	전체 행 선택 후 `Command` + `+`
행 삭제	전체 행 선택 후 `Command` + `-`
셀 삽입	`Command` + `+`
열 숨기기	전체 열 선택 후 `Command` + `0`
행 숨기기	전체 행 선택 후 `Command` + `9`
데이터 전체 선택	`Command` + `A`
열 자동 맞춤	데이터 선택 후 `Option` > `O` > `C` > `A`
행 자동 맞춤	데이터 선택 후 `Option` > `O` > `R` > `A`
이전 작업 반복하기	`Command` + `Y`
현재 셀 편집하기	`F2`
줄 바꿈 텍스트	`Option` + `Enter`
기호 삽입	`Alt` > `I` > `S`
숫자, 수식 등의 문자화	`'`
데이터 나누기	`Option` > `D` > `E`
되돌리기	`Command` + `Z`
되돌리기 취소	`Command` + `Y`
셀 서식	`Command` + `1`
현재 날짜 입력	`Command` + `;`
현재 시간 입력	`Command` + `Shift` + `;`
시트 이동	`Command` + `Page Up` or `Page Down`

회사에서

엑셀을
검색하지 마세요

바로바로 써먹는 실무엑셀 꿀기능 모음 ZIP

ㅋㅈㅊㄷㅌ

저자 이재형

eduwill

직장인 엑셀은
이 책이면 됩니다

안녕하세요. 기업 엑셀 강사로 활동하고 있는 이재형입니다. 현재 직업은 엑셀 강사이지만, 저의 어릴 적 꿈은 방송PD와 패션 디자이너였습니다. 그러다 패션 디자이너로 방향성을 정하고 패션 디자인 공부를 시작했는데, 생각만큼 잘하지 못해 패션 MD(유통 MD)로 사회생활을 시작했습니다. 회사에 들어간 첫날부터 엑셀을 사용하게 되었는데, 저는 엑셀을 전혀 사용할 줄 몰랐습니다. 그래도 다행히 학창 시절에 컴퓨터 게임을 하던 실력(?)을 살려 컴퓨터로 하는 업무에 빠르게 적응했고, 잘 적응했다고 생각했지만 시간이 지나도 업무의 99%를 차지하는 엑셀이 너무 어려웠습니다. 바쁜 업무에 당장 필요한 것들만 그때 그때 배워 나가는 식으로 업무를 처리했었는데, 이 당시 제 엑셀 실력은 회사 선배가 만든 파일에 복사 – 붙여넣기를 하거나 단순한 함수를 입력하는 수준이었어요. 그리고 이직을 하게 되었는데, 지금 생각해도 당황스럽지만 이직한 회사의 동료들이 메모장으로 일을 하고 있었습니다. 엑셀 업무에 익숙해져 있던 저는 정말 충격을 받았고, 이직을 잘못했다는 생각을 많이 했습니다. 이 상황을 개선하고 싶었던 이때부터 엑셀을 본격적으로 공부하기 시작했고, 모든 메모장 파일을 엑셀로 만들었습니다. 그리고 무작정 부서장님께 가서 '이렇게 바꿔봤습니다.'라고 보고를 했죠. 어떻게 보면 무례하다고 느끼셨을 텐데, 다행히 좋아하시며 다른 업무 파일도 엑셀로 바꾸라는 지시를 받았던 기억이 있습니다. 이게 동력이 되어 엑셀을 더 열심히 공부하며 엑셀을 잘 못 다루는 직원들도 돕기 시작했고, 제 직업은 여러분들에게 엑셀을 가르쳐 주는 사람이 되었습니다.

제가 처음 엑셀 수업을 준비하며 세운 목표는 '남들과는 다른 수업을 만들어야지! 무조건 수강생 입장에 맞추어 수업을 만들자!'였고, 이를 위해 수업의 기승전결을 만들었습니다. 그리고 주말 원데이 클래스로 4시간의 수업을 진행했는데, 시작할 때와는 정반대의 모습을 만들어 주고 싶다는 진정성을 가득 담았습니다.

수강생들의 엑셀 실력이 느는 모습을 보면서 정말 행복했고, 강의하는 것이 정말로 즐거웠습니다. 진심이 담긴 수강 후기를 보면서 계속해서 열정적으로 강의할 수 있었고, 덕분에 좋은 기회를 만나 저의 노하우를 담을 책을 출간하게 되었습니다. 저처럼 컴퓨터 게임만 할 줄 아는 사람, 비전공자, 엑셀 사용이 능숙하지 않은데 급하게 엑셀을 활용해야 하는 분들이 정말 재밌게 엑셀을 배울 수 있도록 고민하며 정말 열심히 책을 썼습니다.

지금부터 제가 엑셀을 잘하게 된 노하우를 모두 전달하겠습니다. 이 책을 잘 따라하시고 나면 업무에서 능숙하게 엑셀을 사용하는 자신의 모습을 발견할 수 있을 것이라고 확신합니다. 집중해서 잘 따라와 주세요.

이재형

전) 7년간 직장인으로 근무
현) 2018년부터 기업 엑셀 강사로 활동 중
    롯데그룹, 삼성화재, 스타벅스, 서울대학교병원,
    BGF 리테일, SPC 등 기업 강의 100회 이상 출강

FRIP
백승○○ 수강생

이미 인기 강의지만 고민하시는 분들께 정말 추천하고 싶어요! 강의 전부터 친절하고 꼼꼼하게 챙겨주셔서 처음 듣는 컴퓨터 수업이지만 걱정 없이 참여할 수 있었어요. 무엇보다 저는 엑린이에 컴알못인데 많이 버벅거리긴 해도 문제없이 수업을 따라갈 수 있었던 건 선생님의 탁월한 강의 능력 덕이네요. 천천히 알아듣기 쉽게 설명해 주시니까 저 같은 분들도 걱정하지 마시고 일단 들으러 오세요~ 계획된 수업 시간을 넘겨서까지 열정적으로 가르쳐 주시고 피드백도 완벽하세요. 쌤 덕분에 열심히 공부하고 싶어졌어요. 감사드려요^_^//

FRIP
김○○ 수강생

현업 인사 담당자로 일하고 있는데, 주니어 필수 코스로 개설하고 싶을 정도로 만족스러운 수업이었습니다. 회사 다니며 엑셀을 잘하고 싶다고 생각만 하다, 강제로 환경을 만들지 않으면 영원히 하지 않겠구나 싶어 수강 등록했습니다. 물론 유튜브나 책을 보면서 혼자 공부할 수 있습니다만, 실무에 적용할 수 있는 기본기부터 빠르게 학습하고 싶었습니다. 무엇보다 엑셀 공부를 꾸준히 할 수 있는 베이스 마련한 느낌입니다. 성장을 위해 투자한 스스로에게 칭찬을 ㅎㅎ. 천천히 꿀팁부터 실전에서 활용할 수 있는 내용을 알려주셔서 따라가기 어렵지 않았습니다. 배운 내용 현업에서 잘 활용해 보겠습니다. 바쁜 현대사회... 언제 하나하나 찾아보지? 뭐부터 해야 하지? 고민하시는 분들 망설이지 말고 바로 들으세요. 강추합니다.

FRIP
박○○ 수강생

실무 엑셀계의 백종원 같은 쌤.
강의 시간 내내 수강생들의 감탄사가 절로~
엑셀 사용하는 직장인들에게 추천합니다!

직장인이라면 누구나 고민하는 엑셀, 항상 해야지 해야지 하면서 계속 미루고 있었습니다. 그러다가 오프라인 강의가 있다는 것을 알게 되었고 하루동안 집중적으로 공부하고 싶어 신청했습니다.

결과는 대만족이었습니다!!! 알려주신 것들을 활용하면 업무할 때 제가 스스로 해결할 수 있는 것이 많아질 것 같습니다. 특히, 시간을 정말 많이 단축할 수 있는 스킬들을 알려주셔서 야근을 줄일 수 있을 것 같습니다.

그리고 오랫동안, 많이 강의를 하셨던 노하우가 담겨있어서 수강생분들이 어떤 포인트에서 어려워하는지도 알고 이해하기 쉽게 설명해주셨습니다.

엑셀 고민이 있는 분들에게 꼭!! 추천하고 싶은 강의입니다. 사실 엑셀은 어렵다기 보다 익숙하지 않은 건데 오늘 가르쳐주신 걸 바탕으로 많이 복습해야겠습니다! 좋은 강의 감사드려요 :)

FRIP
프립○○○○○○
수강생

수업이 어렵거나 지루하면 어떡하나 싶은 걱정과 달리 너무 재미있어서 시간이 정말 빠르게 지나갔습니다. 선생님 설명도 명료하고 이해하기 쉬워서 하나하나 과제를 클리어하는 뿌듯함도 느낄 수 있었습니다. 무엇보다 일회성 수업으로 끝나는 것이 아니라, 수업 내용을 온전히 내 것으로 만들 수 있게 해 주시는 것이 정말 좋습니다.

완전 엑셀 초보라서 수업 내용을 다 소화하지는 못하더라도 지금보다는 툴 이해도가 높아지겠지 싶은 마음으로 등록했는데, 예습 자료부터 복습 자료까지 세심하게 챙겨주셔서 앞으로도 배운 내용을 잘 활용할 수 있을 것 같습니다. 4시간의 수업으로 툴을 대하는 시야가 확장된 느낌입니다.

돌아와서 바로 평소 업무에 사용하던 시트들을 살펴보고, 배운 내용을 적용해 보니 무척 만족스럽고 뿌듯하네요. 북마크에 담아두고 오래 망설였는데, 진작 배울 걸 그랬다는 아쉬운 생각도 듭니다. 더 연습해서 익숙해지고 나면 내년엔 파트2 수업도 들어보고 싶습니다:)

FRIP
최○○ 수강생

CLASS101
○○○ 수강생

숙련된 엑셀 스킬이요. 이게 정말 대박이었어요. 업무 속도가 5배는 빨라진 것 같네요. ㅎㅎ 가장 유용한 단축키보다 단축키를 어떻게 해야 더 효율적으로 사용할 수 있는지 가르쳐 주는 강사님의 강의가 정말 유용하다고 생각해요. 정말 많은 걸 배우고 있습니다.

감사합니다^^

CLASS101
○○○ 수강생

함수는 어렵겠지 싶어 솔직히 조금씩 긴장하고 있었는데 외계어 같던 함수도 차근차근 친절하게 알려주시니까 정말 좋구요, 초보자가 따라하기 정말 편하고, 생각처럼 엄청 어려운건 아니구나 깨닫게 되네요! 재밌게 배우면서 곧 엑셀을 잘 다룰 수 있을 것 같다는 자신감이 생기고 있습니다. 수강 선택하길 정말 잘한 것 같아요! 오늘도 감사히 배우고 가요. 양질의 강의 감사합니다^^

CLASS101
○○○ 수강생

함수는 매번 사용하면서도 오류가 나면 인터넷으로 찾아보고 수정하는 작업을 반복했는데 vlookup 함수의 키포인트를 알려주시니, 여태까지 해왔던 작업에 대한 정리가 확실하게 됩니다.

바쁘다는 이유로 강의를 미루고 있었는데 기초적인 수업이어도 잘 듣고 따라해 보고 반복 학습이 진짜 중요하네요!! 덕분에 엑셀에 한발 더 다가간 거 같아서 좋습니다.

감사합니다:)

CLASS101
○○○ 수강생

좋은 내용으로 강의해 주셔서 감사해요. 특히 예상 가능한 문제 상황, 다양한 활용법을 알려주신 게 인상적이었어요! 배운 내용 잘 활용해서 업무 능력을 향상시켜 보도록 하겠습니다 ^-^

정말 하나하나 떠서 먹여주는 강의입니다. 이 강의 하나면 웬만한 기본기는 모두 다질 수 있습니다. 그냥 이론만 전달하는 강의가 아닌 현장의 경험을 바탕으로 엑린이들이 뭘 모르는지 간파하고 간지러운 곳을 긁어주는 강의에요. 많은 오프라인 수업을 들어봤지만 약속한 커리큘럼을 완주한 수업은 처음입니다.

탈잉
4e○○○○ 수강생

수업 듣고 돌아가는 길에 리뷰 남깁니다.
암기가 아닌 사고를 할 수 있도록 수업을 진행하시고, 몸에 익도록 반복하는 방식이 저와 잘 맞아서 좋았습니다. 실무도 실무지만 엑셀에 대한 근본적인 이해를 기대하고 갔는데, 이 부분도 어렵지 않게 설명해 주셨습니다. 수고 많으셨습니다!

탈잉
조○○ 수강생

우선 너무 만족스럽고 효율성 갑인 원데이 클래스입니다. 진짜 실무에서 바로 쓸 수 있게끔 깔끔하고 명확히 설명해 주셔서 배우기 너무 좋았어요. 계속해서 반복 실습할 수 있게 설명해 주셔서 손에 절로 익었고, 마우스로 셀 하나하나 눌렀던 제가 Ctrl이랑 Shift로 셀의 이동 및 선택이 가능합니다. 4시간이 절 그렇게 만들어 주었어요. 엑셀에 대해서 생존형 실력을 가진 분들이 들었을 때 진짜 확 꽂힐 만한 수업이고, 기초가 아예 없더라도 어떤 기능이 엑셀이 있다는 걸 아는 정도만 되면 이해하기 충분할 것 같습니다. 어떻게 응용하느냐에 따라 간단하고 쉬운 함수나 기능도 잘 쓸 수 있다고 하셨는데, 오늘 바로 실무에서 사용했거든요. 바로 상사분께 긍정적인 피드백을 받았습니다. 심화반이나 응용반이 있다면 또 듣고 싶네요.

탈잉
최○○ 수강생

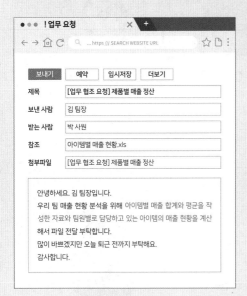

1 업무 요청

팀장님의 업무 요청이 들어왔습니다!
어떤 업무를 요청하셨는지 빠르게 확인하고, 어떤 엑셀 스킬이
필요한지 생각해 보세요.

2 엑셀 연습하기

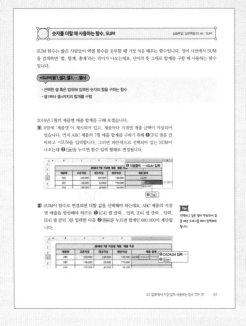

업무를 해결하기 위해서는 엑셀 스킬이 뒷받침되어야겠죠?
업무에 바로바로 적용할 수 있는 실무 엑셀 스킬을 확인해 보세요.
+ 엑셀은 눈으로만 보면 절대! 늘지 않습니다. 실습 파일과 함께
　손으로 따라하세요.

3 퇴근 30분 전!! 업무 해결하기

연습한 내용을 바탕으로 빠르게 업무 요청 사항을 처리해 보세요.
+ 이해가 안 가시나요? 강의를 보면서 연습하세요!
　경로 : QR코드 접속

CONTENTS

04 엑셀은 결국 응용이 전부다.

01

엑셀을 '잘' 하기 위해 꼭 알고 있어야 하는 '리본 메뉴'

엑셀 수업의 커리큘럼을 구성하면서 고심 끝에 정한 첫 번째 주제는 '리본 메뉴'입니다. '리본 메뉴'는 엑셀을 열면 바로 보이는 상단 탭으로, 쉽게 기능을 찾을 수 있도록 만든 부분이라고 생각하면 됩니다. '리본 메뉴'의 기능들은 우리가 파일을 만들 때 꼭 사용해야 하는 것들이 많은데요. 엑셀에 많은 기능이 있는 건 모두 알고 있으시죠? 그중에도 특별히 자주 사용되는 것들이 있습니다. 이 중 자주 사용하고 꼭 알아야 하는 기능 중심으로 연습해 보겠습니다.

01 [홈] 탭

회사의 자료는 대외적인 자료이기 때문에 시각적인 부분이 아주 중요합니다. 리본 메뉴의 [홈] 탭에는 엑셀의 레이아웃과 디자인에 대한 기능이 설정되어 있습니다. 엑셀 중급자도 잘 모르는 [홈] 탭의 숨겨진 기능을 소개하겠습니다.

● ● ● **업무 요청!** ✕ ＋

← → ⌂ C 🔍 ... https /// SEARCH WEBSITE URL ☆ ▢ ⋮

| 보내기 | 예약 | 임시저장 | 더보기 |

제목 [업무 요청] 연차 일수 현황 정리

보낸 사람 김 팀장

받는 사람 박 사원

참조 AA팀

첨부파일 연차 일수 현황.xls

안녕하세요. 김 팀장입니다.

많은 사람들이 엑셀 파일을 사용하다 보니, 파일이 많이 지저분하네요.
이게 아무것도 아닌 것 같지만 파일을 잘 정리하는 것도 굉장히 중요한 일입니다.
많은 사람들이 바로바로 알아 볼 수 있어야 하니까요.

많이 바쁘겠지만, 파일 깔끔하게 정리해서 오늘 퇴근 전까지 부탁해요.
감사합니다.

[서식 복사]에 숨겨진 비밀 1 - 서식 복사하기　　　실습파일: 실무엑셀 01.xls - 서식복사

[서식 복사]는 셀에 입력된 서식만 복사해서 같은 서식을 적용하고 싶은 셀에 붙여넣는 기능입니다. 예를 들어 어떤 셀에 바탕색과 글꼴이 적용되어 있다고 할 때 [서식 복사]를 이용하면 이를 다른 셀에 그대로 적용할 수 있습니다.

'No.'가 입력되어 있는 [B4] 셀에 글꼴은 '굵게(Bold)', 바탕색은 '연한 녹색'으로 적용되어 있습니다. 이를 [C6] 셀에 [서식 복사] 해 보겠습니다. ❶ [B4] 셀을 클릭한 후 ❷ [홈] 탭 - [클립보드] 그룹 - [서식 복사]를 클릭하면 점선으로 된 네모 박스가 생깁니다. ❸ [C6] 셀을 클릭하면 [B4] 셀과 같은 서식이 적용됩니다.

만약에 여러 셀을 한 번에 변경하고 싶을 때는 [서식 복사]를 클릭한 후 여러 셀을 드래그하면 됩니다.

실무와 조금 더 가까운 상황을 가정해 보겠습니다. 업무 분야가 '마케팅'과 '관리'인 셀에 [F9] 셀의 서식을 적용하려고 합니다. 복사한 서식의 붙여넣기를 한 개의 셀에만 해야 하는 것이 아니라, 조건에 맞는 여러 셀에 적용해야 하는데요. 일반적으로 [서식 복사]는 1 복사 1 적용이 원칙이라서 '마케팅'과 '관리'로 표시되어 있는 셀마다 [서식 복사]를 여러 번 반복해서 클릭해야 합니다. 그런데 만약 적용해야 할 셀이 1,000개가 넘는다면? [서식 복사]를 1,000번 반복해야 한다? 생각만 해도 끔찍합니다. 이때 [서식 복사]의 더블클릭 기능을 알면 빠르게 해결할 수 있습니다.

❶ [F9] 셀을 클릭하고, ❷ [홈] 탭 – [클립보드] 그룹 – [서식 복사]를 더블클릭합니다. ❸ 바뀐 커서 모양을 확인한 후 '마케팅'과 '관리' 셀을 하나씩 클릭하면 계속 서식이 변경되는 것을 확인할 수 있습니다. 마찬가지로 드래그를 이용하는 경우에도 여러 번 변경이 가능합니다.

[서식 복사]는 많은 사람들이 알고 있는 기본적인 기능입니다. 그런데 더블클릭을 활용하면 기능을 연속해서 사용할 수 있다는 점은 모르는 경우가 많더라고요. 두 가지 모두를 꼭 기억해서 엑셀 업무에 도움이 되길 바랍니다.

[서식 복사]에 숨겨진 비밀 2 – 기능 복사하기

실습파일: 실무엑셀 01.xls - 서식복사

[서식 복사]를 활용하면 서식 말고도 복사할 수 있는 것이 있습니다. 바로 기능 복사인데요. 사용 방법도 엄청 간단합니다.

❶ [M4:O4] 셀을 드래그하고, ❷ [홈] 탭 – [맞춤] 그룹 – [병합하고 가운데 맞춤]을 클릭해서 셀을 병합한 다음, ❸ [M6:O6] 셀을 드래그하고 F4를 누릅니다. 그러면 이전 셀에 적용된 [병합하고 가운데 맞춤] 기능이 동일하게 적용됩니다.

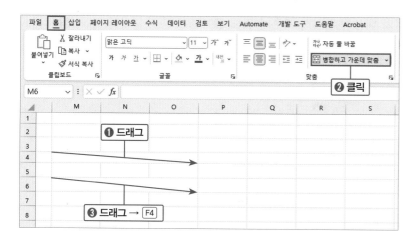

이처럼 F4는 이전에 했던 작업을 계속해서 반복해야 할 때 사용할 수 있는 단축키입니다. 대표적으로 '병합하고 가운데 맞춤', '테두리', '자동 합계' 등등에서 사용할 수 있습니다. 굉장히 편리하겠죠?

 정말 중요하지만 많은 사람들이 모르는 기능 - [지우기]   실습파일: 실무엑셀 01.xls - 지우기

엑셀은 다른 문서 작성 프로그램과 조금 다른 부분이 있습니다. 예를 들어 설명해 볼게요. [C3] 셀에 제 이름(이재형)을 쓰고 강조하기 위해 바탕색으로 노란색을 적용했습니다. 그리고 셀의 내용을 지우기 위해 Delete 혹은 BackSpace를 눌렀습니다. 그런데 어? 텍스트는 사라졌지만 바탕색은 남아 있는 것을 확인할 수 있습니다.

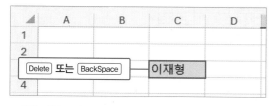

▲ 셀을 지워도 데이터만 사라질 뿐, 바탕색은 남아 있다.

때문에 많은 사람들이 엑셀에서 셀의 내용을 완전히 지우기 위해 ❶ 마우스를 우클릭한 다음, ❷ '삭제'를 클릭하여 아예 셀을 삭제해 버립니다.

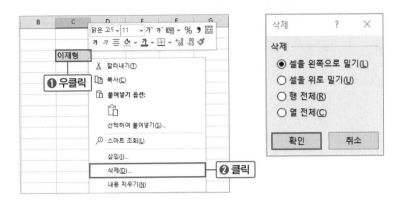

물론 셀을 아예 삭제하는 것도 틀린 방법은 아닙니다. 그렇지만 엑셀에는 '삭제' 말고도 [지우기]라는 기능이 존재합니다. 지우고 싶은 셀을 선택한 후 **[홈]** 탭 – **[편집]** 그룹 – **[지우기]**를 클릭하면 셀의 모든 내용이 사라집니다.

이번에는 표에서 데이터를 이동하지 않고 필요한 셀의 내용만 지우기를 적용해 보겠습니다. 노란색이 적용되어 있는 [H4:H6] 셀의 배경색만 지우려고 하는데요. 이를 '셀 삭제' 기능으로 지우면 레이아웃이 손상되는 것을 확인할 수 있습니다.

이처럼 '셀 삭제'를 활용하면 표를 다시 원상 복구하기 위해 셀을 삽입하고, 레이아웃을 맞춰야 하는 단계를 한 번 더 거쳐야 합니다. 하지만 [지우기] 기능을 사용하면 번거롭지 않게 작업할 수 있습니다.

❶ [H4:H6] 셀을 드래그하고 ❷ **[홈]** 탭 – **[편집]** 그룹 – **[지우기]** – **[서식 지우기]**
를 클릭합니다. 그러면 레이아웃은 유지가 되고, 정렬 맞추기와 가운데 빈 테두리만 채워서 표를 다시 사용할 수 있습니다.

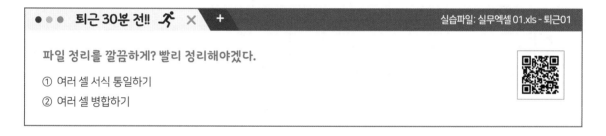

▲ 가운데 정렬과 다시 테두리를 그려야 한다는 것을 잊지 말자.

데이터가 많고, 수정해야 할 부분이 많을수록 [지우기] 기능은 정말 유용하게 사용할 수 있으니까 반드시 기억하세요.

● ● ● **퇴근 30분 전!!** 🏃 ✕ ＋　　　　　　　　　　실습파일: 실무엑셀 01.xls - 퇴근01

파일 정리를 깔끔하게? 빨리 정리해야겠다.

① 여러 셀 서식 통일하기

② 여러 셀 병합하기

팀장님께서 수정 요청하신 파일을 보겠습니다. 보니까 항목에 서식이 다르게 적용되어 있고, B열과 C열의 셀 중 병합되지 않은 셀이 있습니다.

1 먼저 셀 서식을 통일해 보겠습니다. **❶** [D4] 셀을 클릭하고, **❷** [홈] 탭 – [클립보드] 그룹 – [서식 복사]를 더블클릭합니다. 다음으로 **❸** [E4] 셀과 [H4] 셀 그리고 [J4] 셀을 차례대로 클릭해 줍니다.

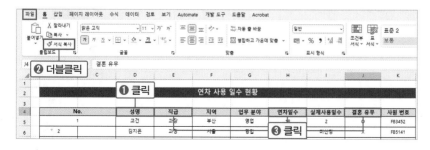

2 다음으로 ❶ [B7:C7] 셀을 드래그한 다음 ❷ **[홈]** 탭 – **[맞춤]** 그룹 – **[병합하고 가운데 맞춤]**을 클릭하여 셀을 병합합니다. 계속해서 ❸ [B8:C8] 셀을 드래그한 다음 F4를 누릅니다. 나머지 병합되지 않은 5, 6, 9, 10, 11, 14, 15, 16, 18이 입력된 셀도 병합해야 하는 범위를 드래그한 뒤 F4를 누르면서 빠르게 완성하면 됩니다.

No.		성명	직급	지역	업무 분야	연차일
❶ 드래그		고건	과장	부산	영업	18
	2	김지온	과장	서울	영업	6
	3	박현	차장	대전	마케팅	25
	4	안영주	과장	서울	기획	15
❸ F4	5	유호균	차장	부산	기획	23
	6	이선우	과장	부산	기획	50
	7	이영복	차장	서울	마케팅	23
	8	이지영	사원	부산	영업	5
	9	이진희	과장	대전	관리	15
	10	이태우	대리	대구	관리	12
	11	안승민	사원	대전	관리	5
	12	정진우	사원	광주	기획	8
	13	허원희	대리	대전	관리	10
	14	황혜정	대리	대구	영업	10
	15	김태형	대리	대구	마케팅	15
	16	최경진	부장	광주	관리	10
	17	임창민	차장	서울	관리	24
	18	오영석	사원	광주	관리	7
	19	김종완	부장	광주	기획	30

안녕하세요, 팀장님! 박 사원입니다.

말씀하신 자료 작성해서 전달드립니다. 확인 부탁드려요.

그럼 내일 뵙겠습니다. 감사합니다 :)

02 [페이지 레이아웃] 탭

회사에서 엑셀 파일을 인쇄해 보셨나요? 인쇄가 내 뜻대로 되지 않는다면 이번 챕터에서는 인쇄를 내 뜻대로 하는 방법을 알려드립니다. 더 이상 회사에서 종이 낭비한다는 잔소리를 듣지 맙시다!

● ● ● 업무 요청!　　　　　×　＋

←　→　⌂　↻　　🔍　... https /// SEARCH WEBSITE URL　　　　☆ 🗋 ⋮

보내기　　예약　　임시저장　　더보기

제목	[업무 요청] 회의 자료 준비
보낸 사람	김 팀장
받는 사람	박 사원
참조	AA팀
첨부파일	연차 일수 현황.xls

안녕하세요. 김 팀장입니다.

정리가 아주 깔끔하네요. 수고하셨습니다.
이따 회의 시간에 해당 자료를 보면서 회의할 예정입니다.
우리 팀 인원수만큼 인쇄해서 회의에 들어와 주세요.
※ 자료를 가로로 볼 수 있도록 인쇄할 것

감사합니다.

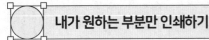
[페이지 레이아웃] 탭에서 알려드릴 내용은 인쇄하는 방법입니다. '인쇄하는 방법을 왜 배워야 하지? 그냥 하면 되는 거 아닌가?'라고 생각할 수도 있지만, 엑셀 파일을 인쇄하는 것은 생각보다 쉽지 않습니다. 방법을 모른 채 인쇄하면 원하는 대로 되지 않아 종이를 여러 장 출력하게 되는 당황스러운 상황을 겪게 됩니다. 원하는 형태가 될 때까지 계속 출력하다가 종이 혼자 다 쓰냐며 팀장님께 혼났던 기억이 스쳐 지나가네요.

파워포인트, 워드, 한글 등 우리가 익숙하게 사용하는 대부분의 OA 프로그램은 자동으로 1페이지 설정이 되어있습니다. 때문에 [인쇄]를 누르면 화면에 보이는 그대로 깔끔하게 출력됩니다. 하지만 엑셀은 1페이지라는 설정 값이 없습니다. 그래서 처음에 [인쇄]를 클릭하면 비율이 낮게 설정되어, 인쇄하고 싶은 내용은 A4용지 한쪽 구석에 작게 모여 있게 됩니다.

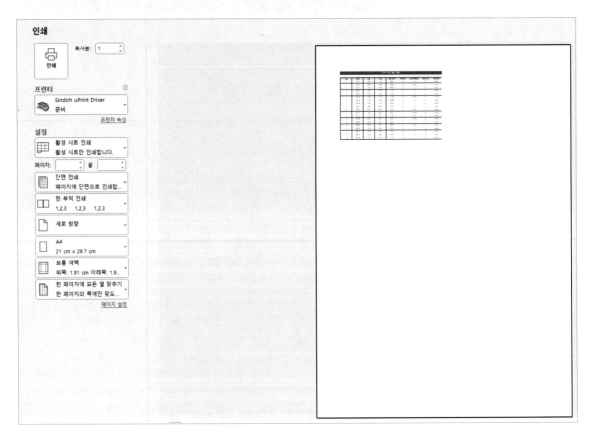

우리가 보통 사용하는 것처럼 1페이지 설정이 된 상태로 엑셀 파일을 인쇄하는 방법은 다음과 같습니다.

1 ❶ 인쇄하고 싶은 영역인 [A1:K24] 셀을 드래그하고, ❷ [페이지 레이아웃] 탭 - [페이지 설정] 그룹 - [인쇄 영역] - [인쇄 영역 설정]을 클릭하면 이름 상자에 'Print_Area'라고 표시됩니다.

Tip

이름 상자는 셀 이동을 하거나, 자주 사용하는 범위에 이름을 붙일 때 사용되는 기능입니다.

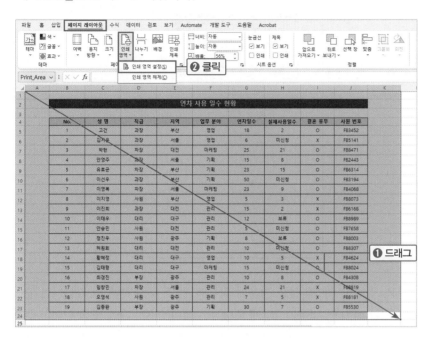

2 ❶ 이름 상자의 'Print_Area'를 확인하고 ❷ [페이지 레이아웃] 탭 - [크기 조정] 그룹 - [너비]에서 '1페이지'를 클릭합니다.

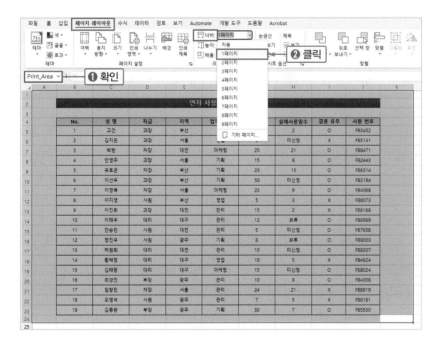

3 인쇄 미리보기를 통해 형태가 수정된 것을 확인합니다.

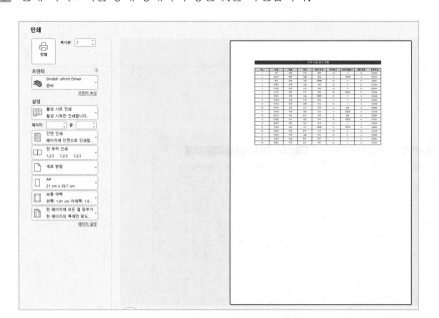

Tip

한 장이 아니라 여러 장으로 나눠서 인쇄해야 할 때는 페이지 수를 변경하면 됩니다.

처음과 다르게 비율은 확대되고, 입력한 데이터들도 가운데 맞춤이 된 것을 확인할 수 있습니다. 지금까지 설정한 내용은 '사용자가 선택한 범위를 A4용지 1장에 해당하는 너비(가로) 값에 맞춰 인쇄하겠다.'라는 의미입니다. 이 외에도 다양한 너비 종류를 이것저것 적용해 보고, 자신이 인쇄하고 싶은 상태에 맞춰 작업하면 됩니다.

화면을 깔끔하게 사용하고 싶다면 눈금선을 지우자

실습파일: 실무엑셀 01.xls - 눈금선

제가 직장생활을 했던 2013년에는 엑셀, 워드, 한글 등 다양한 문서 작성 프로그램을 사용하는 회사가 많았습니다. 그런데 지금은 워드나 한글의 사용 빈도가 많이 줄어들면서 데이터 관리, 정보 전달 문서, 계약서 등의 대부분을 엑셀로 만들고 있습니다. 때문에 시각적인 부분도 신경을 써야 할 수밖에 없죠. 눈금선을 지우는 것은 깔끔한 문서 작성을 위해 필요한 기능입니다. 그럼 화면을 깔끔하게 만드는 방법을 알아보겠습니다.

새로운 시트를 만들면 기본적으로 시트에 눈금선이 나타납니다. **[페이지 레이아웃]** 탭 − **[시트 옵션]** 그룹 − **[눈금선]**을 확인하면 [보기]에 체크되어 있는 것을 볼 수 있습니다. 여기에서 [보기]의 체크 표시를 해제하면 바로 눈금선이 사라지면서 하얀 엑셀 시트가 나타납니다.

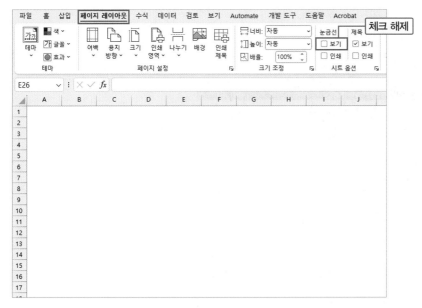

▲ 너무 깨끗해서 어색한 엑셀 시트가 된다.

실습파일: 실무엑셀 01.xls - 퇴근02

● ● ● **퇴근 30분 전!!** 🏃 × ＋

엑셀에서 인쇄를? 어려운데...

① 자료를 한 페이지로 설정하여 인쇄하기

② 가로로 볼 수 있도록 인쇄하기

자료를 출력해서 회의를 준비해야 하는데요. 일단 자료는 한 페이지에 깔끔하게 들어오도록 해야 하고 추가로 가로로 볼 수 있도록 인쇄해 보겠습니다.

1 먼저 인쇄할 범위를 선택해야 하니까 ❶ [A1:K24] 셀을 드래그한 후 ❷ [**페이지 레이아웃**] 탭 – [**페이지 설정**] 그룹 – [**인쇄 영역**] – [**인쇄 영역 설정**]을 클릭합니다. 다음으로 ❸ [**크기 조정**] 그룹 – **높이**를 '1페이지'로 설정한 후 ❹ [**파일**] – [**인쇄**]를 클릭합니다.

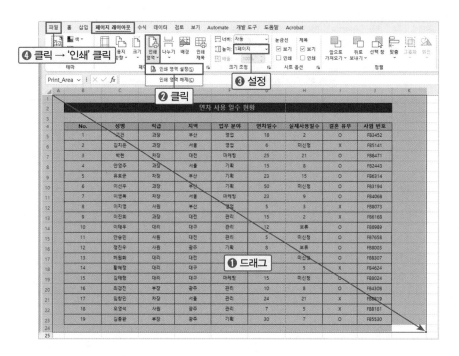

2 ❶ 인쇄 방향을 '세로 방향'에서 '가로 방향'으로 설정하고, ❷ '보통 여백'을 '좁은 여백'으로 설정하면 한 페이지에 맞춰 가로 방향으로 인쇄를 할수 있습니다.

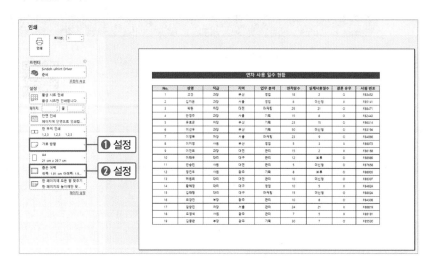

원하는 대로 잘 나왔네~

얼른 회의 들어가야겠다.

03 [데이터] 탭

[데이터] 탭은 많은 자료를 관리하는 데 필요한 기능들이 모여있는 탭입니다. 많은 자료를 관리하는 것은 엑셀 업무의 핵심인데요. 이를 편리하게 사용할 수 있는 여러 기능을 설명하겠습니다. 수업을 하다 보면 수강생들의 눈이 갑자기 커지는 내용들이 많으니까 기대해주세요.

● ● ●   **업무 요청!**   ×   +

← → ⌂ C   🔍 ... https /// SEARCH WEBSITE URL   ☆ 🗋 ⋮

보내기   예약   임시저장   더보기

제목   [업무 요청] 직원 관리 파일 정리

보낸 사람   김 팀장

받는 사람   박 사원

참조   AA팀

첨부파일   연차 일수 현황.xls

안녕하세요. 김 팀장입니다.

회의가 생각보다 많이 길었네요. 고생했습니다.

그런데 내일 오전부터 회의가 있어서 빠르게 파일 하나만 정리 부탁해요.

작업 내용은 다음을 참고해 주세요.

----

1. 현재 '업무 분야'에서 '영업' 직군에 일하고 있거나 '서울' 지역에서 일하는 모든 직원들의 명단을 정리해 주세요.

2. '결혼 유무' 부분에 ○, ×만 입력할 수 있도록 작업 부탁해요.

바쁘겠지만 오늘 퇴근 전까지 부탁합니다. 감사합니다.

원하는 데이터만 보고 싶다면 [필터]를 이용하자

실습파일: 실무엑셀 01.xls - 필터

'리본 메뉴'에서 실무에 활용되는 중요한 기능이 가장 많이 있는 탭을 꼽으라면 단연 [데이터] 탭입니다. 그중에서도 [필터]에 대해 먼저 살펴보겠습니다.

엑셀은 많은 양의 데이터를 관리할 수 있기 때문에 회사 입장에서 정말 좋은 프로그램입니다. 하지만 데이터가 많다고 무조건 좋은 것은 아닙니다. 데이터를 좋은 방향으로 적절하게 사용했을 때 데이터의 가치는 극대화될 텐데요. 이를 위해서는 먼저 많은 양의 데이터를 원하는 대로 분류해서 볼 수 있어야 합니다. 이때 사용할 수 있는 유용한 기능이 [필터]입니다.

1 [필터]는 ❶ 데이터의 항목인 [B4:J4] 셀을 드래그하고, ❷ [데이터] 탭 – [정렬 및 필터] 그룹 – [필터]를 클릭하면 적용됩니다.

> **Tip**
> [필터]는 많이 사용되는 기능이므로 단축키를 활용하면 편리합니다.
> 필터: Ctrl + Shift + L

2 적용된 [필터]를 사용해서 주황색으로 바탕색이 적용되어 있는 부분만 모아 보겠습니다. ❶ 항목 중에 '지역'의 드롭다운 단추를 클릭합니다. ❷ [색 기준 정렬]에 마우스 커서를 놓으면 흰색과 주황색 박스가 보이는데요. ❸ 그중 주황색 박스를 클릭하면 주황색인 셀이 위쪽으로 모이게 됩니다.

	연차 사용 일수 현황								
No.	성명	직급	지역	업무 분야	연차일수	실제사용일	결혼 유무	사원 번호	
7	이영복	차장	서울	마케팅	23	9	O	FB4068	
11	안송민	사원	대전	관리	5	미신청	O	FB7658	
16	최경진	부장	광주	관리	10	8	O	FB4308	
17	임창민	차장	서울	관리	24	21	X	FB8819	
1	고건	과장	부산	영업	18	2	O	FB3452	
2	김지은	과장	서울	영업	6	미신청	X	FB5141	
3	박현	차장	대전	마케팅	25	21	O	FB8471	

❹ 다시 한번 항목 중 '지역'의 드롭다운 단추를 클릭합니다. ❺ [색 기준 필터]에 마우스 커서를 놓으면 아까와 마찬가지로 흰색과 주황색 박스가 보이는데요. ❻ 그중 주황색 박스를 클릭하면 주황색인 셀들만 남습니다.

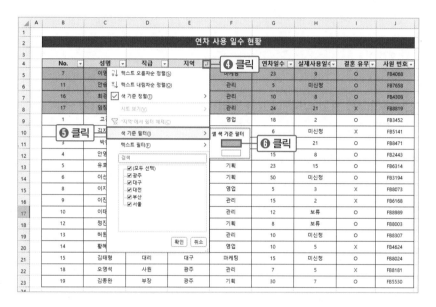

	연차 사용 일수 현황								
No.	성명	직급	지역	업무 분야	연차일수	실제사용일	결혼 유무	사원 번호	
7	이영복	차장	서울	마케팅	23	9	O	FB4068	
11	안송민	사원	대전	관리	5	미신청	O	FB7658	
16	최경진	부장	광주	관리	10	8	O	FB4308	
17	임창민	차장	서울	관리	24	21	X	FB8819	

[필터]는 2가지만 기억하면 원하는 모든 자료를 볼 수 있습니다.

• '정렬'로 끝나는 단어가 있는 단추를 클릭하면 선택한 조건에 해당하는 값들이 상단으로 모입니다.
• '필터'로 끝나는 단어가 있는 단추를 클릭하면 선택한 조건에 해당하는 값만 볼 수 있습니다.

'정렬'과 '필터'의 차이점을 반드시 기억하세요.

또한 [필터]는 항목을 중복해서도 필터링이 가능합니다. 데이터에서 1차로 '직급' 중 '과장'을 필터링하고, 2차로 '지역'에서 '서울'을 필터링하겠습니다. 그랬더니 2개의 데이터가 추출되었습니다.

	No.	성명	직급	지역	업무 분야	연차일수	실제사용일	결혼 유무	사원 번호
연차 사용 일수 현황									
6	2	김지은	과장	서울	영업	6	미신청	X	FB5141
8	4	안영주	과장	서울	기획	15	8	O	FB2443

이처럼 [필터]는 원하는 자료만 확인할 수 있다는 측면에서 굉장히 유용한 기능입니다.

 'OR' 조건을 만족하는 데이터를 보고 싶다면 [고급 필터]를 이용하자   실습파일: 실무엑셀 01.xls - 필터

앞에서 연습한 것처럼 중복되는 모든 조건을 충족하는 셀을 확인해야 하는 경우도 있겠지만, 각각의 조건 하나씩만 만족하는 모든 셀을 보고 싶은 경우도 있습니다. 예를 들어 직급이 '과장'이거나 '서울'에 사는 모든 직원을 확인해야 하는 경우이죠. 즉, 지금까지 연습한 [필터]는 'AND' 형태만 검색이 가능하고, 'OR' 형태는 알 수 없습니다. 하지만 'OR' 형태의 자료가 필요한 경우도 있는데요. 'OR' 필터링을 가능하게 해 주는 기능이 바로 [고급 필터]입니다.

고급 필터를 사용해서 '직급'이 '과장'이거나 '거주지'가 '서울'인 사람의 데이터만 필터링해 보겠습니다.

1 [고급 필터]를 사용하려면 원하는 조건의 표를 먼저 만들어야 합니다. 표의 항목에서 ❶ '직급'과 '지역'이 입력된 [D4:E4] 셀을 복사해 ❷ [L4] 셀에 붙여넣기 합니다. 다음으로 직급 데이터 중 ❸ '과장'이 입력된 [D5] 셀을 복사하여 ❹ 직급 아래인 [L5] 셀에 붙여넣기 하고, ❺ 지역 데이터 중 '서울'이 입력된 [E6] 셀을 복사해서 지역의 ❻ [M6] 셀에 붙여넣기 합니다.

Tip
• 복사하기: Ctrl + C
• 붙여넣기: Ctrl + V

2️⃣ 조건 표를 완성하면 [데이터] 탭 − [정렬 및 필터] 그룹 − [고급]을 클릭합니다.

3️⃣ 그러면 [고급 필터] 대화상자가 나타나는데요. [고급 필터] 대화상자에서 ❶ '다른 장소에 복사'에 체크하고, ❷ '목록 범위'에는 전체 자료인 [B4:J23] 셀을, ❸ '조건 범위'에는 조건 표인 [L4:M6] 셀을 드래그한 다음, ❹ '복사 위치'에 조건 표 아래 [L9] 셀을 클릭해서 ❺ [확인] 단추를 클릭합니다.

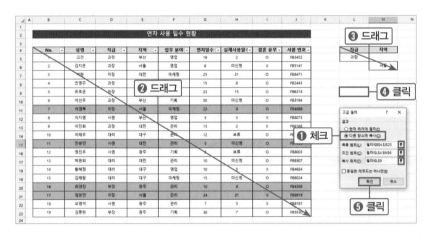

'현재 위치에 필터'는 '목록 범위'에 선택된 기존 자료에서 필터링한다는 내용인데요. 선택한 조건을 제외한 나머지 데이터는 삭제되어 되돌릴 수 없습니다. 그래서 많은 경우 '다른 장소에 복사'를 사용합니다.

직급	지역
과장	
	서울

No.	성명	직급	지역	업무 분야	연차일수	실제사용일수	결혼 유무	사원 번호
1	고건	과장	부산	영업	18	2	O	FB3452
2	김지온	과장	서울	영업	6	미신청	X	FB5141
4	안영주	과장	서울	기획	15	8	O	FB2443
6	이선우	과장	부산	기획	50	미신청	O	FB3194
7	이영복	차장	서울	마케팅	23	9	O	FB4068
9	이진희	과장	대전	관리	15	2	O	FB6168
17	임창민	차장	서울	관리	24	21	X	FB8819

나 말고 다른 사용자의 입력을 제한해야 한다면?
[데이터 유효성 검사]

실습파일: 실무엑셀 01.xls - 데이터유효성검사

[데이터 유효성 검사] 기능은 처음 적용된 것을 봤을 때, '오 이거 뭐야? 뭔데? 와우!'하며 감탄했던 기능입니다. 업무의 대부분은 혼자 하는 것이 아니라 많은 사람들이 나눠서 진행하게 됩니다. 때문에 여러 사람들이 엑셀 파일에 접근하게 되고, 그만큼 다양한 이슈가 발생할 수 있습니다. 최악의 경우 작업 파일을 최초로 만든 사람의 의도와는 다르게 사용되거나, 다시는 사용할 수 없는 상태가 되기도 하죠. 그런데 여러 사람들이 사용해도 파일에 문제가 발생하지 않도록 수정할 수 있는 부분을 제한한다면 원래의 의도대로 계속 사용할 수 있을 것입니다. [데이터 유효성 검사]는 다른 사용자의 행동을 제한해야 할 때 사용하면 아주 좋은 기능입니다.

[데이터 유효성 검사] 기능을 이용하여 '지역' 부분에 '서울, 부산, 대구, 대전, 광주' 외의 다른 지역 값을 입력할 수 없는 파일을 만들어 보겠습니다.

> **Tip**
>
> 마지막에 나오는 엑셀 파일 자동화하기에서도 기본으로 많이 사용하는 기능이므로 꼭 기억하세요.

1 [데이터 유효성 검사]를 적용할 때는 먼저 입력을 제한해야 하는 셀 혹은 범위를 선택해야 합니다. 데이터 범위에서 ❶ '지역' 항목의 데이터 부분인 [E5:E23] 셀을 드래그하고, ❷ [데이터] 탭 – [데이터 도구] 그룹 – [데이터 유효성 검사]를 클릭합니다.

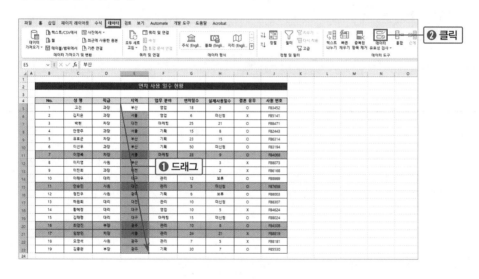

2 [데이터 유효성] 대화상자가 나타나면 ❶ [설정] 탭의 '제한 대상'을 '목록'으로 설정합니다. 그러면 아래 부분에 '원본'이 나타나는데, ❷ '원본'에 서울, 부산, 대전, 대구, 광주를 입력하고, ❸ [확인] 단추를 클릭합니다.

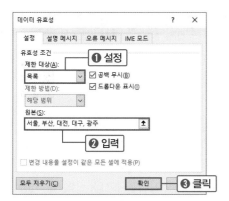

Tip

입력 값은 ,(콤마)로 구분합니다.
(서울, 부산, 대전, 대구, 광주)

지역 항목의 셀을 클릭하면 셀 오른쪽에 드롭다운이 생성되면서 입력 가능한 값으로 5개가 나오는 것을 확인할 수 있습니다. 이처럼 [데이터 유효성 검사]가 완료되면 지역 값을 마우스로도 변경 가능합니다. 또한 설정한 5개 값 외에는 어떠한 값도 입력되지 않습니다. 만약 다른 값을 입력하려고 하면 경고 창이 나타나게 됩니다.

최초의 원본 파일을 보호할 수 있다는 장점 때문에 [데이터 유효성 검사]는 여러 업무 상황에서 활용되고 있습니다.

- 설정한 값 이외에는 입력을 하면 안 되는 상황
- ○, × 혹은 Yes, No 등 의사 표시를 해야 하는 상황
- 입력 값의 오타 방지를 위한 상황(부산이라고 입력을 해야 하는데 뷰산, 브산 등으로 입력되는 것을 방지함)

이처럼 [데이터 유효성 검사]는 파일을 보호할 수 있는 중요한 기능입니다. 반드시 기억하세요.

퇴근 30분 전!!

오늘 저녁에 약속 있는데!! 빨리 해야겠다.

① '영업직' 또는 '서울'에서 일하는 직원만 보기

② ○, ✕만 입력할 수 있도록 만들기

팀장님께서 업무를 2가지나 주셨군요? 빨리 해결해 보겠습니다. 첫 번째로 '영업' 직군이거나 '서울' 지역에서 일하는 모든 직원을 필터링해야 합니다. 'OR' 조건에 대한 내용이니까 [고급 필터]를 사용하면 되겠군요. 두 번째로 결혼 유무에 ○, ✕만 표시할 수 있도록 해야 하니까 [데이터 유효성 검사]를 적용하면 됩니다.

1 [고급 필터]를 적용하기 위해서는 먼저 조건 표를 만들어야 합니다. ❶ 표의 항목에서 '지역' 셀과 '업무 분야'인 [E4:F4]를 복사하여 ❷ 각각 [L4] 셀과 [M4] 셀에 붙여넣기 합니다. 다음으로 ❸ '지역' 데이터에서 '서울'이 입력된 셀 중 아무 셀이나 복사하여, ❹ [L5] 셀에 붙여넣고, '업무 분야'에서 '영업'이 입력된 셀 중에 아무 셀이나 복사하여 [M6] 셀에 붙여넣어 조건 표를 완성합니다. 다음으로 ❺ **[데이터]** 탭 - **[정렬 및 필터]** 그룹 - **[고급]**을 클릭하면 [고급 필터] 대화상자가 나타나는데 ❻ 대화상자에서 '다른 장소에 복사'에 체크하고, ❼ '목록 범위'는 데이터 전체인 [B4:J23] 셀, '조건 범위'는 [L4:M6] 셀을 드래그한 다음 '복사 위치'는 [L12] 셀로 지정하고 ❽ [확인] 단추를 클릭합니다.

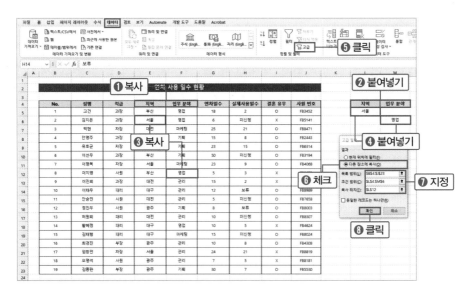

No.	성명	직급	지역	업무 분야	연차일수	실제사용일수	결혼 유무	사원 번호
1	고건	과장	부산	영업	18	2	O	FB3452
2	김지온	과장	서울	영업	6	미신청	X	FB5141
4	안영주	과장	서울	기획	15	8	O	FB2443
7	이영복	차장	서울	마케팅	23	9	O	FB4068
8	이지영	사원	부산	영업	5	3	X	FB8073
14	황혜정	대리	대구	영업	10	5	X	FB4624
17	임창민	차장	서울	관리	24	21	X	FB8819

2 다음으로 '결혼 유무' 데이터인 ❶ [I5:I23] 범위를 드래그하고, ❷ [데이터] 탭 – [데이터 도구] 그룹 – [데이터 유효성 검사]를 클릭합니다. 그러면 [데이터 유효성] 대화상자가 나타나는데요. 거기서 ❸ '제한 대상'을 '목록'으로 설정하고, ❹ '원본'에 ○, ×를 입력한 다음 ❺ [확인] 단추를 클릭합니다. 그러면 '결혼 유무'에 ○, ×만 입력 가능하도록 변경됩니다.

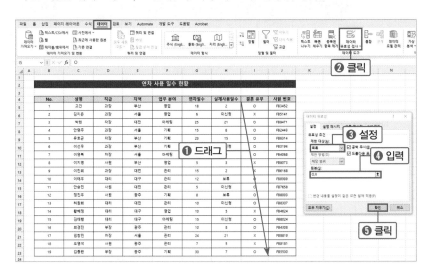

안녕하세요, 팀장님! 박 사원입니다.

말씀하신 자료 작성해서 전달드립니다. 확인 부탁드려요.

그럼 내일 뵙겠습니다!

04 [보기] 탭

드디어 '리본 메뉴'의 가장 마지막 탭인 [보기]입니다. [보기] 탭에는 엑셀의 국민 기능이라고 불리는 [틀 고정]이 있는데요. [틀 고정] 기능을 100% 활용할 수 있도록 함께 알아 보겠습니다.

● ● ●　**업무 요청!**　　　✕　＋

←　→　⌂　↻　🔍　... https /// SEARCH WEBSITE URL　　　☆ 🗋 ⋮

| **보내기** | 예약 | 임시저장 | 더보기 |

제목　　　[업무 요청] 연차 일수 현황 정리

보낸 사람　김 팀장

받는 사람　박 사원

참조　　　이 대리

첨부파일　연차 일수 현황.xls

안녕하세요. 김 팀장입니다.

데이터 정리를 잘하는군요.
앞으로도 매일 업데이트되는 데이터들은 그때그때 정리 잘 부탁합니다.
근데 데이터가 많아서 보기가 좀 불편합니다.
데이터의 '항목'하고 '성명' 부분은 항상 볼 수 있도록 설정 가능한가요?

수고하세요.

[보기] 탭에는 엑셀을 사용하는 직장인이라면 대부분 알고 있는 기능이 있는데, 바로 [틀 고정]입니다. 하지만 수업을 해 보면 유명세에 비해 [틀 고정]의 진정한 매력을 모르는 경우가 많습니다. 업무에 너무 유용한 기능인 [틀 고정], 기초부터 훨씬 유용하게 사용할 수 있는 방법까지 알아보겠습니다.

업무에 사용해야 하는 자료가 너무 방대해서 한 화면에 들어오지 않는 상황이라면 마우스 스크롤을 내려 자료를 확인해야 합니다. 그런데 마우스 스크롤을 내려 데이터를 확인하면 항목이 보이지 않아서 어떤 것에 대한 내용인지 헷갈릴 수 있는데요. 그럼 다시 처음으로 돌아가서 항목을 확인한 후 보고 있던 자료로 다시 돌아와야 합니다. 이때 화면이 이동되어 있는 상황에서도 항목을 계속 볼 수 있다면 헷갈리지 않고 데이터를 확인할 수 있으니까 편리하지 않을까요? 이를 가능하게 하는 기능이 바로 [틀 고정]입니다.

[틀 고정]을 사용하려면 먼저 계속 보고 싶은 셀을 확인해야 합니다. 현재 자료에서는 표의 항목에 해당하는 부분을 [틀 고정] 해 보겠습니다. 항목에 해당하는 부분은 [B4:J4] 셀인데요. ❶ 고정하고 싶은 범위의 바로 다음 행인 5행 전체를 클릭하고, ❷ [보기] 탭 – [창] 그룹 – [틀 고정] – [틀 고정]을 클릭합니다. 그리고 마우스 스크롤을 내리면 4행까지 고정되어 계속 항목이 보이는 것을 확인할 수 있습니다.

그런데 데이터는 매일 새롭게 추가될 수 있습니다. 즉, 기존 데이터에서 새로운 항목이 추가될 수도 있는데요. 앞의 데이터에 '생년월일'이라는 새로운 항목을 추가해 보겠습니다. 그랬더니 열이 추가되면서 전체 데이터를 한눈에 볼 수 없고, 좌우로 이동하면서 데이터를 확인해야 하는 상황이 생겼습니다. [틀 고정]은 한 가지 아쉬운 점이 있습니다. 바로 시트별로 하나의 [틀 고정]만 적용이 가능하다는 것인데요. 그래서 기존의 세로 방향 [틀 고정]의 적용을 취소하고 가로 방향으로 다시 설정해야 합니다.

이번에는 가로 방향으로 이동할 때 '성명' 데이터를 계속 볼 수 있도록 설정해 보겠습니다.

1 **[보기]** 탭 - **[창]** 그룹 - **[틀 고정]** - **[틀 고정 취소]**를 클릭하여 행의 [틀 고정]을 취소합니다.

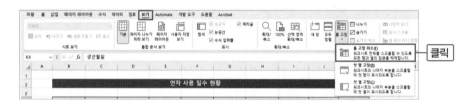

2 '성명' 데이터가 입력된 부분은 C열입니다. 따라서 C열의 다음 열인 ❶ D열 전체를 클릭하고, ❷ **[보기]** 탭 - **[창]** 그룹 - **[틀 고정]** - **[틀 고정]**을 클릭합니다. 그런 다음 가로 방향으로 이동하면서 확인해 보면 '번호'와 '성명' 데이터가 고정되어 보이는 것을 확인할 수 있습니다.

A	B	C		G	H	I	J	K
1								
2			사용 일수 현황					
3								
4	No.	성명	분야	연차일수	실제사용일수	결혼 유무	사원 번호	생년월일
5	1	고건	업	18	2	O	FB3452	1988-01-02
6	2	김지온		6	미신청	X	FB5141	1978-01-05
7	3	박현	팅	25	21	O	FB8471	1990-08-03

[틀 고정]을 활용하면 데이터가 어떤 방향으로 추가되어도 많은 데이터를 쉽게 파악할 수 있게 됩니다. 너무 활용도 높은 기능이어서 많이 알고 있는 기능이죠. 근데 상하좌우 동시에도 [틀 고정]이 가능하다는 사실, 알고 있나요?

'항목'과 '성명' 데이터가 동시에 보일 수 있도록 [틀 고정]을 해 보겠습니다. 화면이 이동해도 보여야 하는 행과 열은 4행과 C열입니다. 먼저, 4행과 C열이 교차되는 셀을 찾아야 하는데요. 바로 [C4] 셀입니다. [C4] 셀에서 오른쪽으로 1칸, 아래쪽으로 1칸을 이동한 셀인 ❶ [D5] 셀을 클릭하고 ❷ [보기] 탭 – [창] 그룹 – [틀 고정] – [틀 고정]을 클릭하면 상하좌우 [틀 고정]이 적용됩니다.

다시 한번 [틀 고정]을 정리하면 다음과 같습니다.

- **상하(좌우) [틀 고정]을 해야 하는 경우**: 계속 봐야하는 행(열)의 아래쪽(오른쪽) 전체 행(열)을 선택해서 [틀 고정] 클릭
- **상하좌우 동시에 [틀 고정]을 해야 하는 경우**: 계속 봐야 하는 행과 열이 교차되는 셀을 선택한 다음, 오른쪽으로 한 칸, 아래쪽으로 한 칸 이동한 셀을 선택해서 [틀 고정] 클릭

모든 방향에서 [틀 고정] 하는 방법까지 완벽하게 숙지하셔서 업무에 활용하시기 바랍니다.

파일을 쉽게 볼 수 있음 좋지! 빨리 수정하고 퇴근해야겠다.

'항목'과 '성명'이 보이도록 설정하기

팀장님께서 '항목'과 '성명' 부분이 화면 이동 시에도 계속 보이도록 파일 수정을 요청하셨습니다.
즉, 상하좌우 [틀 고정]이 되어야 합니다.

계속 봐야 하는 열과 행의 교차점을 찾아보겠습니다. 교차 셀은 '성명'이 입력
된 [C4] 셀입니다. [C4] 셀에서 오른쪽으로 1칸, 아래쪽으로 1칸 이동한 셀인
❶ [D5] 셀을 클릭하고, ❷ [보기] 탭 – [창] 그룹 – [틀 고정] – [틀 고정]을 클릭하
면 상하좌우 [틀 고정]이 적용됩니다.

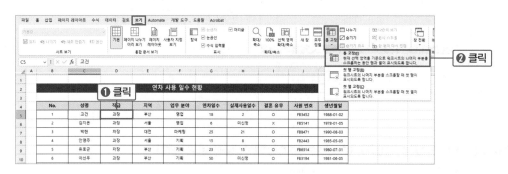

안녕하세요, 팀장님! 박 사원입니다.

말씀하신 방향대로 자료 수정했습니다.

앞으로는 이런 작은 부분도 잘 챙기겠습니다. 감사합니다.

05 외우지 말고 엑셀의 구조를 파악하자!

엑셀 강의를 준비할 때 '분명 엑셀을 만든 사람이 있을 것이고, 그 사람이 생각한 구조와 규칙이 있을 것이다.'라는 생각을 한 적이 있습니다. 그래서 이를 열심히 고민했고, 나름의 결론을 얻고 보니 엑셀을 활용하기가 훨씬 편해졌는데요. 실제 수업에서도 수강생들에게 암기보다는 엑셀의 구조와 규칙을 전달하려고 노력합니다. 그럼 엑셀의 근간이 되는 구조에 대해 알아보겠습니다.

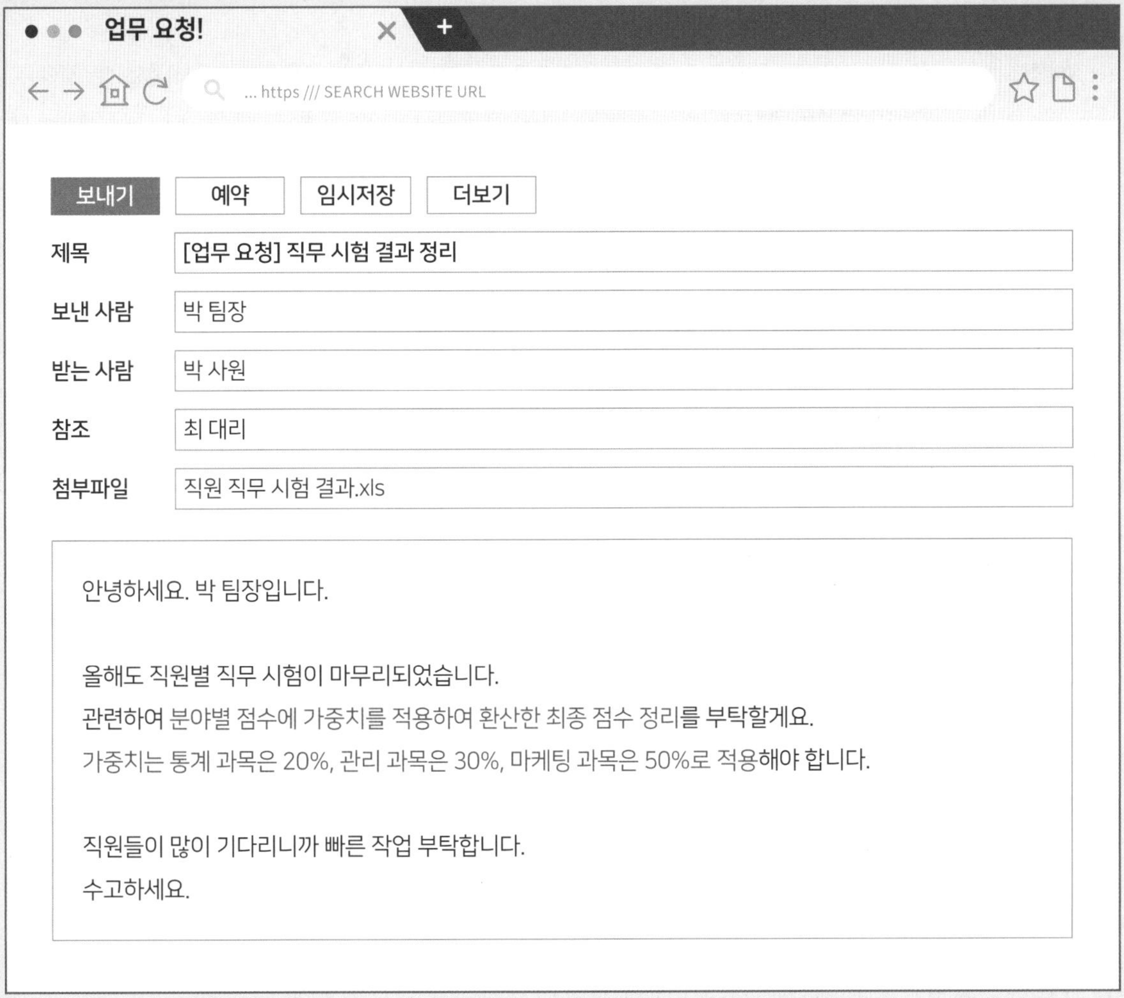

● ● ● 업무 요청!   ×   +

← → ⌂ C   Q   ... https /// SEARCH WEBSITE URL   ☆ ▢ ⋮

| 보내기 | 예약 | 임시저장 | 더보기 |

제목   [업무 요청] 직무 시험 결과 정리

보낸 사람   박 팀장

받는 사람   박 사원

참조   최 대리

첨부파일   직원 직무 시험 결과.xls

안녕하세요. 박 팀장입니다.

올해도 직원별 직무 시험이 마무리되었습니다.
관련하여 분야별 점수에 가중치를 적용하여 환산한 최종 점수 정리를 부탁할게요.
가중치는 통계 과목은 20%, 관리 과목은 30%, 마케팅 과목은 50%로 적용해야 합니다.

직원들이 많이 기다리니까 빠른 작업 부탁합니다.
수고하세요.

상대 참조, 절대 참조

'참조'는 '비교하고 대조해서 본다'는 의미입니다. 어떤 셀에 5가 적혀 있다면 보통은 숫자 5로 받아들일 것입니다. 하지만 5의 위에 '수량'이라고 써 있다면 개수로 이해할 것입니다. 이처럼 참조는 다른 셀에 입력된 내용에 따라 그 의미가 결정된다고 생각하면 됩니다. 엑셀에는 '상대 참조'와 '절대 참조'가 있는데요. 여기에서 '상대'는 다른 변수에 의해 변하는 값, '절대'는 다른 변수에 반응하지 않는 절대적인 값을 의미합니다. 각각의 데이터들은 서로 영향을 주면서 어떤 결과를 도출하는데요. 여기에 '상대 참조'와 '절대 참조'를 활용하면 많은 데이터들을 쉽고 편하게 관리할 수 있고 효율적으로 사용할 수 있습니다.

상대 참조	셀에 수식을 완성한 후 같은 수식을 여러 셀에 적용하려고 할 때, 적용되는 셀의 위치에 따라 참조하는 셀의 주소도 같이 바뀌는 원리
절대 참조	• 셀의 움직임을 고정시키는 방법 • 셀의 수식을 완성한 후 같은 수식을 여러 셀에 적용하려고 할 때, 적용되는 셀의 위치에 따라 참조하는 셀의 주소가 바뀌지 않는 원리

어떤 편의점의 제품별 1일 판매 데이터를 활용해서 제품별로 총 판매금액을 구해보겠습니다. '고깔콘'의 판매금액 셀인 ❶ [E5] 셀에 =을 입력하고 ❷ [C5] 셀을 클릭한 다음, ❸ *를 입력 후 ❹ [D5] 셀을 클릭하고 ❺ Enter를 누르면 9,000원이라는 총 금액이 나오게 됩니다.

Tip

셀을 클릭하지 않고 직접 입력해도 됩니다.

▲	A	B	C	D	E
1					
2		편의점 1일 판매 데이터			
3		지점	용산		
4		상품명	단가	수량	판매금액
5		고깔콘	1,500	6	=C5*D5

=C5*D5 입력 → Enter

이렇게 제품 수가 적으면 직접 수식을 하나하나 클릭해서 금액을 구해도 빠른 계산이 가능합니다. 그런데 만약 판매되는 제품의 수가 200개가 넘는 편의점이라면? 일일이 클릭하는 단순 반복 업무에 지나치게 많은 시간을 할당해야겠죠.

효율적인 업무를 위해 '냉동만두'의 판매금액은 다른 방법으로 완성해 보겠습니다. 먼저 '고깔콘'의 판매금액이 입력된 ❶ [E5] 셀을 클릭하고 셀을 복사합니다. 그리고 '냉동만두'의 판매금액을 구해야 하는 ❷ [E6] 셀에 붙여넣기 하면 직접 셀을 클릭하지 않았는데도 냉동만두의 판매 가격이 나옵니다. 같은 방법으로 '닭꼬치'의 판매금액을 계산할 수 있습니다.

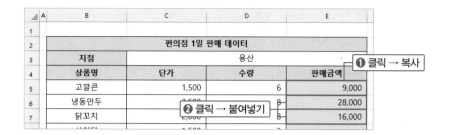

Tip

엑셀을 연습하는 단계에서는 직접 판매금액을 계산해서 엑셀이 계산한 값과 내가 계산한 값이 맞는지 확인하세요.

이처럼 셀이 바뀌어도 엑셀이 정확한 결과를 계산한 이유는 엑셀의 기본 구조인 '상대 참조' 때문입니다. '고깔콘'의 판매금액에 입력되어 있는 수식을 복사해서 '냉동만두'의 판매금액을 구하는 셀에 붙여넣기 하면 셀 주소가 자동으로 바뀌면서 정확한 금액이 계산되는 거죠. 수식을 복사 – 붙여넣기를 활용하면 나머지 제품들도 동일하게 계산됩니다.

상품명	단가	수량	판매 금액
편의점 1일 판매 데이터			
지점	용산		
상품명	단가	수량	판매 금액
고깔콘	1,500	6	=C5*D5
냉동만두	3,500	8	28,000
닭꼬치	2,000	8	16,000

상품명	단가	수량	판매 금액
편의점 1일 판매 데이터			
지점	용산		
상품명	단가	수량	판매 금액
고깔콘	1,500	6	9,000
냉동만두	3,500	8	=C6*D6
닭꼬치	2,000	8	16,000

상품명	단가	수량	판매 금액
편의점 1일 판매 데이터			
지점	용산		
상품명	단가	수량	판매 금액
고깔콘	1,500	6	9,000
냉동만두	3,500	8	28,000
닭꼬치	2,000	8	=C7*D7

이번에는 직원들의 시간제 근무 비용을 계산해 보겠습니다. 자료를 보면 직원들의 근무시간은 모두 다르고, 시급은 6,500원으로 책정되어 있는데요. 수식과 상대 참조 원리를 이용해서 계산해 보겠습니다.

1 '고건'의 일일 근무 비용인 [I5] 셀에 ❶ =를 입력하고 ❷ 근무시간이 입력된 [H5] 셀을 클릭한 다음, ❸ *를 입력 후, ❹ 시급이 입력된 [I3] 셀을 클릭하고 ❺ [Enter]를 누르면 39,000원이라는 비용이 계산됩니다.

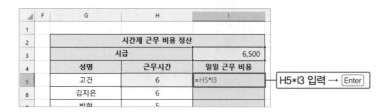

2 나머지 직원들의 '일일 근무 비용'은 [I5] 셀에서 채우기 핸들을 이용해 채워보겠습니다. 어? 그런데 채워진 모든 셀의 값에 오류가 발생했습니다.

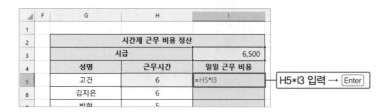

Tip

연속된 셀에 빠르게 적용해야 할 때는 '채우기 핸들'을 사용하면 됩니다. 수식을 완성한 셀 오른쪽 하단으로 마우스 커서를 이동시키면 ＋ 모양이 나타나는데, ＋로 변경된 상태에서 적용할 범위를 드래그하면 됩니다.

Tip 엑셀 오류 메시지

종류	설명	예시
#DIV/0!	어떤 값을 0으로 나눌 때 발생하는 오류	=6/0
#N/A	일반적으로 참조를 사용하는 함수에서 자주 발생하는 오류로, 참조할 값을 제대로 찾을 수 없을 때 발생함	=VLOOKUP(C3,A1:B10,3,0) 즉, '찾는 범위' 중에 세 번째 열에 값이 없는 경우
#NAME?	엑셀이 인식하지 못하는 알 수 없는 내용을 입력한 경우에 발생하는 오류	=SUN(A1:B1) (원래는 SUM이 정답)
#NULL!	범위 지정에 문제가 있을 때 발생하는 오류	=VLOOKUP(C3,A1 B1,2,0)
#NUM!	• 결과의 수치가 표현하기 너무 큰 경우나 작은 경우에 발생하는 오류로, 보통 수식이 잘못되어 결괏값이 예상보다 커지거나 작아진 경우에 발생함 • 수식을 제대로 확인하면 수정 가능함	=SQRT(-1) → =IMSQRT(-1)
#VALUE!	보통 수식 또는 함수를 입력할 때 숫자가 아닌 글씨를 넣은 경우에 발생하는 오류	=3*이재형
#REF!	참조를 사용하는 함수에서 자주 발생하는 오류로, 참조할 위치가 잘못 설정된 경우에 발생함	=VLOOKUP(C3,A1:B10,3,0) 즉, '찾는 범위'가 잘못 설정된 경우

왜 이런 결과가 나왔는지 셀의 내용을 확인해 보겠습니다.

먼저 '김지은'의 일일 근무 비용인 [I6] 셀을 더블클릭합니다. 참조된 셀을 보면 근무 시간인 [H6] 셀은 맞게 입력되었는데, 시급은 '일일 근무 비용'이라는 글자가 입력된 [I4] 셀이 입력되었습니다. '박현'의 근무 비용이 입력된 [I7] 셀을 더블클릭하면 근무 시간인 [H7] 셀은 맞게 선택되었는데 시급은 '고건'의 일일 근무 비용인 [I5] 셀이 입력되었습니다. 그럼 왜 이런 문제가 발생했을까요? 바로 상대 참조 원리 때문입니다.

Tip 셀의 내용을 확인하려면 셀을 더블클릭을 하거나 F2(수식 수정)를 누르면 됩니다.

	F	G	H	I
1				
2		시간제 근무 비용 정산		
3		시급		6,500
4		성명	근무시간	일일 근무 비용
5		고건	6	39,000
6		김지은	6	=H6*I4
7		박현	5	195,000
8		안영주	8	#VALUE!

	F	G	H	I
1				
2		시간제 근무 비용 정산		
3		시급		6,500
4		성명	근무시간	일일 근무 비용
5		고건	6	39,000
6		김지은	6	#VALUE!
7		박현	5	=H7*I5
8		안영주	8	#VALUE!

옳은 결괏값을 얻으려면 [I6] 셀의 I4를 I3으로 수정하고, [I7] 셀의 I5를 I3으로 수정해야 합니다. 그런데 지금처럼 1~2개 정도는 잘못 입력되어도 수정이 어렵지 않지만, 데이터가 많다면 수정하는 데 엄청 많은 시간이 들어가겠죠.

	F	G	H	I
1				
2		시간제 근무 비용 정산		
3		시급		6,500
4		성명	근무시간	일일 근무 비용
5		고건	6	=H5*I3
6		김지은	6	=H6*I3 `I3 입력`
7		박현	5	=H7*I3

제가 수업마다 수강생들에게 항상 강조하는 내용이 있는데요. '엑셀을 사용할 때는 규칙을 잘 정해야 한다.'는 점입니다. 이번에도 규칙을 정해 보면 [I5:I7] 셀에 [I3] 셀이 공통적으로 입력되어야 합니다. 그리고 빠르게 입력하기 위해서는 채우기 핸들을 사용해서 나머지 빈칸을 채우면 되는데요. 즉, [I5] 셀의 수식을 복사해서 다른 셀에 붙여넣기 할 때 [I3] 셀을 고정할 수 있게 하는 방법이 필요한 것이죠. 이때 셀을 고정할 수 있는 방법이 '절대 참조'입니다.

'절대 참조'를 적용하는 방법은 ❶ 수식을 수정해야 하는 [I5] 셀을 더블클릭하고, I3을 드래그한 다음 F4를 누르면 셀 주소에 '$'가 나타납니다. $I$3으로 바뀌면 Enter를 눌러 수정을 완료하고, ❷ 채우기 핸들로 전체 셀을 수정하면 정확한 결과가 나오게 됩니다.

	F	G	H	I
1				
2		시간제 근무 비용 정산		
3		시급		6,500
4		성명	근무시간	일일 근무 비용
5		고건	6	=H5*$I$3
6		김지은	6	39,000
7		박현	5	32,500
8		안영주	8	52,000
9		유호균	8	52,000
10		이선우	6	39,000
11		이영복	5	32,500
12		이지영	5	32,500
13		이진희	8	52,000
14		이태우	5	32,500
15		안승민	8	52,000

❶ 더블클릭 → I3 드래그 → F4 → Enter

❷ 채우기 핸들

'상대 참조'와 '절대 참조'는 엑셀에서 매우 중요한 내용입니다. 수식과 함수를 작성할 때 한 번 더 생각해 보고 적절히 잘 판단해서 사용할 수 있어야 합니다.

회사 영업사원들이 자신이 유치한 회원과 보험 금액에 따라 인센티브 금액을 확인할 수 있게 만든 자료에 수식을 사용하여, 모든 직원의 '매출금액'과 '인센티브 적용률'에 따른 금액을 작성해 보겠습니다.

1 '회원 유치 수'와 '보험금액'을 곱하면 '매출금액'을 구할 수 있습니다. [N5] 셀에 ❶ =를 입력하고 정진우의 회원 유치 수인 [L5] 셀을 클릭합니다. 다음으로 *를 입력한 후에 정진우 보험금액이 입력된 [M5] 셀을 클릭하고, Enter 를 누르면 결괏값인 1,104,000원이 나옵니다. 다른 직원들의 매출금액도 회원 유치 수가 입력된 셀과 보험 금액이 입력된 셀을 곱하면 되므로 상대 참조 원리를 적용하여 ❷ 채우기 핸들로 나머지 직원들의 셀도 완성합니다.

	J	K	L	M	N	O	P	Q
1								
2					영업사원 매출에 따른 인센티브			
3		성명	회원 유치 수	보험금액	매출금액	인센티브 적용율에 따른 금액		
4						5%	8%	10%
5		정진우	8	138,000	=L5*M5			
6		허원희	8	220,000	1,760,000			
7		황혜정	8	150,000	1,200,000			
8		김태형	2	500,000	1,000,000			
9		최경진	10	45,000	450,000			
10		임창민	23	90,000	2,070,000			
11		오영석	6	320,000	1,920,000			
12		김종완	15	100,000	1,500,000			
13		박원용	8	45,000	360,000			
14		박대한	4	50,000	200,000			
15		류정현	9	70,000	630,000			

❶ =L5*M5 입력 → Enter

❷ 채우기 핸들

2 다음으로 인센티브 적용율에 따른 금액을 완성해 보겠습니다. 정진우의 인센티브 셀인 [O5] 셀에 ❶ =N5*O4를 입력하고 ❷ Enter를 누르면 결괏값인 55,200원이 나옵니다. 이를 '채우기 핸들'로 활용하여 다른 직원들도 완성하겠습니다. 그런데 이상한 결과가 도출되었습니다.

Tip

셀에 #이 반복적으로 표시될 때는 해당 셀의 경계선을 더블클릭하면 됩니다.

영업사원 매출에 따른 인센티브		인
금액	매출금액	5%
138,000	1,104,000	55,200
220,000	1,760,000	97,152,000,000
150,000	1,200,000	#############
500,000	1,000,000	#############

더블클릭

	성명	회원 유치 수	보험금액	매출금액	영업사원 매출에 따른 인센티브
					인센티브 적용율에 따른 금액 5%
정진우	8	138,000	1,104,000		55,200
허원회	8	220,000	1,760,000		97,152,000,000
황혜정	8	150,000	1,200,000		116,582,400,000,000,000
김태형	2	500,000	1,000,000		116,582,400,000,000,000,000
최경진	10	45,000	450,000		52,462,080,000,000,000,000,000
임창민	23	90,000	2,070,000		108,596,505,600,000,000,000,000,000
오영석	6	320,000	1,920,000		208,505,290,752,000,000,000,000,000,000
김종완	15	100,000	1,500,000		312,757,936,128,000,000,000,000,000,000,000
박원용	8	45,000	360,000		112,592,857,006,080,000,000,000,000,000,000,000
박대한	4	50,000	200,000		22,518,571,401,216,000,000,000,000,000,000,000,000
류정현	9	70,000	630,000		14,186,699,982,766,100,000,000,000,000,000,000,000,000

❶ =N5*O4 입력 → Enter

❷ 채우기 핸들

3 보통 이 부분에서 많이 당황스러워하시는데요. 그럴 때 저는 당황하지 말고 오류가 난 셀을 더블클릭하라고 말씀드립니다. 엑셀은 수식과 함수가 입력된 셀을 더블클릭하면 왜 이런 결과가 나왔는지를 친절하게 알려줍니다. 값이 이상하게 나온 '허원회' 직원의 인센티브 금액을 나타낸 [O6] 셀을 확인하면 매출금액인 [N6] 셀은 옳게 입력되어 있지만, 인센티브 적용율로 [O4] 셀이 아닌 [O5] 셀이 입력되어 있습니다.

성명	회원 유치 수	보험금액	매출금액	영업사원 매출에 따른 인센티브
				인센티브 적용율에 따른 금액 5%
정진우	8	138,000	1,104,000	55,200
허원회	8	220,000	1,760,000	=N6*O5

❶ [O5] 셀을 더블클릭하고, ❷ O4를 드래그한 다음, F4를 눌러 절대 참조를 적용해 줍니다. ❸ 그리고 '채우기 핸들'을 다른 사람들의 5% 인센티브 금액을 구하면 제대로 된 결괏값이 구해집니다.

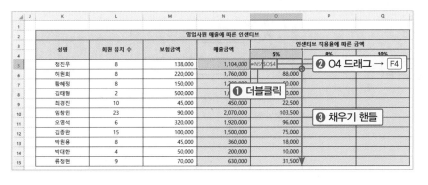

	성명	회원 유치 수	보험금액	매출금액	영업사원 매출에 따른 인센티브		
					인센티브 적용율에 따른 금액	8%	10%
					5%		
정진우	8	138,000	1,104,000	=N5*$O$4			
허원회	8	220,000	1,760,000	88,000			
황혜정	8	150,000	1,200,000	60,000			
김태형	2	500,000	1,000,000				
최경진	10	45,000	450,000	22,500			
임창민	23	90,000	2,070,000	103,500			
오영석	6	320,000	1,920,000	96,000			
김종완	15	100,000	1,500,000	75,000			
박원용	8	45,000	360,000	18,000			
박대한	4	50,000	200,000	10,000			
류정현	9	70,000	630,000	31,500			

❷ O4 드래그 → F4

❶ 더블클릭

❸ 채우기 핸들

Tip

더블클릭이 모든 문제점을 보여주는 것은 아닙니다. 보통 엑린이들은 오류가 나면 뒤로 가기를 습관적으로 합니다. 무엇이 잘못됐는지를 확인해야 하는데, 무조건 본인이 틀렸다고 판단하기 때문이죠. 잘못 입력해도 괜찮습니다. 더블클릭을 통해서 잘못된 부분을 확인하고, 수정하면 되니까요. 실수한 부분을 수정할 줄 알면 그게 진짜 엑셀 실력이 됩니다.

3 나머지 8%, 10% 인센티브를 구하기 위해 ❶ [P5] 셀에 =N5*$P$4을 입력
하고, ❷ '채우기 핸들'로 [P15] 셀까지 드래그한 다음, ❸ [Q5] 셀에
=N5*$Q$4을 입력하고, ❹ '채우기 핸들'로 [Q15] 셀까지 드래그합니다.

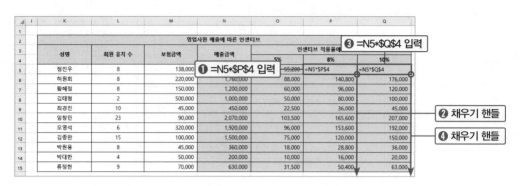

상대 참조와 절대 참조를 상황에 따라 적절히 사용할 줄 아는 것은 엑셀의 기초이자 가장 중요한 내용입
니다. 어려워도 반드시 이해하고 넘어가세요.

혼합 참조

실습파일: 실무엑셀 01.xls - 상대,절대,혼합참조

'상대 참조'와 '절대 참조'가 엑셀의 기초라면, 엑셀을 더 똑똑하게 사용하기 위해 알아야 하는 것이 '혼
합 참조'입니다. '절대 참조'는 행과 열 두 곳 모두 고정한다는 의미를 갖지만, **혼합 참조'는 열과 행 두
곳 중 하나만 고정하겠다는 의미입니다.** 셀을 선택한 상태에서 F4를 1번 누르면 '절대 참조'가 적용되
고, 2번 누르면 행만 고정되는 '혼합 참조'가 적용되고, 3번 누르면 열만 고정되는 '혼합 참조'가 적용됩
니다. 또는 $ 표시를 직접 입력하거나 지워도 됩니다.

▲ 행 고정 혼합 참조   ▲ 열 고정 혼합 참조

'상대 참조'와 '절대 참조'를 이용해서 인센티브 금액을 완성할 때는 5% 절대 참조, 8% 절대 참조, 10% 절대 참조를 모두 따로따로 적용해야 원하는 결과를 얻을 수 있었기 때문에 수식을 세 번 입력했습니다. 이 경우에는 구해야 하는 셀이 3개라서 어렵지 않았지만, 만약 인센티브 비율의 수가 30개라서 모두 정리를 해야 한다면 30번의 '절대 참조'를 적용해야 합니다. 이때 혼합 참조를 사용하면 수식을 한 번만 입력하고도 '채우기 핸들'을 활용하여 한 번에 완성할 수 있습니다.

'절대 참조'가 적용된 [O5] 셀에서 채우기 핸들을 오른쪽으로 적용해 보겠습니다. 그랬더니 갑자기 금액이 줄어들었는데요. 수식이 입력된 셀이니까 [P5] 셀과 [Q5] 셀을 더블클릭해서 이유를 확인하겠습니다.

J	K	L	M	N	O	P	Q
1							
2			영업사원 매출에 따른 인센티브				
3	성명	회원 유치 수	보험금액	매출금액	인센티브 적용율에 따른 금액		
4					5%	8%	10%
5	정진우	8	138,000	1,104,000	55,200	2,760	138

채우기 핸들

J	K	L	M	N	O	P	Q
1							
2			영업사원 매출에 따른 인센티브				
3	성명	회원 유치 수	보험금액	매출금액	인센티브 적용율에 따른 금액		
4					5%	8%	10%
5	정진우	8	138,000	1,104,000	55,200	=O5*$O$4	138

J	K	L	M	N	O	P	Q
1							
2			영업사원 매출에 따른 인센티브				
3	성명	회원 유치 수	보험금액	매출금액	인센티브 적용율에 따른 금액		
4					5%	8%	10%
5	정진우	8	138,000	1,104,000	55,200	2,760	=P5*$O$4

8%와 10%의 셀을 선택하는 과정에 오류가 있습니다. 먼저 8%의 결과인 [P5] 셀은 [O5] 셀에서 완성된 수식을 오른쪽으로 한 칸 복사─붙여넣기 한 결과인데요. [O5] 셀을 보면 '매출금액'인 [N5] 셀과 '5%'인 [O4] 셀이 각각 상대 참조와 절대 참조로 적용되어 있는 것을 알 수 있습니다. 그렇기에 8%의 결과인 [P5] 셀에서 '매출금액'은 55,200원으로 이동되었고, 인센티브는 5%로 고정되어 잘못된 결괏값이 나온 것입니다. 제대로 된 결괏값을 얻으려면 '매출금액'인 [N5] 셀은 고정되어야 하고, 인센티브 '5%'인 [O4] 셀은 8%의 [P4] 셀로 한 칸 이동해야 합니다. 이렇게 수식이 복사─붙여넣기 될 때 상황에 맞게 행과 열 둘 중 한 방향만 셀 이동이 가능하게 하도록 하는 방법이 바로 '혼합 참조'입니다.

먼저 오른쪽 방향으로 진행되는 수식을 해결하겠습니다.

1 매출금액인 [N5] 셀은 고정되어야 합니다. 좌우 방향을 움직이는 것은 열이
기 때문에 N5를 드래그한 후 F4를 세 번 눌러서 $N5로 수정합니다(열 고
정 혼합 참조).

2 다음으로 5%는 [O4] 셀입니다. [O4] 셀은 절대 참조가 되어있는 상황에서
오른쪽으로 수식을 복사 – 붙여넣기 할 때, 같이 한 칸 움직여야 합니다.
그래서 $O$4에서 O에 $ 표시를 삭제한 O$4로 변경해 줍니다(행 고정 혼
합 참조).

	성명	회원 유치 수	보험금액	매출금액	5%	8%	10%
	정진우	8	138,000	1,104,000	=$N5*O$4	2,760	138

3 수정한 수식을 다시 한번 오른쪽 '채우기 핸들'로 적용하겠습니다.

	성명	회원 유치 수	보험금액	매출금액	5%	8%	10%
	정진우	8	138,000	1,104,000	55,200	88,320	110,400
	최원희	8	220,000	1,760,000	88,000	140,800	176,000

채우기 핸들

그럼 오른쪽으로 진행하는 수식 복사 – 붙여넣기는 해결되었습니다.

다음으로 아래 방향으로 진행되는 수식 복사 – 붙여넣기를 생각해 보겠습니다. [O5] 셀에서 매출금액인 [$N5] 셀을 확인하겠습니다. [$N5] 셀은 수식을 아래 쪽으로 복사 – 붙여넣기 할 때, 정진우 직원의 매출금액에서 허원회 직원의 매출금액으로 이동되어야 합니다. 아래 방향을 이동하는 건 행이기 때문에 숫자 앞에는 $ 표시가 없는 [$N5] 셀이 그대로 유지됩니다. 다음으로 인센티브 비율인 5%는 [O$4] 셀입니다. [O$4] 셀은 수식을 아래쪽으로 복사 – 붙여넣기 할 때, 고정되어 있어야 합니다. 아래 방향은 행 부분이기에 숫자 앞에 $ 표시가 있는 [O$4] 셀을 그대로 유지하면 됩니다. 수정한 수식을 다시 한번 아래 방향 채우기 핸들로 전체 적용하겠습니다. 문제가 없는 것을 확인했다면, 8%와 10%도 다시 한번 아래 방향으로 채우기 핸들을 적용합니다. 그러면 수식에 입력된 값은 변경되지만, 결과는 똑같이 나오는 것까지 확인할 수 있습니다.

성명	회원 유치 수	보험금액	매출금액	인센티브 적용율에 따른 금액		
				5%	8%	10%
정진우	8	138,000	1,104,000	55,200	88,320	110,400
허원회	8	220,000	1,760,000	88,000	140,800	176,000
황혜정	8	150,000	1,200,000	60,000	96,000	120,000
김태형	2	500,000	1,000,000	50,000	80,000	100,000
최경진	10	45,000	450,000	22,500	36,000	45,000
임창민	23	90,000	2,070,000	103,500	165,600	207,000
오영석	6	320,000	1,920,000	96,000	153,600	192,000
김종완	15	100,000	1,500,000	75,000	120,000	150,000
박원용	8	45,000	360,000	18,000	28,800	36,000
박대한	4	50,000	200,000	10,000	16,000	20,000
류정현	9	70,000	630,000	31,500	50,400	63,000

위 표의 제목: 영업사원 매출에 따른 인센티브 / 인센티브 적용율에 따른 금액

'상대 참조'와 '절대 참조'만 아는 것과 '혼합 참조'까지 아는 것은 업무의 효율이 달라지게 됩니다. 물론 처음에 적용할 때는 익숙하지 않아서 헷갈릴 수 있습니다. 그러니까 연습이 중요하겠죠? 여러 번 반복하다 보면 익숙해지니까 천천히 적용하세요.

이 정도는 완전 쉽지! 빨리 하고 퇴근해야겠다~

참조를 활용해서 직원 평가 점수 구하기

직원들의 시험 점수에 과목 가중치를 곱해서 최종 점수를 구해야 합니다. '절대 참조'와 '상대 참조'를 이용하는 방법과 '혼합 참조'를 사용하는 2가지 방법이 있는데요. 먼저 '절대 참조'와 '상대 참조'만 적용해서 점수를 계산해 보겠습니다.

1 오영석 직원의 가중치별 통계, 관리, 마케팅 점수를 구하겠습니다. ❶ [C8] 셀에 =C7*C5를 입력합니다. 다음으로 관리, 마케팅 점수와 가중치가 모두 오른쪽 방향부터 차례대로 나열되어 있으니까 상대 참조 원리를 사용하여 ❷ [C8] 셀의 수식을 [E8] 셀까지 '채우기 핸들'로 완성합니다.

	A	B	C	D	E	F	G
1							
2			직원 직무 시험 결과				
3							
4			통계	관리	마케팅		
5			20%	30%	50%		
6							최종 점수
		석	90	85	90		88.5
			=C7*C5	25.5	45		
		김종완	70	50	60		0
10				❷ 채우기 핸들			
11		박원용	95				0
12							
13		박대한	80	80	80		0
14							
15		류정현	85	80	95		0
16							
17							

❶ =C7*C5 입력
→ Enter

2 다른 직원들의 점수도 계산하기 위해 ❶ [C8:E8] 셀을 드래그한 후 복사해서 ❷ [C10] 셀에 붙여넣기 하겠습니다. 그러면 상대 참조 원리 때문에 계산되는 셀이 이동하며 엉뚱한 값이 나오는데요. 때문에 가중치를 고정시켜야 정상적으로 계산됩니다.

0 드래그 → 복사
2 붙여넣기

3 절대 참조를 적용하기 위해 ❶ [C8] 셀을 더블클릭한 다음 가중치인 [C5] 셀을 드래그하고 F4를 눌러 $C$5로 수정합니다. 마찬가지로 [D8] 셀과 [E8] 셀에도 D5와 E5에 '절대 참조'를 적용해 주세요. 마지막으로 다시 ❷ [C8:E8] 셀을 드래그한 후 ❸ [C10] 셀에 붙여넣기 하면 정확한 점수를 계산할 수 있습니다.

❷ 드래그 → 복사
❶ 드래그 → F4
❸ 붙여넣기

4 이번에는 혼합 참조를 적용해서 점수를 계산해 보겠습니다. 혼합 참조를 적용하면 더 간단하게 해결 가능합니다. **3** 에서는 가중치에 해당하는 것을 일일이 F4를 눌러 절대 참조를 적용했는데요. 절대 참조가 적용된 셀들의 셀 주소를 보면 공통적으로 5행이 모두 포함되어 있습니다. 즉, 행만 고정하면 된다는 의미입니다. 따라서 ❶ [C8] 셀을 더블클릭한 다음 가중치인 $C$5를 드래그하고 F4를 한 번 누르면 행만 고정되게 됩니다. ❷ 다음으로 채우기 핸들을 이용하여 [E8] 셀까지 드래그하면 절대 참조를 적용한 것과 같은 점수가 계산됩니다.

	통계	관리	마케팅		최종 점수
			50%		
오영석	90	85	90		88.5
	=C7*C$5	25.5	45		
김종완	70	50	60		59
	14				

❶ 드래그 → F4 + F4   **❷ 채우기 핸들**

(직원 직무 시험 결과)

5 마지막으로 ❶ [C8:E8] 셀을 드래그하고 수식을 복사하여 ❷ [C10] 셀에
붙여넣기 하면 정확한 점수를 계산할 수 있습니다.

	통계	관리	마케팅		최종 점수
	20%	30%	50%		
오영석	90	85	90		88.5
	18	25.5	45		
김종완	70	50	60		59
	14	15	30		
박원용	95	90	100		96
	19	27	50		
박대한	80	80	80		88.5
	16	24	40		
류정현	85	80	95		88.5
	17	24	47.5		

❶ 드래그 → 복사   **❷ 붙여넣기**

(직원 직무 시험 결과)

안녕하세요. 박 사원입니다.

말씀하신 자료 작성해서 전달드립니다.

자료를 추가해도 보기 편하게 만들었으니까 편하게 보시면 됩니다!

감사합니다.

업무 속도를 10배 올려주는 엑셀 단축키와 단축키 스킬

'엑셀을 잘하는 사람은 마우스를 사용하지 않고 키보드와 단축키만 이용한다.'라는 말을 들어 본 적이 있을 텐데요. 저도 회사 다닐 때 많이 들었던 이야기이고, 수업에서 이야기하면 많은 수강생들이 고개를 끄덕이며 공감하는 모습을 보입니다. 이번 챕터에서는 엑셀을 활용해야 하는 다양한 상황에서 마우스가 아닌 키보드로, 특히 단축키를 활용해서 업무를 빠르게 처리하는 방법을 알려드리겠습니다.

01 엑셀을 잘하는 사람은 마우스를 사용하지 않는다

엑셀에는 정말 많은 단축키가 있습니다. 모든 단축키를 우리가 알고 있으면 당연히 좋겠지만 쉽지 않죠. 다행히도 실제 업무 상황에서 자주 사용하게 되는 단축키는 정해져 있습니다. 사용 빈도가 적은 단축키와 마우스로 사용하는 것이 더 편한 단축키를 제외하고, 유용한 단축키만 설명드릴 테니 꼭 기억하세요.

● ● ● 업무 요청! ✕ ＋

← → ⌂ C 🔍 ... https /// SEARCH WEBSITE URL ☆ ▢ ⋮

| 보내기 | 예약 | 임시저장 | 더보기 |

제목 [업무 요청] 협력 업체 주문 통계 요청

보낸 사람 최 팀장

받는 사람 박 사원

참조 박 대리, 김 주임

첨부파일 루팡 협력사 주문 현황.xls

안녕하세요. 최 팀장입니다.

협력사 주문 현황에서 5월 1일과 2일의 주문 건수를 합하는 건 어렵지가 않은데,
이걸 일일이 더하는 방법 말고, 단축키로 빠르게 할 수 있는 방법 없나요?
생각보다 시간이 많이 들어가는데...
확인하고 방법을 알면 내 자리로 와 주세요.

감사합니다.

빠른 업무 처리를 위해 반드시 알고 있어야 하는 엑셀 단축키　　실습파일: 실무엑셀 02.xls - 단축키

1 Ctrl

첫 번째로 알아볼 단축키는 이동에 관한 단축키인 Ctrl입니다. Ctrl은 데이터가 입력된 범위 내에서 가장 끝으로 빠르게 이동해야 할 때 사용하는 단축키입니다. 데이터가 입력된 범위에서 Ctrl을 누른 상태로 오른쪽(→), 아래쪽(↓), 왼쪽(←), 위쪽(↑) 방향키를 한 번씩 누르면 데이터가 입력된 범위의 가장 끝으로 빠르게 이동됩니다.

단축키	기능
Ctrl + ↓	입력된 데이터 범위의 가장 아래쪽으로 이동
Ctrl + ↑	입력된 데이터 범위의 가장 위쪽으로 이동
Ctrl + →	입력된 데이터 범위의 가장 오른쪽으로 이동
Ctrl + ←	입력된 데이터 범위의 가장 왼쪽으로 이동

실제 자료에서 단축키를 적용해 보겠습니다. 마우스로 ❶ '상품코드'라고 되어 있는 [B4] 셀을 클릭하고 Ctrl+↓을 누르면 입력된 데이터 범위 내의 가장 아래 입력된 [B15] 셀로 이동하는 것을 확인할 수 있습니다. ❷ 계속해서 Ctrl+→을 입력하면 [E15] 셀로 이동하고, ❸ Ctrl+↑을 입력하면 [E4] 셀로 이동하는 것을 확인할 수 있습니다.

	A	B	C	D	E
3					
4		상품코드	❶ 클릭 → Ctrl + ↓ 리 코드		사이즈
5		26407	딸기생크림케이크	CS	12
6		66802	해피버스데이케익	FC	12
7		91502	딸기리치생크림	CS	12
8		21111	딸기요거트케익	BX	24
9		21211	당근케익	BX	24
10		22051	범위 내 끝으로 이동 딸기스윗초쿨릿	CS	24
11		23361	듀얼치즈케익	CS	12
12		28303	초코크런치	FC	24
13		54561	티라미스크레이프	CS	12
14		54562	버번피칸타르트	PO	24
	❷ Ctrl + →	54563	칼래뜨 데 누아	PI	32　❸ Ctrl + ↑

만약 데이터 범위 외의 셀에서 Ctrl 단축키를 사용하면 어디로 이동하게 될까요? 실습 데이터 범위 밖에 있는 [A1] 셀을 클릭하고 Ctrl+↓를 누르면 엑셀 시트의 가장 마지막 행이 있는 [A1048576] 셀로 이동됩니다. 계속해서 Ctrl+→를 누르면 엑셀 시트의 가장 마지막 행과 열이 교차되는 셀(XFD1048576)로 이동하게 됩니다. 이처럼 Ctrl은 입력한 데이터 범위가 있을 때는 범위 내의 가장 끝으로 이동하지만, 입력된 데이터가 없는 빈 셀에서는 시트의 가장 끝으로 이동합니다.

	XEU	XEV	XEW	XEX	XEY	XEZ	XFA	XFB	XFC	XFD
1048560										
1048561										
1048562										
1048563										
1048564										
1048565										
1048566										
1048567										
1048568										
1048569										
1048570										
1048571										
1048572										
1048573										
1048574										
1048575										
1048576										

C2-01-a | Sheet2 | C2-01-b | C2-02-a | C2-02-b | ... | +

▲ 데이터가 없는 빈 셀에서는 셀의 끝으로 이동하게 된다.

이번에는 2개의 데이터 범위가 있습니다. 그리고 현재 커서는 '실습' 데이터 범위인 [E9] 셀에 위치하고 있고, 이를 '핵심 포인트(이론)' 데이터 범위로 이동하려고 하는데요. [E9] 셀에서 [H9] 셀까지 이동할 때 보통은 →를 3번 누르게 됩니다. 그런데 이때도 Ctrl을 활용하면 빠르게 이동할 수 있습니다. [E9] 셀을 클릭하고, Ctrl+→를 누르면 바로 [H9] 셀로 이동하는 것을 확인할 수 있습니다.

		실습					핵심 포인트(이론)	
	상품코드	상품명	카테고리 코드	사이즈			꼭 알아야 할 단축키	
	26407	딸기생크림케이크	CS	12		원하는 셀로 이동	· F5 누르기 · 이름상자에 셀 주소 입력	
	66802	해피버스데이케익	FC	12		데이터가 입력된 마지막 셀로 이동	· CTRL + 방향키	
	91502	딸기리치생크림	CS		클릭 → Ctrl + →	떨어진 여러 셀 선택	· CTRL + 클릭 또는 드래그	
	21111	딸기요거트케익	BX	24		영역 선택	· SHIFT + 방향키 (한개씩) · CTRL + SHIFT + 방향키 (한줄씩)	
	21211	당근케익	BX	24		전체 선택	· CTRL + A	
	22051	딸기스윗초콜릿	CS	24		위의 셀과 같은 값	· CTRL + D	
	23361	듀얼치즈케익	CS	12		왼쪽 셀과 같은 값	· CTRL + R	
	28303	초코크런치	FC	24		이전으로 돌아가기	· CTRL + Z	
	54561	티라미스케이프	CS	12		원상 복구(이전으로 돌아가기 반대)	· CTRL + Y	
	54562	버번피칸타르트	PO	24		셀서식	· CTRL + 1	
	54563	갈레뜨 데 누아	PI	32		시트이동	· CTRL + PAGE UP & DOWN	

만약 작성된 데이터의 가장 마지막 셀에서 Ctrl+↓를 누르면 어디로 이동하게 될까요? [H15] 셀을 클릭하고, Ctrl+↓를 누르겠습니다. 그랬더니 엑셀 시트

의 가장 마지막 셀(H1048576)로 이동하는 것을 확인할 수 있습니다. 이동하고자 하는 셀 간에 데이터가 입력되어 있지 않다면 무조건 시트의 가장 마지막 셀로 이동한다는 점, 반드시 기억하세요.

Tip

잘못 이동했을 경우에는 Ctrl을 누른 상태로, 처음에 누른 방향키(↓)의 반대 방향(↑)을 누르면 다시 데이터 범위로 이동할 수 있습니다. 잘못 이동해서 바로 전 작업으로 되돌리기 위해 Ctrl+Z를 입력하면 이전에 했던 작업이 취소됩니다. 이동은 작업이 아니라는 것을 기억하세요.

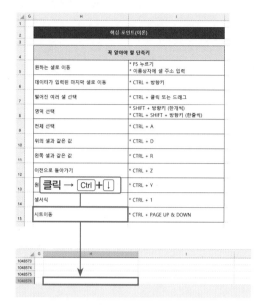

2 Shift

셀을 선택할 때 사용하는 단축키는 Shift입니다. Shift는 셀에 데이터가 있든 없든 상관없이 셀을 선택할 때 사용하는 단축키입니다. 마우스로 셀을 드래그하는 것과 동일한 기능이라고 생각하면 됩니다.

단축키	기능
Shift + 방향키	선택한 셀과 그 방향의 셀 선택

Shift+방향키를 사용하는 방법은 다음과 같습니다.

1 ❶ [B4] 셀을 클릭하고, Shift+↓↓↓를 누르면 총 4개의 셀이 선택됩니다.
다음으로 ❷ Shift+→를 누르면 총 8개의 셀이 선택됩니다.

`Shift`+`←`+`↑``↑``↑`를 누르면 선택했던 셀이 선택 취소되는 것을 확인할 수 있습니다.

A	B	C
	상품코드	상품명
	26407	딸기생크림케이크
	66802	해피버스데이케익
	91502	딸기리치생크림

`Shift`+`←`+`↑``↑``↑`

3 Ctrl + Shift

`Ctrl`과 `Shift`를 함께 사용하면 매우 유용한 단축키가 되는데요. `Ctrl`+`Shift`+방향키를 누르면 선택한 셀과 방향키 쪽의 데이터 셀을 모두 선택할 수 있습니다.

단축키	기능
`Ctrl` + `Shift` + 방향키	선택한 셀과 방향키 쪽의 데이터 셀 모두 선택

`Ctrl`+`Shift`+방향키를 사용하는 방법은 ❶ [B4] 셀을 클릭하고, `Ctrl`+`Shift`+`↓`를 누르면 데이터 범위의 아래 방향으로 한 줄 전체가 선택됩니다. 계속해서 ❷ `Ctrl`+`Shift`+`→`를 누르면 데이터 범위 전체가 선택됩니다.

A	B	C
	상품코드	상품명
	26407	딸기생크림케이크
❶ 클릭 → `Ctrl`+`Shift`+`↓`		버스데이케익
	91502	딸기리치생크림
	21111	딸기요거트케익
	21211	당근케익
	22051	딸기스윗초쿨릿
	23361	듀얼치즈케익
	28303	초코크런치
	54561	티라미스크레이프
	54562	버번피칸타르트
	54563	갈레뜨 데 누아

A	B	C	D	E
	상품코드	상품명	카테고리 코드	사이즈
	26407	딸기생크림케이크	CS	12
	66802	해피버스데이케익	FC	12
	91502	딸기리치생크림	CS	12
	21111	딸기요거트케익	BX	24
	21211	당근케익	BX	24
	22051	딸기스윗초쿨릿	CS	24
	23361	듀얼치즈케익	CS	12
	28303	초코크런치	FC	24
	54561	티라미스크레이프	CS	12
	54562	버번피칸타르트	PO	24
	54563	갈레뜨 데 누아	PI	32

❷ `Ctrl`+`Shift`+`→`

Ctrl과 Shift는 기본적으로 업무에서 가장 많이 사용되는 단축키이므로, 능숙하게 사용할 수 있도록 연습해야 합니다.

4 엑셀 단축키: Ctrl + D, Ctrl + R

Ctrl+D는 마우스를 사용하는 기능인 '채우기 핸들'의 키보드 버전인데요. 선택한 범위 중 제일 상단 셀에 입력된 데이터 혹은 수식, 함수를 복사해서 선택한 범위에 복사 – 붙여넣기 해 주는 기능입니다. 그리고 하나 더 알아두면 좋은 단축키가 있는데, 바로 Ctrl+R입니다. Ctrl+R은 선택한 범위에서 제일 왼쪽 셀에 입력된 데이터 혹은 수식, 함수를 복사해서 선택한 범위의 오른쪽 방향으로 복사 – 붙여넣기 하는 단축키입니다.

단축키	기능
Ctrl + D	선택한 범위의 가장 상단 셀에 입력된 수식, 함수, 값 복사 – 붙여넣기
Ctrl + R	선택한 범위의 가장 왼쪽 셀에 입력된 수식, 함수, 값 복사 – 붙여넣기

Ctrl+D를 사용하는 방법은 ❶ [B4] 셀을 클릭한 후 Ctrl+Shift+↓을 눌러 [B4:B15] 셀을 선택합니다. 다음으로 ❷ Ctrl+D를 누르면 선택한 셀이 모두 [B4]의 내용인 '상품코드'로 바뀌게 됩니다.

	A	B	C	D	E
4		상품코드	❶ Ctrl + Shift + ↓ 카테고리 코드		사이즈
5		상품코드	딸기생크림케이크	CS	12
6		상품코드	해피버스데이케익	FC	12
7		상품코드	딸기리치생크림	CS	12
8		상품코드	딸기요거트케익	BX	24
9		상품코드	당근케익	BX	24
10		상품코드	딸기스윗초콜릿	CS	24
11		상품코드	❷ Ctrl + D 듀얼치즈케익	CS	12
12		상품코드	초코크런치	FC	24
13		상품코드	티라미스크레이프	CS	12
14		상품코드	버번피칸타르트	PO	24
15		상품코드	갈레뜨 데 누아	PI	32

이론만으로는 Ctrl+D가 얼마나 유용한 단축키인지 알 수 없는데요. 실무 상황을 가정해 보겠습니다. [B15:E15] 셀의 값을 복사해서 표의 하단에 똑같이 3번 더 입력해 보겠습니다. 많은 분들이 [B15:E15] 셀을 드래그한 후 복사해서 한 칸씩 아래로 이동하면서 붙여넣기(Ctrl+V), 붙여넣기(Ctrl+V), 붙여넣기(Ctrl+V)를 반복하실 텐데요. 이때 Ctrl+D를 사용하면 쉽고 빠른 작업이 가능합니다.

먼저 ❶ [B15] 셀을 클릭하고, Ctrl+Shift+→를 누른 후 ❷ Shift+↓↓↓를 누릅니다. 마지막으로 ❸ Ctrl+D를 누르면 [B16:E18] 셀에 [B15:E15] 셀의 내용이 한 번에 입력되는 것을 확인할 수 있습니다.

Tip

Ctrl+D는 아래 방향(Down), Ctrl+R은 오른쪽 방향(Right)으로 기억하세요.

마우스를 안 쓰고 데이터를 복사하는 방법, 참 쉽죠? 책에 나오는 여러 단축키와 혼용해서 사용할 수 있도록 연습하면 업무에 큰 도움이 될 것입니다.

5 엑셀 단축키: Ctrl + Page Up / Page Down

엑셀을 사용해서 업무를 하다 보면 시트의 양이 점점 늘어나게 되는데요. 작업하는 시트가 많아지고 계속 왔다 갔다 하며 자료를 찾아야 하면 마우스로 시트를 클릭하며 이동하는 것이 번거롭게 느껴질 것입니다. 단축키는 마우스 사용의 번거로움을 해결할 수 있는 가장 좋은 방법이죠. 시트끼리 이동할 때도 사용할 수 있는 단축키가 있습니다. Ctrl+Page Down을 누르면 다음 시트로 이동하고, Ctrl+Page Up을 누르면 이전 시트로 이동하게 됩니다.

단축키	기능
Ctrl + Page Down	다음 시트로 이동
Ctrl + Page Up	이전 시트로 이동

그런데 만약 시트의 개수가 100개 이상이라면 단축키도 100번을 입력해야 합니다. 생각만 해도 번거로운데요. 그럴 때는 ❶ 시트가 나열되어 있는 곳에 화살표를 우클릭하면 [활성화] 대화상자가 나타납니다. ❷ 이곳에서 이동해야 하는 시트를 더블클릭하는 방법도 있으니 함께 기억하세요.

❶ 우클릭

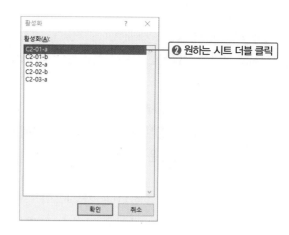

❷ 원하는 시트 더블 클릭

6 엑셀 단축키: Ctrl + 마우스 스크롤

엑셀 화면 오른쪽 하단에는 엑셀 화면 확대/축소 기능이 있는데요. 확대/축소도 단축키를 사용할 수 있습니다. 시트에서 Ctrl을 누른 상태로 마우스 스크롤을 위로 굴리면 확대되고, 아래로 굴리면 축소됩니다.

7 엑셀 단축키: Ctrl + F1

마지막으로 지금 소개하는 단축키는 직장 동료들에게 존경의 눈빛(?)을 받을 수 있는, 여러분을 엑셀 천재처럼 보이게 해 주는 단축키입니다. 엑셀을 사용하다 보면 갑자기 '리본 메뉴'가 사라지는 당황스러운 상황을 만날 때가 있는데요. Ctrl + F1은 '리본 메뉴'를 사라졌다 나타나게 할 수 있는 단축키입니다.

단축키	기능
Ctrl + F1	리본 메뉴 ON / OFF

▲ Ctrl + F1을 누르면

▲ 리본 메뉴가 사라집니다.

지금까지 설명한 단축키들은 제가 회사를 다녔을 때 엑셀 업무에서 가장 높은 빈도로 사용한 것들입니다. 이 정도만 알고 있어도 업무 속도와 효율이 엄청 오를 테니 꼭 기억하면 좋겠습니다.

업무 속도 10배 상승!
엑셀을 잘하는 사람들은 모두 사용하는 단축키 스킬!

실습파일: 실무엑셀 02.xls - 단축키스킬

제가 수업 시간마다 항상 강조해서 이야기하는 내용 중 하나는 엑셀 단축키를 아는 것에서 그치는 것이 아니라, 단축키를 활용해서 업무 속도를 올리는 방법을 알아야 한다는 것입니다. 지금부터는 회사에서 소위 엑셀을 좀 한다는 사람들은 다 사용하고 있는 단축키 스킬을 알려드리겠습니다.

편의점 창고 비용을 정산하려고 합니다. 각 상품의 금액을 구해야 하는데요. 대부분의 사람들은 각 상품의 금액을 구하기 위해 [E5] 셀을 클릭하고, =C5*D5를 입력한 후 Enter를 누른 다음 채우기 핸들을 이용할 것입니다. 그런데 만약 상품의 개수가 만 개 이상이어서 셀의 수도 만 개 이상으로 늘어난다면? 그럼 만 개 이상의 셀을 채우기 핸들로 채워야 하는데, 직접 해 보면 오랜 시간이 걸리기도 하고, 생각보다 작업이 어려운 것을 알 수 있습니다. 하지만 이러한 부분도 단축키 스킬을 통해 빠르게 처리할 수 있습니다.

1 ❶ [E5] 셀을 클릭하고, ❷ =C5*D5를 입력한 후 Enter를 누릅니다.

	A	B	C	D	E
1					
2		편의점 창고 비용 정산			
3		지점	용산		
4		상품명	단가	수량	금액
5		고깔콘	1,500	6	=C5*D5

❶ 클릭 → ❷ =C5*D5 입력 → Enter

2 다음으로 ❶ [D5] 셀로 이동한 다음 ❷ Ctrl+↓를 누르고, ❸ [E15] 셀로 이동한 다음, ❹ Ctrl+Shift+↑를 누릅니다. ❺ 마지막으로 Ctrl+D를 누르면 모든 셀이 완성되는 것을 확인할 수 있습니다.

	A	B	C	D	E
1					
2		편의점 창고 비용 정산			
3		지점		❶ 이동	
4		상품명	단가	수량	금액
5		고깔콘	1,500	6	=C5*D5
6		냉동만두	3,500	8	
7		닭꼬치	2,000	8	
8		사이다	1,500	2	
9		샌드위치		2	
10		수타벅스커피		4	
11		츄토스	1,500	7	
12		치킨	1,800	10	
13		케익	8,000	5	
14		콜라	1,500	6	
15		햄버거	2,500	5	
16					

❷ Ctrl+↓   ❹ Ctrl+Shift+↑   ❸ 이동

	편의점 창고 비용 정산			
지점	용산			
상품명	단가	수량		금액
고깔콘	1,500	6		9,000
냉동만두	3,500	8		28,000
닭꼬치	2,000	8		16,000
사이다	1,500	2		3,000
샌드위치	2,200	2		4,400
수타벅스커피	3,000	4		12,000
츄토스	1,500	7		10,500
치킨	1,800	10		18,000
케익	8,000	5		40,000
콜라	1,500	6		9,000
햄버거	2,500	5		12,500

❺ Ctrl + D

처음에 수식을 입력하고 [D5] 셀로 이동한 이유는 [D5] 셀이 있는 열에 데이터
가 다 입력되어 있기 때문입니다. 데이터가 입력된 범위에서 Ctrl을 이용하면
처음과 끝을 빠르게 이동할 수 있다는 점 기억하고 있죠? 그래서 데이터가 모
두 입력되어 있는 [D5] 셀로 이동한 후에 Ctrl을 사용하여, 데이터 범위의 가장
아래 셀인 [D15] 셀로 이동한 후 다시 빈 셀인 [E15] 셀로 이동한 것입니다.
그리고 Ctrl + Shift + ↑를 사용하여 데이터가 입력되어야 할 범위를 선택했습니
다. 마지막으로 Ctrl + D를 눌러 제일 위에 입력된 수식을 복사하고, 선택한 범
위에 똑같은 수식을 붙여넣기 하면 금액의 빈 셀에 원하는 결괏값을 구할 수
있습니다.
이처럼 단축키의 특징을 이해하고 활용할 수 있는 수준이 된다면 업무 속도는 10배 이상 빨라질 것입
니다.

나만의 커스텀 단축키를 만드는 방법!

실습파일: 빈 엑셀 시트 아무거나

앞에서 여러 가지 단축키를 알아보았는데요. 이 외에도 더 많은 단축키가 존재합니다만, 엑셀은 너무 다
양한 기능을 가지고 있기 때문에 모든 기능마다 단축키가 정해져 있지는 않습니다. 그러면 키보드 자판
이 모자랄 게 분명하거든요. 예를 들어 우리가 일상적으로 사용하는 기능인 [병합하고 가운데 맞춤]은
따로 단축키가 없습니다. 그렇지만 너무 자주 사용하는 기능이라서 단축키가 있다면 굉장히 편리할 텐
데요. 다행히도 엑셀에서는 사용자가 원하는 커스텀 단축키를 직접 만들어서 사용할 수 있습니다.

[병합하고 가운데 맞춤]의 단축키를 만들어 보겠습니다.

1 ❶ '리본 메뉴'의 [파일]을 클릭한 후 ❷ [옵션]을 클릭합니다. 그러면 [Excel 옵션] 대화상자가 나타납니다.

2 [Excel 옵션] 대화상자에서 ❶ [빠른 실행 도구 모음]을 클릭하면 엑셀의 모든 기능을 커스텀 단축키로 만들 수 있는 화면이 나옵니다. 여기에서 원하는 기능을 찾아 추가하면 되는데요. ❷ [병합하고 가운데 맞춤]을 클릭하고 [추가] 단추를 눌러 오른쪽으로 추가한 다음, ❸ [확인] 단추를 클릭합니다.

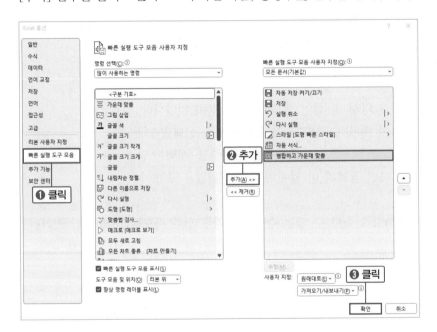

마무리한 단축키는 '리본 메뉴'의 위쪽에 생성됩니다.

커스텀 단축키를 만들었으니까 마우스 없이 키보드로 사용할 수 있게 되었습니다. Alt를 누르면 각각의 기능 위에 문자가 표시되는데, 이 문자들이 바로 키보드 단축키입니다.

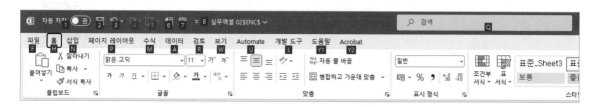

실제로 F를 눌러 보면 [파일] 탭이 오픈됩니다. 그 다음에도 계속해서 문자키를 누르는 방식으로 기능을 선택할 수가 있는데요. 여기서 주의할 점은 Alt와 다른 문자키를 동시에 누르는 것이 아니라, Alt를 누른 다음 문자키를 눌러야 한다는 점입니다.

방금 우리가 만든 [병합하고 가운데 맞춤]에도 7이 매칭되어 있습니다. 실제 단축키가 잘 작동하는지 확인해 봐야겠죠?

❶ 셀 병합을 위해 [B3:E5] 셀을 드래그한 다음, ❷ Alt를 누르고 ❸ 7을 누르면 셀에 [병합하고 가운데 맞춤]이 적용됩니다.

Tip

커스텀 단축키의 번호는 사용자의 레이아웃에 따라 번호가 설정됩니다. 책과 번호가 다르더라도 당황하지 마세요. 그에 맞게 번호를 누르면 됩니다.

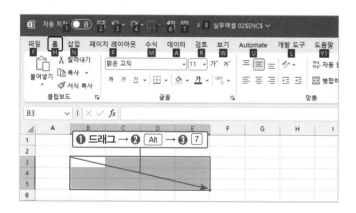

직업과 직무에 따라 엑셀에서 주로 사용하게 되는 기능은 많이 다를 수 있습니다. 이때 자주 사용하는 기능을 커스텀으로 만들고 Alt를 활용해서 편하고 빠르게 사용하기 바랍니다.

합계 구하는 건 쉬우니까 빨리 하고 퇴근해야겠어!

단축키만 사용해서 파일 작성하기

5월 1일과 2일의 주문 건수를 더해 총 주문 건수를 구해야 하는데요. 데이터가 많아서 일일이 더하는 것은 매우 비효율적이니까 수식과 단축키를 사용해서 빠르게 완성하겠습니다.

1 먼저 '㈜대경바스컴'의 총 주문 건수를 구해 보겠습니다. [G5] 셀에 =E5+F5를 입력하고 [Enter]를 누르면 '㈜대경바스컴'의 총 주문 건수를 알 수 있습니다.

❶ =E5+F5 입력 → ❷ [Enter]

	협력 업체	지역	품목명	05/01 주문건수	05/02 주문건수	총 주문 건수
	루팡 전체 주문현황					
5	㈜대경바스컴	광주	가전	92	9	=E5+F5
6	㈜신산이	강원	가전	41	24	
7	이륜	대전	전자기기	2	47	

	협력 업체	지역	품목명	05/01 주문건수	05/02 주문건수	총 주문 건수
	루팡 전체 주문현황					
5	㈜대경바스컴	광주	가전	92	9	101
6	㈜신산이	강원	가전	41	24	
7	이륜	대전	전자기기	2	47	

2 나머지 셀도 같은 수식을 적용하면 되니까 단축키 스킬을 사용하겠습니다. [G5] 셀에서 왼쪽으로 한 칸 이동한 [F5] 셀로 이동합니다. [Ctrl]+[↓]을 누르면 데이터의 가장 마지막인 [F71] 셀로 이동됩니다. 다시 오른쪽 셀인 [G71] 셀로 이동한 다음 [Ctrl]+[Shift]+[↑]을 누르면 총 주문 건수 전체 셀이 선택됩니다.

❶ 이동

	협력 업체	지역	품목명	05/01 주문건수	05/02 주문건수	총 주문 건수
	루팡 전체 주문현황					
5	㈜대경바스컴	광주	가전	92	9	101
6	㈜신산이	강원	가전	41	24	
7	이륜	대전	전자기기	2	47	
8	㈜동아스트	강원	가전	91	37	
68	유니맥스	광주	자동차	97	5	
69	유니슨엔지니어링주식회사	서울	가전	29	72	
70	유니슨이테크주식회사	대전	휴대폰	39	90	
71	유토품	광주	가전	75	48	

❷ [Ctrl]+[↓]   **❹ [Ctrl]+[Shift]+[↑]**

❸ 이동

3 제일 위에 입력된 수식을 복사하여 선택한 범위에 붙여넣기 해 주는 단축키인 Ctrl+D를 누르면 전체 협력 업체의 총 주문 건수를 빠르게 구할 수 있습니다.

협력 업체	지역	품목명	05/01 주문건수	05/02 주문건수	총 주문 건수
㈜대결바스켓	광주	가전	92	9	101
㈜신산이	강원	가전	41	24	65
이룸	대전	전자기기	2	47	49
㈜동아스트	강원	가전	91	37	128
㈜옥서스	광주	가전	58	25	83
주식회사 대우루컴즈	대전	인테리어	46	66	112
(주)태진인포텍	광주	가전	29	57	86
㈜녹대와여우컴퓨터	강원	자동차	35	80	115
㈜서광양행	대전	가전	49	6	55
㈜청우네이쳐	대전	휴대폰	5	45	50
주식회사 컴텔싸인	강원	가전	33	40	73
㈜대흥에프엠씨복합창	광주	휴대폰	18	4	22
로지시스템(주)	강원	즉석 식품	93	92	185
㈜본우드	광주	가전	33	50	83
비원이미지주식회사	서울	가전	70	3	73
삼광산업주식회사	대전	가전	91	9	100
상영률랜트주식회사	광주	전자기기	89	5	94
삼익전자공업주식회사	서울	가전	13	84	97
삼인싸이언스주식회사	서울	가전	10	28	38
상원엔지니어링주식회사	서울	인테리어	64	80	144
서공공업주식회사	서울	가전	78	60	138
서변산업엔지니어링주식회사	서울	자동차	54	69	123
서한섬유	서울	가전	74	42	116
서형바이클럭 주식회사	서울	휴대폰	65	34	99
선경산업	서울	가전	79	10	89
선광에이앤씨주식회사	광주	휴대폰	9	15	24
선우기전주식회사	강원	즉석 식품	43	91	134
성보전기공업	대전	가전	7	48	55

Ctrl+D

안녕하세요, 팀장님! 박 사원입니다.

편하게 보실 수 있도록 매뉴얼로 정리해서 전달드립니다.

확인해 보시고 어려우면 말씀해 주세요.

감사합니다!

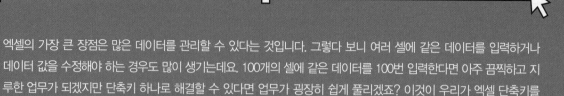

02 여러 셀에 데이터를 한 번에 입력하는 스킬

엑셀의 가장 큰 장점은 많은 데이터를 관리할 수 있다는 것입니다. 그렇다 보니 여러 셀에 같은 데이터를 입력하거나 데이터 값을 수정해야 하는 경우도 많이 생기는데요. 100개의 셀에 같은 데이터를 100번 입력한다면 아주 끔찍하고 지루한 업무가 되겠지만 단축키 하나로 해결할 수 있다면 업무가 굉장히 쉽게 풀리겠죠? 이것이 우리가 엑셀 단축키를 연습해야 하는 이유입니다.

● ● ● **업무 요청!**   ✕   +

← → 🏠 ↻   🔍 ... https /// SEARCH WEBSITE URL   ☆ 📄 ⋮

| **보내기** | 예약 | 임시저장 | 더보기 |

제목 [업무 요청] 부산 지역 발령 인원 인사자료 정리

보낸 사람 김 팀장

받는 사람 박 사원

참조 최 대리

첨부파일 부산 지역 인사 발령 리스트.xls

안녕하세요. 김 팀장입니다.

이번에 부산으로 인사 발령을 받은 직원들이 많습니다. 근데 명단이 정리되어 있지 않군요.
이 자료를 정리해야 할 것 같습니다.

----

  1. 'No.' 부분에 숫자가 10씩 추가되도록 설정해 주세요.
  2. 지역이 '서울'로 되어 있는 인원을 '부산'으로 모두 변경해 주세요.

급한 건이라 많이 바쁘겠지만 오늘 퇴근 전까지 부탁합니다.
감사합니다.

엑셀에서 연속하지 않는 여러 셀을 마우스로 선택할 때는 [Ctrl]을 누르고 필요한 셀을 모두 클릭하는데요. 마찬가지로 여러 셀에 데이터, 수식, 함수를 한번에 입력할 때는 [Ctrl]+[Enter]를 누르면 됩니다.

단축키	기능
[Ctrl] + [Enter]	선택한 셀에 데이터, 수식, 함수 한번에 입력하기

'제품코드' 데이터에서 '포함 여부'를 보니 'No'는 정상적으로 입력되어 있지만, 'Yes'가 입력되어야 하는 곳이 빈 셀로 되어있습니다. 포함 여부의 빈 셀에 'Yes'를 입력해 보겠습니다. 빈 셀을 채울 때 많은 사람들이 활용하는 방법은 하나의 셀에 Yes를 입력하고 그 셀을 복사하여 다른 셀에 하나하나 붙여넣기 하는 방법인데요. 이 방법은 빈 셀이 많을수록 많은 시간이 소요된다는 단점이 있습니다. 그러나 [Ctrl]+[Enter]를 사용하면 빠르게 해결할 수 있습니다.

1 빈 셀 중 가장 위에 있는 ❶ [E6] 셀을 클릭합니다. 그리고 ❷ [Ctrl]을 누른 상태에서 나머지 빈 셀을 클릭하여 남은 빈 셀을 모두 선택합니다.

▲	A	B	C	D	E
1					
2		제품코드	제품명	사이즈	포함 여부
3		AJ21111	SNICKERS PNT 59G (ADJUST)	FREE	No
4		AP053	TWIX TOP 6PACK 168G	FREE	No
5		AP059	TWIX TOP 3PACK 84G	FREE	No
6		B5205092	M&M'S MILK PEG BAG 158.8	24	
7		B5205093	M&M'S MILK SHARE BAG 40	24	
8		B5205094	M&M'S PEANUT PEG BAG 158.8G (24*1)	24	
9		B5205095	M&M'S PEANUT SHARE BAG 400G (24*1)	24	
10		B5205103	M&M'S MILK SINGLE 40G (24*9)	24	No
11		B5206012	SKITTLES ORIGINAL 50G (24*12)	24	No
12		B5206013	SKITTLES ORIGINAL 226G (24*1)	24	No
13		B5206134	SKITTLES SOUR 40G (24*6)	24	No
14		B5208193	DOVE SILK COLLECTION 160G (16*1)	16	No
15		B5208199	DOVE CRISPY SINGLE 40G (12*12)	12	No
16		B5208200	DOVE HEART BAG CREAM 160G (24*1)	24	
17		B5208203	DOVE HEART BAG MILK 160G (24*1)	24	
18		B5208228	DOVE MILK PEG BAG 90G (24*1)	24	
19		B5208231	DOVE MILK POUCH 200G (24*1)	24	No
20		B5208232	DOVE CRISPY POUCH 200G (24*1)	24	No
21		B5208703	DOVE MILK PEG BAG 45G (36*1)	36	
22		B5208704	DOVE CRISPY PEG BAG 45G (36*1)	36	
23		B5208705	DOVE HAZELNUT PEG BAG 45G (36*1)	36	
24		B5208706	DOVE MILK SINGLE 47G (12*12)	12	No
25		B5208707	DOVE HZN&RSN SINGLE 47G (12*12)	12	No
26		B5208708	DOVE MOCHA ALMOND SINGLE 47G (12*12)	12	No
27					

❶ 클릭 →
❷ [Ctrl] +나머지 빈 셀 클릭

Tip

편하게 기억하기 위해 빈 셀 중 가장 위에 있는 셀을 클릭하라고 했지만, 아무 빈 셀 중 하나를 선택해도 됩니다.

❶ 빈 셀이 모두 선택되면 바로 Yes를 입력합니다. 이때 한 셀을 더블클릭해서 커서가 있게 만든 후 입력하는 것이 아니라 여러 셀이 선택된 상황에서 바로 입력해야 한다는 점을 주의하세요. 그리고 ❷ Ctrl + Enter 를 누르면 전체 내용이 한 번에 입력됩니다.

	A	B	C	D	E
1					
2		제품코드	제품명	사이즈	포함 여부
3		AJ21111	SNICKERS PNT 59G (ADJUST)	FREE	No
4		AP053	TWIX TOP 6PACK 168G	FREE	No
5		AP059	TWIX TOP 3PACK 84G	FREE	No
6		B5205092	M&M'S MILK PEG BAG 158.8G (24*1)	24	Yes
7		B5205093	M&M'S MILK SHARE BAG 400G (24*1)	24	Yes
8		B5205094	M&M'S PEANUT PEG BAG 158.8G (24*1)	24	Yes
9		B5205095	M&M'S PEANUT SHARE BAG 400G (24*1)	24	Yes
10		B5205103	M&M'S MILK SINGLE 40G (24*9)	24	No
11		B5206012	SKITTLES ORIGINAL 50G (24*12)	24	No
12		B5206013	SKITTLES ORIGINAL 226G (24*1)	24	No
13		B5206134	SKITTLES SOUR 40G (24*6)	24	No
14		B5208193	DOVE SILK COLLECTION 160G (16*1)	16	No
15		B5208199	DOVE CRISPY SINGLE 40G (12*12)	12	No
16		B5208200	DOVE HEART BAG CREAM 160G (24*1)	24	Yes
17		B5208203	DOVE HEART BAG MILK 160G (24*1)	24	Yes
18		B5208228	DOVE MILK PEG BAG 90G (24*1)	24	Yes
19		B5208231	DOVE MILK POUCH 200G (24*1)	24	No
20		B5208232	DOVE CRISPY POUCH 200G (24*1)	24	No
21		B5208703	DOVE MILK PEG BAG 45G (36*1)	36	Yes
22		B5208704	DOVE CRISPY PEG BAG 45G (36*1)	36	Yes
23		B5208705	DOVE HAZELNUT PEG BAG 45G (36*1)	36	Yes
24		B5208706	DOVE MILK SINGLE 47G (12*12)	12	No
25		B5208707	DOVE HZN&RSN SINGLE 47G (12*12)	12	No
26		B5208708	DOVE MOCHA ALMOND SINGLE 47G (12*12)	12	No
27					

❶ Yes 입력 →
❷ Ctrl + Enter

근데 만약 Yes를 입력해야 하는 칸이 500개라고 가정해 봅시다. 500개의 셀을 일일이 클릭해야 하는 것은 실수의 위험도 있고, 시간도 너무 많이 소요됩니다. 이런 상황에서 유용하게 사용할 수 있는 단축키가 바로 F5 입니다.

단축키	기능
F5	다양한 조건에 맞춰 셀을 선택할 수 있는 기능

F5 단축키를 사용해서 빈 셀을 모두 선택해 보겠습니다.

'포함 여부'에 해당하는 전체 셀인 ❶ [E3:E26] 셀을 드래그하고, ❷ F5 를 누릅니다. 그러면 [이동] 대화상자가 나타나는데요. ❸ [이동] 대화상자에서 [옵션] 단추를 클릭합니다.

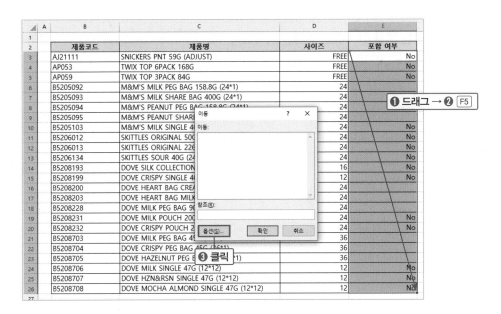

2 그러면 [이동 옵션] 대화상자가 나타나는데 ❶ '빈 셀'에 체크하고 ❷ [확인]
단추를 클릭합니다. 그러면 포함 여부의 전체 셀 중 빈 셀만 선택됩니다.
마지막으로 ❸ Yes를 입력하고 ❹ Ctrl + Enter 를 누르면 빈 셀에 Yes가 입력
됩니다.

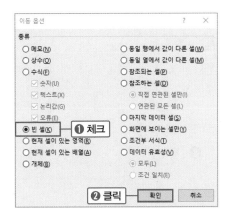

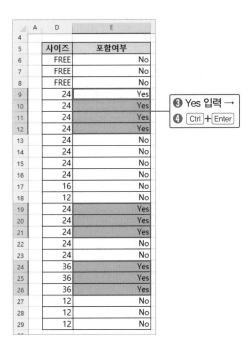

이처럼 F5 는 사용법을 잘 알아두면 매우 유용한 단축키인데요. 계속해서 F5 를 좀 더 심도 있게 다뤄 보
겠습니다.

같은 조건에 해당하는 셀을 선택하고 싶다면 기억하자, F5

실습파일: 실무엑셀 02.xls - 여러셀입력02

업무를 하다 보면 여러 개의 셀을 한 번에 선택해야 하는 상황이 많이 있습니다. 이때 여러 셀을 선택하는 기준은 상황에 따라 달라지는데요. 때론 그냥 빈 셀일 수도 있고, 때론 오류가 나온 셀이 기준일 때도 있죠. 이처럼 조건에 맞는 여러 셀을 선택해야 할 때는 F5를 사용하면 됩니다.

F5를 사용하여 '제품코드' 데이터 범위에서 오류가 난 셀을 전부 '문제 없음'으로 수정해 보겠습니다.

1 ❶ '제품코드'의 데이터 범위 전체인 [B2:E26] 셀을 드래그하고, ❷ F5를 누르면 [이동] 대화상자가 나타납니다. ❸ 여기에서 [옵션] 단추를 클릭합니다.

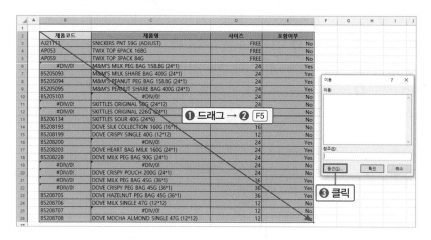

2 [이동 옵션] 대화상자에서 ❶ '수식'을 체크하면 하위 옵션들에 체크할 수 있는데, ❷ '오류'를 제외한 나머지 옵션의 체크를 해제한 후 ❸ [확인] 단추를 클릭합니다.

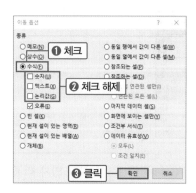

3 오류가 나온 셀만 선택이 된 것을 확인한 뒤에 ❶ 문제 없음을 입력한 다음
❷ Ctrl + Enter 를 누르면 선택된 셀이 모두 수정됩니다.

	A	B	C
1			
2		제품코드	제품명
3		AJ21111	SNICKERS PNT 59G (ADJUST)
4		AP053	TWIX TOP 6PACK 168G
5		AP059	TWIX TOP 3PACK 84G
6		#DIV/0!	M&M'S MILK PEG BAG 158.8G (24*1)
7		B5205093	M&M'S MILK SHARE BAG 400G (24*1)
8		B5205094	M&M'S PEANUT PEG BAG 158.8G (24*1)
9		B5205095	M&M'S PEANUT SHARE BAG 400G (24*1)
10		B5205103	#DIV/0!
11		#DIV/0!	SKITTLES ORIGINAL 50G (24*12)
12		#DIV/0!	SKITTLES ORIGINAL 226G (24*1)
13		B5206134	SKITTLES SOUR 40G (24*6)
14		B5208193	DOVE SILK COLLECTION 160G (16*1)
15		B5208199	DOVE CRISPY SINGLE 40G (12*12)
16		B5208200	#DIV/0!
17		B5208203	DOVE HEART BAG MILK 160G (24*1)
18		B5208228	DOVE MILK PEG BAG 90G (24*1)
19		#DIV/0!	#DIV/0!
20		#DIV/0!	DOVE CRISPY POUCH 200G (24*1)
21		#DIV/0!	DOVE MILK PEG BAG 45G (36*1)
22		#DIV/0!	DOVE CRISPY PEG BAG 45G (36*1)
23		B5208705	DOVE HAZELNUT PEG BAG 45G (36*1)
24		B5208706	DOVE MILK SINGLE 47G (12*12)
25		B5208707	#DIV/0!
26		B5208708	DOVE MOCHA ALMOND SINGLE 47G (12*12)

	A	B	C
1			
2		제품코드	제품명
3		AJ21111	SNICKERS PNT 59G (ADJUST)
4		AP053	TWIX TOP 6PACK 168G
5		AP059	TWIX ❶ 문제 없음 입력 →
6		문제 없음	M&M ❷ Ctrl + Enter
7		B5205093	M&M ...1)
8		B5205094	M&M'S PEANUT PEG BAG 158.8G (24*1)
9		B5205095	M&M'S PEANUT SHARE BAG 400G (24*1)
10		B5205103	문제 없음
11		문제 없음	SKITTLES ORIGINAL 50G (24*12)
12		문제 없음	SKITTLES ORIGINAL 226G (24*1)
13		B5206134	SKITTLES SOUR 40G (24*6)
14		B5208193	DOVE SILK COLLECTION 160G (16*1)
15		B5208199	DOVE CRISPY SINGLE 40G (12*12)
16		B5208200	문제 없음
17		B5208203	DOVE HEART BAG MILK 160G (24*1)
18		B5208228	DOVE MILK PEG BAG 90G (24*1)
19		문제 없음	문제 없음
20		문제 없음	DOVE CRISPY POUCH 200G (24*1)
21		문제 없음	DOVE MILK PEG BAG 45G (36*1)
22		문제 없음	DOVE CRISPY PEG BAG 45G (36*1)
23		B5208705	DOVE HAZELNUT PEG BAG 45G (36*1)
24		B5208706	DOVE MILK SINGLE 47G (12*12)
25		B5208707	문제 없음
26		B5208708	DOVE MOCHA ALMOND SINGLE 47G (12*12)

이 외에도 F5 를 활용하여 [이동 옵션] 대화상자에 들어가면 다양한 옵션 값을 이용해서 셀 선택이 가능합니다.

	F	G
1		
2		제품코드
3		1
4		
5		
6		2
7		
8		
9		
10		
11		
12		
13		3
14		
15		
16		
17		
18		4
19		
20		
21		
22		
23		5
24		
25		
26		

다음으로 G열을 보겠습니다. '제품코드'에 데이터가 동일하지 않은 간격으로 1부터 5까지 입력되어 있는데, 입력된 숫자의 아래 방향으로 같은 숫자를 입력하겠습니다. 만약 1부터 5까지만 입력해야 한다면 채우기 핸들을 통해 입력하는 것이 빠르게 완성하는 방법입니다. 그런데 셀에 입력해야 하는 숫자의 개수가 100만 개라서 100만까지의 숫자를 반복 입력해야 한다면 채우기 핸들을 100만 번 해야하는 단순한 업무에 지나치게 많은 시간을 투자하게 됩니다. 실제로 저는 1,000개의 숫자를 채워야 해서 채우기 핸들을 1,000번 사용해본 경험이 있는데요. 하루종일 단순 작업을 반복하느라 지루하고 힘들었던 기억이 납니다. 하지만 이러한 단순 작업도 F5 를 사용하면 쉽게 해결할 수 있습니다. 입력해야 하는 숫자가 1부터 5이든, 100만 이상이든 모두 1초면 입력 가능합니다.

1 ❶ [G3:G26] 셀을 드래그하고, ❷ F5를 누르면 [이동] 대화상자가 나타납니다. 여기서 ❸ [옵션] 단추를 클릭하면 [이동 옵션] 대화상자가 나타나는데요. 여기에서 ❹ 빈 셀에 체크하고 ❺ [확인] 단추를 클릭하면 [G3:G26]의 셀 중 빈 셀만 선택됩니다.

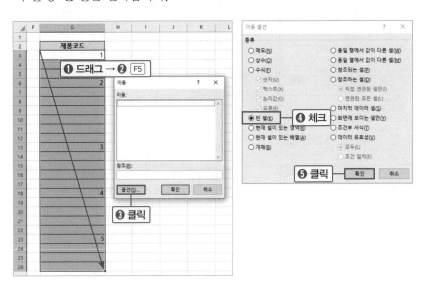

2 선택된 빈 셀에 ❶ =을 입력하고, ❷ [G3] 셀을 클릭한 다음 ❸ Ctrl + Enter를 누르면 빈 셀에 숫자들이 자동으로 입력됩니다.

Tip

챕터 1에 나왔던 '상대 참조'의 원리를 이용한 것입니다.

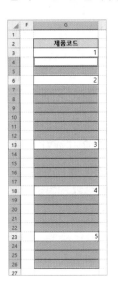

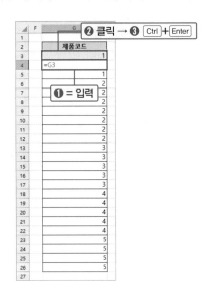

시간도 없는데 왜 이렇게 급하게 ㅠㅠ 빨리 해야겠다.

① 'No.' 부분의 숫자가 10씩 커지도록 입력하기
② '지역' 항목의 '서울'을 '부산'으로 바꾸기

급하게 처리해야 하는 업무가 생겼군요! 단축키 스킬로 빠르게 해결하겠습니다. 'No.' 부분인 [C5:C26] 셀에 숫자가 10씩 커지도록 입력하고, '지역' 항목의 '서울'을 모두 '부산'으로 수정해 보겠습니다.

1 먼저 No. 부분인 [C5:C26] 셀에 숫자가 10씩 커지도록 입력해 보겠습니다. ❶ [C5:C26] 셀을 드래그하고, F5를 누르면 [이동] 대화상자가 나타납니다. ❷ 여기에서 [옵션] 단추를 클릭합니다.

2 [이동 옵션] 대화상자가 나타나면 ❶ '빈 셀'에 체크하고 ❷ [확인] 단추를 클릭합니다. 그러면 빈 셀만 선택되는데요. 다음으로 ❸ =을 입력하고 마우스로 [C5] 셀을 클릭한 다음 +10을 입력합니다. 그러면 [C6] 셀에 'No.'가 10씩 커지는 수식이 작성되는데요. 그 다음 ❹ Ctrl+Enter를 누르면 모든 셀에 10씩 더해진 숫자들이 한 번에 작성됩니다.

Tip

수식 입력이 끝난 다음 그냥 Enter 를 누르면 안 됩니다.

3 다음으로 '지역' 항목의 '서울'을 모두 '부산'으로 수정해 보겠습니다. '지역' 항목에 해당하는 ❶ [F5:F26] 셀을 드래그한 다음 F5를 누르면 [이동] 대화상자가 나타납니다. 여기서 ❷ [옵션] 단추를 클릭합니다.

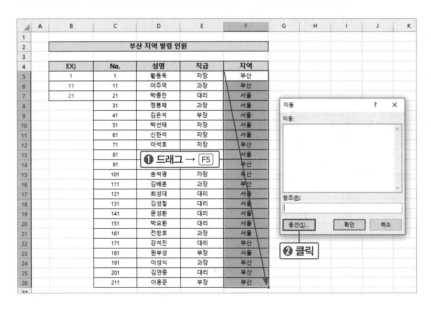

4 [이동 옵션] 대화상자에서 셀이 열 방향으로 드래그되어 있으므로 ❶ '동일
열에서 값이 다른 셀'에 체크한 다음 ❷ [확인] 단추를 클릭하면 '서울'만
선택됩니다. 다음으로 ❸ 부산을 입력하고 ❹ Ctrl + Enter를 누르면 지역의
모든 데이터가 '부산'으로 변경되는 것을 확인할 수 있습니다.

값이 다른 셀을 판단하는 기준은
범위를 선택할 때 첫 번째로 선
택한 셀을 기준으로 합니다.

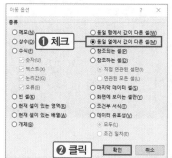

EX)	No.	성명	직급	지역
1	1	황동욱	차장	부산
11	11	이주역	과장	부산
21	21	박종찬	대리	부산
	31	정봉채	과장	부산
	41	김은석	부장	부산
	51	박선태		
	61	신한석		
	71	이석호		
	81	배현식		
	91	박용순	대리	부산
	101	송석영	차장	부산
	111	김배훈	과장	부산
	121	최성대	대리	부산
	131	김성철	대리	부산
	141	문성환	대리	부산
	151	박요환	대리	부산
	161	전장호	과장	부산
	171	강석진	대리	부산
	181	원부성	부장	부산
	191	이성식	과장	부산
	201	김연중	대리	부산
	211	이용준	부장	부산

❸ 부산 입력 →
❹ Ctrl + Enter

안녕하세요! 박 사원입니다.

말씀하신 자료 정리해서 전달드립니다.

그럼 내일 뵙겠습니다. 감사합니다!

03 반복되는 입력 업무는 내가 아닌 엑셀이!

엑셀을 더 똑똑하고 더 쉽게 사용할 수 있는 기능을 소개하겠습니다. 활용도가 정말 높은 기능이므로 단축키까지 필수로 기억합시다.

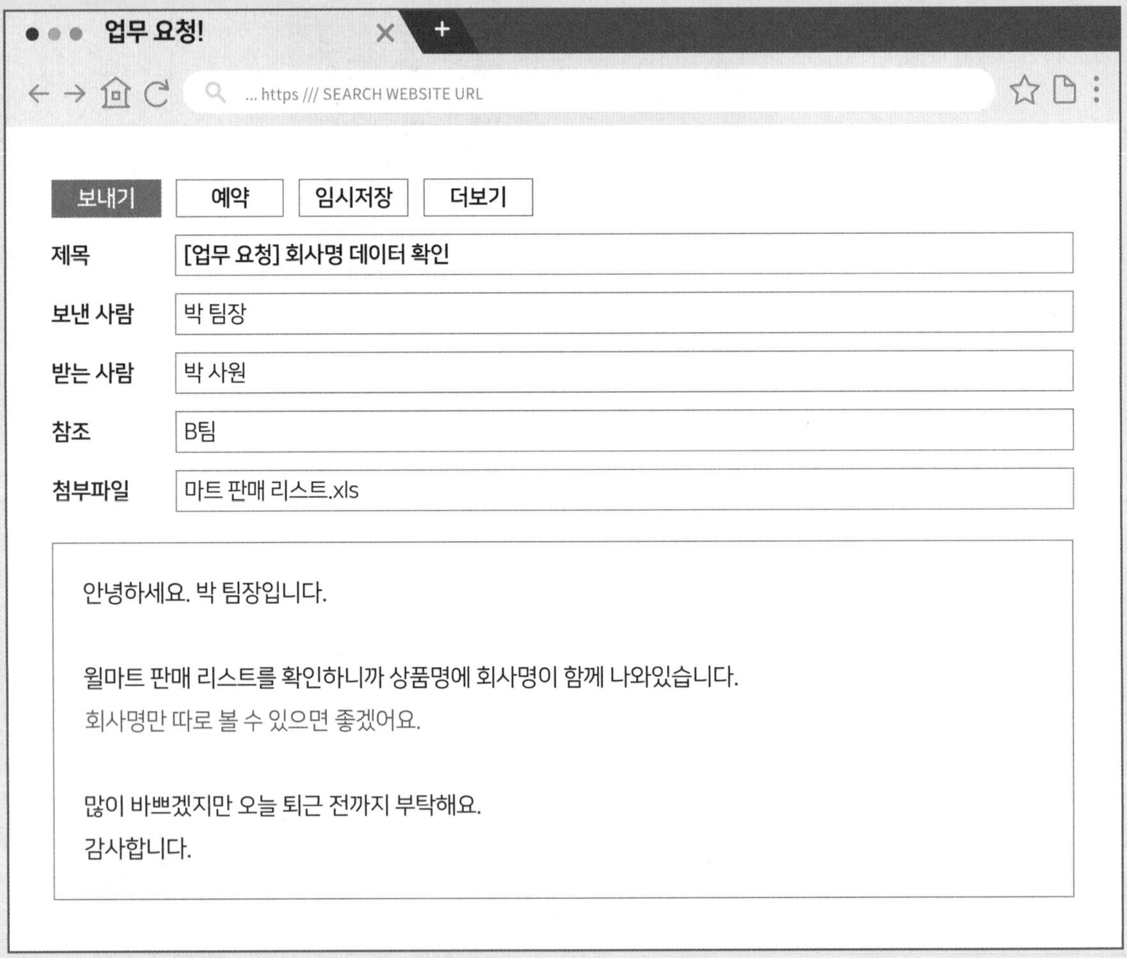

●●● **업무 요청!** ✕ +

← → ⌂ C 🔍 ... https /// SEARCH WEBSITE URL ☆ 🗋 ⋮

보내기 | 예약 | 임시저장 | 더보기

제목 | [업무 요청] 회사명 데이터 확인

보낸 사람 | 박 팀장

받는 사람 | 박 사원

참조 | B팀

첨부파일 | 마트 판매 리스트.xls

안녕하세요. 박 팀장입니다.

윌마트 판매 리스트를 확인하니까 상품명에 회사명이 함께 나와있습니다.
회사명만 따로 볼 수 있으면 좋겠어요.

많이 바쁘겠지만 오늘 퇴근 전까지 부탁해요.
감사합니다.

엑셀을 활용한 업무에서 가장 하기 싫은 일은 단순 반복 업무입니다. 하지만 단순 반복 업무에도 특징은 있습니다. 바로 패턴이 있다는 것인데요. 앞으로는 패턴을 찾고, 규칙을 정해서 딱 한 번만 작성하면 됩니다. 그리고 단축키인 Ctrl+E를 누르면 엑셀이 알아서 업무를 처리해 줄 것입니다.

기존에 입력된 데이터 중 일부를 상황에 맞게 다른 값으로 변경해 보겠습니다.
개인정보인 전화번호의 가운데 번호를 숨김 처리하려고 합니다. 아마 많은 사람들은 전화번호를 직접 수정하려고 할 텐데요. 단축키인 Ctrl+E를 활용하면 쉽게 수정 가능합니다. 여기서 우리가 해야 할 일은 엑셀이 일을 스스로 할 수 있도록 패턴을 만들어 주는 것입니다.

1 전화번호를 숨김 처리하기 위해 작업하기 원하는 형태의 패턴을 [D3] 셀에 입력하겠습니다. ❶ [D3] 셀에 010−****−2530을 입력하고 ❷ [D3:D12] 셀을 드래그한 다음, ❸ Ctrl+E를 누르면 다른 셀의 전화번호도 가운데 숫자만 가려진 채 입력되는 것을 확인할 수 있습니다.

	B	C	D	
2	이름	전화번호	전화번호(숨김)	
3	김예림	010-8901-2530	010-****-2530	ran ❶ 010−****−2530 입력
4	김태연	010-8513-2445	010-****-2445	somo
5	김효연	010-9826-6341	010-****-6341	ctrl2@
6	박수영	010-1350-2414	010-****-2414	suvo
7	배주현	010-7818-3206	010-****-3206	reaso ❷ 드래그 → ❸ Ctrl+E
8	서주현	010-6719-1341	010-****-1341	ggne
9	성유리	010-8967-3889	010-****-3889	finkle
10	손승완	010-1902-2492	010-****-2492	velve
11	옥주현	010-7610-7086	010-****-7086	sky12
12	이재형	010-2844-6337	010-****-6337	frago

2 이번에는 이메일 주소의 일부를 숨김 처리해 보겠습니다. 이메일 앞의 세 글자만 남기고 뒤에는 숨김 처리하기 위해 [F3] 셀에 패턴을 하나 입력하겠습니다. ❶ [F3] 셀에 ran*@naver.com을 입력하고 ❷ [F3:F12] 셀을 드래그한 다음 ❸ Ctrl+E를 누르면 모든 데이터가 숨겨지는 것을 볼 수 있습니다.

이름	전화번호	전화번호(숨김)	이메일주소	이메일주소(숨김)	
김예림	010-8901-2530	010-****-2530	randmond@naver.com	ran*@naver.com	❶ ran*@naver.com 입력
김태연	010-8513-2445	010-****-2445	somoin@gmail.com	som*@gmail.com	
김효연	010-9826-6341	010-****-6341	ctrl2@nate.com	ctr*2@nate.com	
박수영	010-1350-2414	010-****-2414	suyoung@naver.com	suy*@naver.com	
배주현	010-7818-3206	010-****-3206	redsound@gmail.com	red*@gmail.com	❷ 드래그 → ❸ Ctrl + E
서주현	010-6719-1341	010-****-1341	ggner@gmail.com	ggn*@gmail.com	
성유리	010-8967-3889	010-****-3889	finkle@naver.com	fin*@naver.com	
손승완	010-1902-2492	010-****-2492	velvey@naver.com	vel*@naver.com	
옥주현	010-7610-7086	010-****-7086	sky123@gmail.com	sky*123@gmail.com	
이재형	010-2844-6337	010-****-6337	fragofh@naver.com	fra*@naver.com	

그런데 자세히 보면 100% 완벽하게 입력되지 않았습니다. [F5] 셀과
[F11] 셀의 이메일에서 숫자는 숨김 처리되지 않고 * 뒤에 숫자가 남아있
는데요.

김효연	010-9826-6341	010-****-6341	ctrl2@nate.com	ctrl*2@nate.com

옥주현	010-7610-7086	010-****-7086	sky123@gmail.com	sky*123@gmail.com

3 다른 이메일 주소처럼 수정하기 위해 한 번 더 패턴을 추가하겠습니다.
❶ [F5] 셀을 클릭하고 수정 단축키인 ❷ F2 를 누릅니다. 그러면 셀에 커
서가 생기는데요. ❸ 메일 주소 아이디에서 2를 지워주고, ❹ Enter 를 누르
면 [F11] 셀도 함께 수정됩니다.

김효연	010-9826-6341	010-****-6341	ctrl2@nate.com	ctr*2@nate.com	❶ 클릭 → ❷ F2

김효연	010-9826-6341	010-****-6341	ctrl2@nate.com	ctr*@nate.com	❸ 2 삭제 → ❹ Enter
박수영	010-1350-2414	010-****-2414	suyoung@naver.com	suy*@naver.com	
배주현	010-7818-3206	010-****-3206	redsound@gmail.com	red*@gmail.com	
서주현	010-6719-1341	010-****-1341	ggner@gmail.com	ggn*@gmail.com	
성유리	010-8967-3889	010-****-3889	finkle@naver.com	fin*@naver.com	
손승완	010-1902-2492	010-****-2492	velvey@naver.com	vel*@naver.com	
옥주현	010-7610-7086	010-****-7086	sky123@gmail.com	sky*@gmail.com	
이재형	010-2844-6337	010-****-6337	fragofh@naver.com	fra*@naver.com	

계속해서 여러 셀에 나누어 입력된 기존 데이터들을 한 셀로 합치거나, 입력된 데이터에 일부를 다른 셀
로 나누어 입력해 보겠습니다.

[C16:C27] 셀에는 고객의 거주지가 입력되어 있습니다. 이 중 '구'에 대한 내용만 '지역구' 셀로 모아 따로 보겠습니다.

1 ❶ [G16] 셀에 강서구를 입력하고 Enter를 누른 후, ❷ [G16:G27] 셀을 드래그하고 ❸ Ctrl + E를 누릅니다. 그런데 이번에도 몇몇 셀은 제대로 입력되지 않았습니다.

고객명	거주지	방문지1	방문지2	방문지3	지역구
정길수	서울특별시 강서구 염창동	울산	❶ 강서구 입력 → Enter		강서구
김미애	서울특별시 종로구 부암동	가평	동해	양양	종로구
최영란	서울특별시 양천구 목4동	목포	여수		목
김민수	서울특별시 강남구 대치동	인천	김포		강남구
박보영	서울특별시 마포구 망원동	제천	대전	충주	마포구
홍의진	서울특별시 마포구 연남동	수원	❷ 드래그 → ❸ Ctrl + E		마포구
최진희	서울특별시 동작구 사당동	당진			동작구
이수영	서울특별시 중구 황학동	세종	논산	계룡	중구
박보경	서울특별시 영등포구 양평동	김천	구미		영등포구
박찬길	서울특별시 은평구 신사동	경주	포항		은평구
김영길	서울특별시 영등포구 당산1동	창원	부산	사천	당산
이수희	서울특별시 강남구 자곡동	정읍	광주	남원	강남구

2 원하는 결괏값을 구하기 위해 추가로 패턴을 입력해야 하는데요. [G18] 셀에 양천구를 입력하고 Enter를 누르면 [G26] 셀의 값도 함께 수정되는 것을 확인할 수 있습니다.

고객명	거주지	방문지1	방문지2	방문지3	지역구
정길수	서울특별시 강서구 염창동	울산	제주		강서구
김미애	서울특별시 종로구 부암동	가평	동해	양양	종로구
최영란	서울특별시 양천구 목4동	목포	여수 양천구 입력 → Enter		양천구
김민수	서울특별시 강남구 대치동	인천	김포		강남구
박보영	서울특별시 마포구 망원동	제천	대전	충주	마포구
홍의진	서울특별시 마포구 연남동	수원	평택		마포구
최진희	서울특별시 동작구 사당동	당진	서산		동작구
이수영	서울특별시 중구 황학동	세종	논산	계룡	중구
박보경	서울특별시 영등포구 양평동	김천	구미		영등포구
박찬길	서울특별시 은평구 신사동	경주	포항		은평구
김영길	서울특별시 영등포구 당산1동	창원	부산	사천	영등포구
이수희	서울특별시 강남구 자곡동	정읍	광주	남원	강남구

마지막으로 [D16:F27] 범위에 있는 '방문지 1, 2, 3'의 값을 '방문지역' 셀에 쉼표로 구분해서 입력해 보겠습니다.

1 ❶ [H16] 셀을 클릭하고 울산,제주를 입력한 후 Enter를 누릅니다. ❷ 다음으로 [H16:H27] 셀을 드래그하고 ❸ Ctrl+E를 누르면 데이터가 입력됩니다. 그런데 이번에는 '방문지 3'에 대한 내용이 입력되지 않았습니다.

고객명	거주지	방문지1	방문지2	방문지3	지역구	방문지역(실표구분)
정길수	서울특별시 강서구 염창동	울산	제주			울산,제주
김미애	서울특별시 종로구 부암동	가평	동해	양양	종로구	가평,동해
최영탄	서울특별시 양천구 목4동	목포	여수		양천구	목포,여수
김민수	서울특별시 강남구 대치동	인천	김포		강남구	인천,김포
박보영	서울특별시 마포구 망원동	제천	대전	충주	마포구	제천,대전
홍의진	서울특별시 마포구 연남동	수원	평택		마포구	수원,평택
최진희	서울특별시 동작구 사당동	당진	서산			당진,서산
이수영	서울특별시 중구 황학동	세종	논산			세종,논산
박보경	서울특별시 영등포구 양평동	김천	구미		영등포구	김천,구미
박찬길	서울특별시 은평구 신사동	경주	포항		은평구	경주,포항
김영길	서울특별시 영등포구 당산1동	창원	부산	사천	영등포구	창원,부산
이수희	서울특별시 강남구 자곡동	정읍	광주	남원	강남구	정읍,광주

❶ 울산,제주 입력 → Enter
❷ 드래그 → ❸ Ctrl+E

Tip
'채우기 핸들'과 '드래그'를 구분해서 사용해야 합니다.

2 '방문지 3'을 추가하기 위해 [H17] 셀에 ,양양을 추가로 입력하고 Enter를 누릅니다. 그러면 '방문지 3'의 값이 있는 나머지 셀도 자동으로 입력되는 것을 확인할 수 있습니다.

고객명	거주지	방문지1	방문지2	방문지3	지역구	방문지역(실표구분)
정길수	서울특별시 강서구 염창동	울산	제주		강서구	울산,제주
김미애	서울특별시 종로구 부암동	가평	동해	양양	종로구	가평,동해,양양
최영탄	서울특별시 양천구 목4동	목포	여수		양천구	목포,여수
김민수	서울특별시 강남구 대치동	인천	김포		강남구	인천,김포
박보영	서울특별시 마포구 망원동	제천	대전	충주	마포구	제천,대전,충주
홍의진	서울특별시 마포구 연남동	수원	평택		마포구	수원,평택
최진희	서울특별시 동작구 사당동	당진	서산		동작구	당진,서산
이수영	서울특별시 중구 황학동	세종	논산	계룡	중구	세종,논산,계룡
박보경	서울특별시 영등포구 양평동	김천	구미		영등포구	김천,구미
박찬길	서울특별시 은평구 신사동	경주	포항		은평구	경주,포항
김영길	서울특별시 영등포구 당산1동	창원	부산	사천	영등포구	창원,부산,사천
이수희	서울특별시 강남구 자곡동	정읍	광주	남원	강남구	정읍,광주,남원

,양양 입력 → Enter

이처럼 패턴을 만들어서 단축키를 활용하면 쉽고 빠르게 업무를 마무리할 수 있습니다.

패턴을 만들면 끝나는 일이잖아? 빨리 하고 집에 가야지!

데이터에서 '회사명'만 따로 볼 수 있도록 분리하기

팀장님께서 주신 파일을 확인해 보니 '상품명'이 회사명+상품명으로 작성되어 있습니다. 여기서 회사명만 따로 추출해 보겠습니다.

회사명을 입력해야 하는 ❶ [E5] 셀을 더블클릭하고 애태제과를 입력합니다.
다음으로 '회사명'에 대한 ❷ [E5:E19] 셀을 드래그하고, ❸ Ctrl+E를 누르면
회사명이 한 번에 입력됩니다.

	A	B	C	D	E
1					
2		월마트 판매 리스트			❶ 애태제과 입력
3					
4		상품명	판매가	판매수량	회사명
5		애태제과) 보라보 콘 바닐라	1,326	58	애태제과
6		호데푸드) 보쿰바	2,791	97	호데푸드
7		방그레) 따따 소다맛	1,473	59	방그레
8		호데푸드) 팥구스타	2,590	74	호데푸드
9		호데푸드) 뽐빠레 샌드	2,567	97	호데푸드
10		호데푸드) 코코넛 샌드	1,846	54	호데푸드
11		애태) 탱크마마 애플젤리	2,763	90	애태
12		호데제과) 베가톤 바	1,669	60	호데제과
13		방그레) 호랑이바 자두맛	1,412	67	방그레
14		호데제과) 리즐 바닐라피칸	1,015	91	호데제과
15		방그레) 미미미 단호박	1,992	73	방그레
16		호데푸드) 빵 찰떡	2,263	87	호데푸드
17		호데제과) 우리의실수	2,085	86	호데제과
18		애태) 인절미	2,818	85	애태
19		호데제과) 바닐라콘	1,829	66	호데제과
20					

❷ 드래그 → ❸ Ctrl+E

안녕하세요! 박 사원입니다.

말씀하신 것처럼 '회사명'만 작성해서 전달드립니다. 확인 부탁드려요.

혹시 '상품명'만 따로 보고 싶으시면 말씀해 주세요. 금방 수정해 드리겠습니다.

그럼 내일 뵐게요!

03

업무에서 가장 많이
사용하는 함수 TOP 10

지금부터는 엑셀 업무 시 가장 많이 사용되는 함수를 알아보겠습니다. 사실 함수는 많이 알면 알수록 좋은데요. 하지만 업무에서는 많은 함수를 사용해야 하는 것보다 여러 함수를 응용해서 적용해야 하는 상황이 훨씬 빈번합니다. 업무를 잘하기 위해 응용해서 사용하면 만능이 되는 함수들을 완벽하게 알려드리겠습니다.

01 계산에 사용하는 함수

이번 챕터에서는 엑셀의 가장 기본적인 함수로, 계산이 필요할 때 사용할 수 있는 함수를 알아보겠습니다. 숫자들의 합계와 평균 그리고 [필터]와 같이 사용하면 정말 좋은 SUBTOTAL 함수까지 자세히 알려드릴게요.

● ● ● **업무 요청!** ✕ ＋

← → ⌂ ⟳ 🔍 ... https /// SEARCH WEBSITE URL ☆ ▯ ⋮

| **보내기** | 예약 | 임시저장 | 더보기 |

제목　　　[업무 요청] 에듀 상사 고객사별 주문 통계

보낸 사람　최 팀장

받는 사람　박 사원

참조　　　목 대리, 최 대리

첨부파일　에듀 상사 고객사별 주문 현황.xls

박 사원, 최 팀장입니다.

고객사별 주문 현황 파일의 정리가 필요합니다.
총 주문 건수와 '의류' 품목의 평균 주문 건수를 정리하여 오늘 퇴근 전까지 회신 바랍니다.
다른 품목에 대한 것도 확인할 수 있으면 더 좋을 것 같아요.

수고하세요.

숫자를 더할 때 사용하는 함수, SUM   실습파일: 실무엑셀 03.xls - SUM

SUM 함수는 많은 사람들이 엑셀 함수를 공부할 때 가장 처음 배우는 함수입니다. 영어 사전에서 SUM 을 검색하면 '합, 합계, 총계'라는 의미가 나오는데요. 단어의 뜻 그대로 합계를 구할 때 사용하는 함수 입니다.

> **=SUM(셀1,셀2,셀3,…,셀n)**

- 선택한 셀 혹은 범위에 입력된 숫자의 합을 구하는 함수
- 셀1부터 셀n까지의 합계를 구함

2016년 7월의 제품별 매출 합계를 구해 보겠습니다.

1 B열에 '제품명'이 제시되어 있고, 제품마다 지점별 매출 금액이 작성되어 있습니다. 먼저 ABC 제품의 7월 매출 합계를 구하기 위해 ❶ [F4] 셀을 클 릭하고 =SUM을 입력합니다. 그러면 파란색으로 선택되어 있는 SUM이 나오는데 ❷ Tab 을 누르면 함수 입력 형태로 변경됩니다.

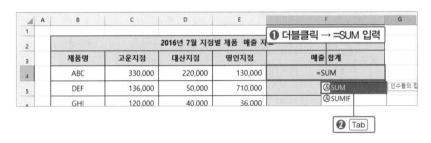

2 SUM이 함수로 변경되면 더할 값을 선택해야 하는데요. ABC 제품의 지점 별 매출을 합산해야 하므로 ❶ [C4] 셀 클릭 , 입력, [D4] 셀 클릭 , 입력, [E4] 셀 클릭)를 입력한 다음 ❷ Enter 를 누르면 합계인 680,000이 계산됩 니다.

Tip
선택하고 싶은 셀이 연속되어 있 을 때는 드래그를 해서 입력해도 됩니다.

A	B	C	D	E	F
1					
2			2016년도 7월 지점별 제품 매출 자료		
3	제품명	고운지점	대산지점	명인지점	매출 합계
4	ABC	330,000	220,000	130,000	680,000
5	DEF	136,000	50,000	710,000	

3 ABC 매출 합계가 완성이 되었다면 단축키 스킬 혹은 채우기 핸들을 사용해서 나머지 제품들도 빠르게 합계를 계산합니다.

A	B	C	D	E	F	
1						
2			2016년 7월 지점별 제품 매출 자료			
3	제품명	고운지점	대산지점	명인지점	매출 합계	
4	ABC	330,000	220,000	130,000	680,000	
5	DEF	136,000	50,000	710,000	896,000	
6	GHI	120,000	40,000	36,000	196,000	
7	JKL	120,000	40,001	36,001	196,002	
8	MNO	820,000	64,000	728,000	1,612,000	
9	PQR	20,000	48,000	20,000	88,000	
10	STU	84,000	348,000	4,000	436,000	
11	WVX	930,000	770,000	8,000	1,708,000	
12	YZ	112,000	4,000	172,000	288,000	채우기 핸들
13	POI	112,001	4,000	172,001	288,002	
14	OIE	4,000	412,000	420,000	836,000	
15	DJS	4,001	412,001	50,000	466,002	
16	AKS	4,002	412,002	520,000	936,004	
17	LWE	21,542	64,000	645,123	730,665	
18	JIE	21,365	58,454	21,203	101,022	
19	KAE	1,151	55,666	112,200	169,017	
20	JJG	2,215	112,222	223,650	338,087	
21	SEQ	12,654	111,444	554,441	678,539	

숫자의 평균이 궁금할 때 사용하는 함수, AVERAGE

실습파일: 실무엑셀 03.xls - AVERAGE

AVERAGE 함수는 평균을 구할 때 사용하는 함수입니다. SUM 함수와 사용하는 방법은 동일합니다.

=AVERAGE(셀1,셀2,셀3,…,셀n)

- 지정한 셀 혹은 범위에 입력된 숫자의 평균을 구하는 함수
- 셀1부터 셀n까지의 평균을 구함

각각의 제품들의 지점별 판매 금액의 평균값을 구해 보겠습니다.

1 ❶ [F4] 셀을 클릭하고 =AVER까지만 입력한 다음 ❷ [Tab]을 누르면 함수
가 입력됩니다.

Tip

[Tab]을 이용하면 함수 전체를 입
력하지 않아도 함수를 완성할 수
있습니다.

◢	A	B	C	D	E	F	G
1							
2			2016년도 7월 지점별 제품 매출			❶ 더블클릭 → =AVER 입력	
3		제품명	고운지점	대산지점	명인지점	평균 매출	
4		ABC	330,000	220,000	130,000	=AVER	
5		DEF	136,000	50,000	710,000	✗AVERAGE 인수들의 평균을 구합니다. 인수는	
		GHI	120,000	40,000	36,000	✗AVERAGEA	

❷ [Tab]

2 다음으로 AVERAGE 함수의 인수를 선택합니다. ABC 제품의 평균 매출
을 구해야 하므로 ❶ [C4] 셀 클릭 , 입력, [D4] 셀 클릭 , 입력, [E4] 셀 클
릭)를 입력하고, [Enter]를 누르면 226,667이 나옵니다. 마지막으로 ❷ 단축
키 스킬 또는 채우기 핸들을 이용해서 모든 제품의 평균값을 구해줍니다.

◢	A	B	C	D	E	F	G
1							
2			2016년도 7월 지점별 제품 매출 자료				
3		제품명	고운지점	대산지점	명인지점	평균 매출	
4		ABC	330,000	220,000	130,000	=AVERAGE(C4,D4,E4)	
5		DEF	136,000	50,000	710,000		298,667
6		GHI	120,000	40,000	36,000	❶ C4,D4,E4) 입력	65,333
7		JKL	120,000	40,001	36,001	→ [Enter]	65,334
8		MNO	820,000	64,000	728,000		537,333
9		PQR	20,000	48,000	20,000		29,333
10		STU	84,000	348,000	4,000		145,333
11		WVX	930,000	770,000	8,000		569,333
12		YZ	112,000	4,000	172,000		96,000
13		POI	112,001	4,000	172,001		96,001
14		OIE	4,000	412,000	420,000		278,667
15		DJS	4,001	412,001	50,000		155,334
16		AKS	4,002	412,002	520,000		312,001
17		LWE	21,542	64,000	645,123		243,555
18		JIE	21,365	58,454	21,203		33,674
19		KAE	1,151	55,666	112,200		56,339
20		JJG	2,215	112,222	223,650		112,696
21		SEQ	12,654	111,444	554,441		226,180

❷ 채우기 핸들

필터를 많이 사용한다면 꼭 알아야 하는 함수, SUBTOTAL

실습파일: 실무엑셀 03.xls - SUBTOTAL

엑셀에서 많은 데이터를 활용해야 한다면 원하는 조건을 설정하여 필터링하는 것이 업무의 기본입니다. 데이터를 필터링하는 것에서 끝나는 게 아니라, 필터링한 데이터를 활용해서 결과를 도출할 수 있어야 하는데요. 그때마다 그에 맞는 추가 기능을 찾고, 함수를 입력해서 작업하고…. 생각만 해도 번거롭습니다. 이때 반복해서 입력하지 않고 작업할 수 있도록 해 주는 함수가 SUBTOTAL 함수입니다.

=SUBTOTAL(함수 번호,계산해야 할 데이터 범위)

[필터] 기능으로 자료를 필터링했을 때, 원하는 함수에 맞추어 값이 변하게 만들어 주는 함수

SUBTOTAL 함수를 사용해서 '직급별 판매 수량'의 합계를 구해 보겠습니다.

1 먼저 '과장' 직급에 해당하는 판매 수량을 보기 위해 항목에 필터를 적용하겠습니다. ❶ 항목인 [B5:F5] 셀까지 드래그하고, ❷ [데이터] 탭 – [정렬 및 필터] 그룹 – [필터]를 클릭합니다.

Tip

[필터]는 [홈] 탭 - [편집] 그룹 - [정렬 및 필터] - [필터]를 클릭해도 적용 가능합니다.

2 ❶ 직급에서 '과장'을 필터링한 다음 ❷ [F2] 셀에 =SUM(E6,E9,E11,E15, E16,E17)을 입력하고, Enter를 누릅니다. 그럼 결괏값으로 1,032가 나옵니다.

Tip

필터링한 셀은 연속된 셀이 아니므로 드래그해서 입력할 수 없습니다. 입력하기 원하는 셀을 클릭하거나 직접 입력해야 합니다.

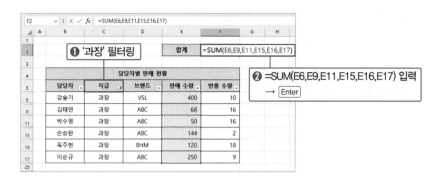

	담당자별 판매 현황				
	담당자	직급	브랜드	판매 수량	반품 수량
	강슬기	과장	VSL	400	10
	김태연	과장	ABC	68	16
	박수영	과장	ABC	50	16
	손승완	과장	ABC	144	2
	옥주현	과장	BHM	120	18
	이순규	과장	ABC	250	9

합계 1,032

다음으로 '대리' 직급의 합계를 구해 보겠습니다. '대리'로 필터 값을 변경해도 합계는 '과장' 직급의 결괏값이 남아있습니다. [F2] 셀을 더블클릭해 보면 인수가 과장 직급의 값이 입력된 셀로 되어 있기 때문이죠. 따라서 합계 부분의 인수를 변경해야 정확한 결괏값을 알 수 있습니다.

▲ 대리 직급으로 필터 값을 변경해도 인수는 자동으로 변하지 않는다.

이렇게 필터링해야 할 조건의 값이 변경될 때마다 인수도 반복해서 변경되어야 할 때 SUBTOTAL 함수를 사용하면 반복적으로 해야 했던 인수 변경을 하지 않아도 됩니다.

SUBTOTAL 함수를 사용해서 '대리' 직급의 합계를 구해 보겠습니다.

1 ❶ '직급'에 적용했던 필터링을 해제하고, ❷ [F2] 셀에 =SUBTOTAL(를 입력하면 함수의 첫 번째 인수를 선택할 수 있는 드롭다운이 나타납니다. SUBTOTAL 함수의 첫 번째 인수에서는 어떤 결과를 보고 싶은지 선택할 수 있는데요. 평균부터 합계, 셀 개수, 최댓값, 최솟값 등을 볼 수 있습니다. 우리는 합계를 구해야 하니까 ❸ 첫 번째 인수에 9,를 입력합니다.

필터링 삭제가 아니고 '해제'입니다.

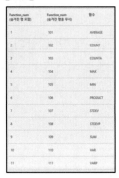

- AVERAGE: 선택한 셀 혹은 범위의 평균값을 구함
- COUNT: 선택한 셀 혹은 범위에 입력된 숫자 데이터의 개수를 구함
- COUNTA: 선택한 셀 혹은 범위에 입력된 데이터의 개수를 구함
- MAX: 선택한 셀 혹은 범위에 입력된 제일 큰 값을 구함
- MIN: 선택한 셀 혹은 범위에 입력된 제일 작은 값을 구함
- PRODUCT: 선택한 셀 혹은 범위에 입력된 숫자의 곱을 구함
- STDEV.P: 선택한 범위에 입력된 표준 편차를 구함(없을 시에는 STDEV로 사용)
- SUM: 선택한 셀 혹은 범위에 입력된 숫자 합계를 구함
- VAR.P: 선택한 범위에 입력된 분산을 구함(없을 시에는 VAR로 사용)

2 SUBTOTAL 함수의 두 번째 인수에는 계산해야 할 데이터의 범위를 입력해야 합니다. 판매 수량의 합계를 구하기 위해 ❶ [E6:E24] 셀까지 드래그하고 ❷)를 입력한 다음 Enter를 누릅니다. 그러면 전체 판매 수량의 합계인 3,767이 계산됩니다.

	합계	=SUBTOTAL(9,E6:E24)

❷) 입력 → Enter

담당자별 판매 현황				
담당자	직급	브랜드	판매 수량	반품 수량
강슬기	과장	VSL	400	10
권유리	대리	BHM	367	13
김예림	대리	BHM	360	19
김태연	과장	ABC	68	16
김효연	대리	ABC	48	9
박수영	과장	ABC	50	16
배주현	대리	VSL	400	7
서주현	부장	VSL	412	3
성유리	대리	ABC	200	15
손승완	과장	ABC	144	
옥주현	과장	BHM	120	
이순규	과장	ABC	250	9
이재형	대리	ABC	212	2
이진	사원	BHM	84	10
이효리	사원	ABC	190	6
임윤아	부장	ABC	50	11
정수연	사원	ABC	76	3
최수영	부장	ABC	136	18
황미영	사원	BHM	200	4

❶ 드래그

	합계	3,767

담당자별 판매 현황				
담당자	직급	브랜드	판매 수량	반품 수량
강슬기	과장	VSL	400	10

3 '대리' 직급의 판매 수량만 보기 위해 필터링을 적용하면, 합계의 값이 대리 직급에 대한 값으로 변경됩니다.

	합계	1,587

필터링

담당자별 판매 현황				
담당자	직급	브랜드	판매 수량	반품 수량
권유리	대리	BHM	367	13
김예림	대리	BHM	360	19
김효연	대리	ABC	48	9
배주현	대리	VSL	400	7
성유리	대리	ABC	200	15
이재형	대리	ABC	212	2

직급에 따른 합계만 계산 가능한 것은 아닙니다. 다른 항목의 필터를 적용하면 똑같이 필터링한 값에 따라 합계가 수정됩니다.

	A	B	C	D	E	F
2				필터링	합계	1,212
4				담당자별 판매 현황		
5		담당자	직급	브랜드	판매 수량	반품 수량
6		강슬기	과장	VSL	400	10
12		배주현	대리	VSL	400	7
13		서주현	부장	VSL	412	3

회사에서 업무를 하다 보면 데이터의 양이 지나치게 많아서 필요하지 않은 데이터는 자체 숨김 처리를 할 때가 있습니다. 그런 경우에는 숨김, 또는 숨기지 않음에 따라 적절하게 인수 번호를 골라 원하는 결과만 확인하세요. SUBTOTAL 함수는 [필터]와 함께 사용하면 정말 유용한 함수이므로 꼭 기억합시다.

●●● **퇴근 30분 전!!** 🏃 ✕ ＋　　　　　　　　　　　　　　　　**실습파일: 실무엑셀 03 – 퇴근01**

합계, 평균 구하기? 완전 쉽지!

① 주문 건수의 총 합계 구하기
② '의류' 품목의 평균 구하기

에듀상사의 고객사별 주문 건수 총 합계와 '의류' 품목의 평균 주문 건수를 구해 보겠습니다. '주문 건수'의 합계를 구하려면 SUM 함수를 사용해야 하고 평균 주문 건수를 구하려면 AVERAGE 함수를 사용해야 합니다. 그리고 '의류'에 대한 것만 확인해야 하니까 SUBTOTAL 함수도 함께 사용해 볼게요.

1 먼저 주문 건수의 합계를 구하겠습니다. ❶ [F5] 셀에 =SUM(을 입력하고 ❷ 고객사별 주문 건수가 입력된 [D5:D18] 셀을 드래그한 다음 Enter를 누르면 총 주문 건수인 1,093을 구할 수 있습니다.

2 품목별 평균을 보기 위해 먼저 항목에 [필터]를 적용하겠습니다. ❶ 항목에 해당하는 [B4:D4] 셀을 드래그하고, ❷ [데이터] 탭 – [편집] 그룹 – [정렬 및 필터] 그룹 – [필터]를 클릭합니다.

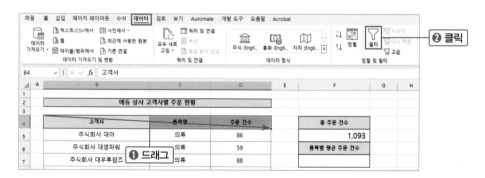

3 다음으로 [F7] 셀에 ❶ =SUBTOTAL(을 입력합니다. 첫 번째 인수에는 구할 조건을 입력해야 하는데, 우리는 평균을 구해야 하니까 ❷ 1,를 입력하고 두 번째 인수에는 구할 범위인 ❸ [D5:D18] 셀을 드래그한 다음, ❹)를 입력해서 마무리합니다.

4 마지막으로 품목명에서 '의류'만 필터링하면 '의류' 품목에 대한 평균이 계산됩니다.

	B	C	D	E	F
2	에듀 상사 고객사별 주문 현황	'의류' 필터링			
4	고객사	품목명	주문 건수		총 주문 건수
5	주식회사 대아	의류	86		1,093
6	주식회사 대영파워	의류	59		품목별 평균 주문 건수
7	주식회사 대우루컴즈	의류	88		78.375
9	주식회사 대원그린	의류	64		
11	주식회사 대원산업	의류	80		
13	주식회사 대일텍	의류	85		
15	주식회사 대홍에프에스씨복합창	의류	87		
18	주식회사 돈호알앤디	의류	78		

안녕하세요, 팀장님! 박 사원입니다.

말씀하신 것처럼 파일 작성했습니다. 다른 품목의 평균도 볼 수 있도록 했으니까

확인 부탁드려요.

그럼 내일 뵙겠습니다. 감사합니다!

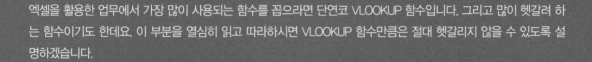

02 엑셀의 슈퍼맨 VLOOKUP, XLOOKUP 함수

엑셀을 활용한 업무에서 가장 많이 사용되는 함수를 꼽으라면 단연코 VLOOKUP 함수입니다. 그리고 많이 헷갈려 하는 함수이기도 한데요. 이 부분을 열심히 읽고 따라하시면 VLOOKUP 함수만큼은 절대 헷갈리지 않을 수 있도록 설명하겠습니다.

● ● ● **업무 요청!** ✕ **+**

← → ⌂ ⟳ 🔍 ... https /// SEARCH WEBSITE URL ☆ 🗋 ⋮

보내기	예약	임시저장	더보기

제목 [업무 요청] 대리점별 담당자 파일 정리

보낸 사람 여 팀장

받는 사람 박 사원

참조 진 팀장, 최 사원

첨부파일 12월 매출 내역.xls

안녕하세요. 여 팀장입니다.

이번에 대리점별 담당자를 새롭게 배정했습니다.
새롭게 배정된 대리점으로 담당자 정리해서 퇴근 전까지 전달 부탁합니다.

오늘도 파이팅입니다 :)

제가 회사에서 업무를 할 때 가장 많이 사용했던 함수는 VLOOKUP 함수인데요. 제대로 이해해서 사용한 것이 아니라 외워서 입력했었습니다. 그러다 보니 응용해야 할 상황이 생기거나 오류가 뜨면 더듬거렸고, 이를 해결하기 위해 직접 입력하다가 수기로 입력한 자료와 함수를 적용한 자료가 섞여 업무에 지장이 발생했었습니다. 지금 생각해도 식은 땀이 나는데요. 이게 다 VLOOKUP 함수의 원리를 제대로 이해하지 못해서 발생한 일입니다. VLOOKUP 함수를 잘 사용하기 위해서는 원리를 이해하고 기억하는 것이 아주 중요합니다. VLOOKUP 함수는 많은 자료 중에서 사용자가 원하는 데이터를 원하는 위치에 가져오기 위해 사용하는 함수입니다. 때문에 VLOOKUP 함수를 사용하기 위해서는 사용자가 어떤 데이터를 가져오고 싶은지를 정확하게 알아야 합니다.

=VLOOKUP(주어,찾을 범위,가져올 열번호,0)

- 특정 데이터 영역에서 같은 값을 찾아 지정한 열에 입력된 값을 가져오는 함수
- 인수는 ,로 구분함

VLOOKUP 함수를 이용해서 '지역별 운행 사업 통계'를 작성해 보겠습니다.

1 먼저 부산 지역의 CODE를 작성하겠습니다. VLOOKUP 함수는 가져오고 싶은 데이터를 아는 게 중요하다는 거 기억나시죠? 이를 알아야 인수를 입력할 수 있기 때문입니다. 부산 지역의 CODE 값을 가져와야 하는 셀인 ❶ [C5] 셀에 =VLOOKUP(을 입력합니다. VLOOKUP 함수는 총 4개의 인수를 입력해야 하는데요. 첫 번째 인수는 lookup_value라고 하는데, 해석하면 조회할 값을 의미합니다. 어려우니까 주어(Subject)로 기억하겠습니다. 부산 지역 CODE에서 주어는 무엇일까요? 바로 '부산'이니까, ❷ '부산'이 입력된 [B5] 셀을 클릭하고 ,를 입력합니다.

	A	B	C
1			
2			예제
3			지역별 운행 사업 통계
4		지역	❶ =VLOOKUP(입력 CODE
5		부산	=VLOOKUP(B5,
6		마산	VLOOKUP(검색할_값, 표_범위, 열_인덱스_번호, [범위_검색])
7		목포	❷ [B5] 셀 클릭 → , 입력

2 VLOOKUP 함수의 두 번째 인수에는 table_array를 입력해야 합니다. 해석하면 테이블 배열인데, 찾을 데이터 범위로 기억하면 됩니다. 여기서 찾을 데이터 범위는 '부산 지역의 CODE를 어떤 데이터 범위에서 찾을 것인가?'입니다. '통계자료' 범위 전체에서 'CODE'를 찾아야 하니까 두 번째 인수로 ❶ [E3:H20] 셀을 드래그하고 ❷ ,를 입력합니다.

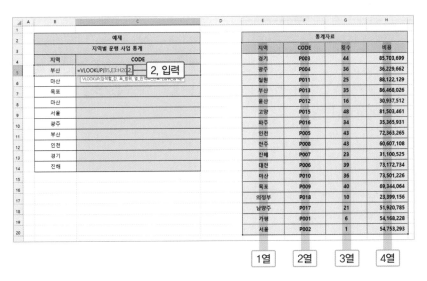

3 VLOOKUP 함수의 세 번째 인수에는 찾을 데이터 범위(두 번째 인수)에서 가져올 열의 순서를 입력해야 합니다. VLOOKUP 함수의 V는 Vertical(수직, 세로)을 의미하는데요. 즉, 열의 개수를 세면 됩니다. 두 번째 인수로 지정한 데이터 범위 제일 왼쪽 열부터 1열입니다. 우리가 필요한 데이터는 '부산 지역의 CODE'이고, CODE는 두 번째 열에 입력되어 있으니까 2,를 입력합니다.

4 VLOOKUP 함수의 네 번째 인수에서는 유사하게 일치하는 값을 가져올 것(TRUE)인지, 정확하게 일치하는 값을 가져올 것(FALSE)인지를 선택해야 합니다. 우리는 '부산 지역의 CODE'와 정확하게 일치하는 값이 필요하므로 FALSE를 선택하면 되는데, 'TRUE'를 의미하는 인수는 1, 'FALSE'를 의미하는 인수는 0입니다. 네 번째 인수 자리에 0)를 입력하고 Enter를 누르면 결괏값으로 P013이 나옵니다.

Tip

TRUE와 FALSE는 각각 유사하게 일치하는 값, 정확하게 일치하는 값을 반환하라는 뜻입니다. 하지만 유사 일치는 실제 업무에서 사용하는 경우가 0%에 가깝습니다. 실제 제가 업무를 할 때도 5번도 사용하지 않았던 것 같아요.

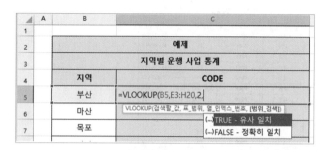

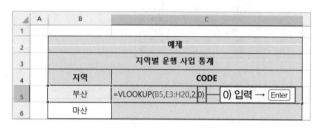

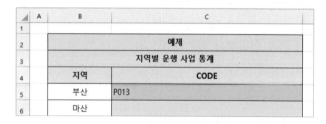

다른 지역의 CODE 값은 단축키 스킬 또는 채우기 핸들을 이용해서 완성하면 됩니다. 그런데 몇몇 지역은 CODE 값을 가져오지 못하고 #N/A라는 오류 메시지가 표시됐는데요. 왜 오류가 발생했는지 오류가 발생한 셀을 더블클릭해 확인해 보겠습니다

	A	B	C
1			
2			예제
3			지역별 운행 사업 통계
4		지역	CODE
5		부산	P013
6		마산	P010
7		목포	P009
8		마산	P010
9		서울	P002
10		광주	#N/A
11		부산	#N/A
12		인천	P005
13		경기	#N/A
14		진해	P007

더블클릭

먼저 오류가 발생한 '광주' 지역의 CODE를 확인하기 위해 [C10] 셀을 더블클릭하겠습니다. 첫 번째 인수는 주어인 '광주'를 선택해야 하므로 [B10] 셀을 입력하는 것이 적절합니다. 두 번째 인수를 확인하면 어? 부산 CODE를 입력할 때 선택했던 데이터 범위와는 다른 셀이 선택되어 있습니다. 현재 인식되는 범위를 보면 광주 지역의 CODE인 P004는 가져오고자 하는 범위 안에 없습니다.

	A	B	C	D	E	F	G	H
1								
2			예제				통계자료	
3			지역별 운행 사업 통계					
4		지역	CODE		지역	CODE	횟수	비용
5		부산	P013		경기	P003	44	85,703,699
6		마산	P010		광주	P004	36	36,229,662
7		목포	P009		철원	P011	25	88,122,129
8		마산	P010		부산	P013	35	86,468,026
9		서울	P002		울산	P012	16	30,937,512
10		광주	=VLOOKUP(B10,E8:H25,2,0)		고양	P015	48	81,503,461
11		부산	#N/A		파주	P016	34	35,365,931
12		인천	P005		인천	P005	43	72,363,265
13		경기	#N/A		전주	P008	43	60,607,108
14		진해	P007		진해	P007	23	31,100,525
15					대전	P006	39	73,172,734
16					마산	P010	36	73,501,226
17					목포	P009	40	69,344,064
18					의정부	P018	10	23,399,156
19					남양주	P017	21	51,920,785
20					가평	P001	6	54,168,228
21					서울	P002	1	54,753,293
22								
23								
24								
25								
26								

▲ 원래 입력되어야 하는 범위인 [E3:H20] 범위 대신 [E8:H25] 범위로 변경되면서 오류가 발생했다.

VLOOKUP 함수는 선택한 데이터 범위에서 필요한 데이터를 가져오는 함수인데, [C10] 셀에 입력된 데이터 범위에는 해당되는 데이터가 없기에 #N/A라는 오류가 발생한 것입니다. 그럼 내가 수정하지 않았는데 데이터 범위는 왜 변경되었을까요? 바로 '상대 참조' 때문입니다. 부산 지역의 CODE 값인 [C5] 셀에서 광주 지역의 CODE 값인 [C10] 셀까지 내려온 칸 수만큼 두 번째 인수에 들어간 범위도 아래 방향으로 내려간 거죠. 이를 해결하기 위해서는 데이터의 범위를 움직이지 못하게 고정하면 되는데요. '절대 참조'를 이용하면 됩니다. 이때 주의해야 할 점이 있습니다. 함수를 수정할 때는 문제가 있는 곳의 셀이 아닌 최초에 입력한 셀에서 수정해야 합니다.

부산 지역의 CODE가 입력되어 있는 ❶ [C5] 셀을 더블클릭하고 ❷ 두 번째 인수 부분을 드래그하여 ❸ 절대 참조 단축키인 F4 를 한 번만 누릅니다. 그럼 $ 표시가 추가되면서 데이터의 범위가 고정됩니다. 그리고 다시 ❹ 채우기 핸들을 사용하면 값이 정상적으로 수정되면서 오류 없이 결괏값이 나오는 것을 알 수 있습니다.

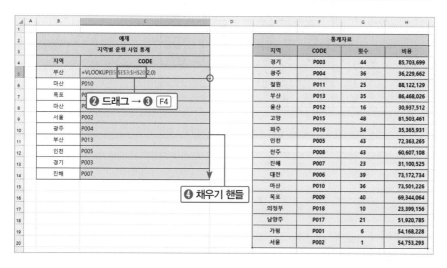

표의 모든 결괏값이 옳게 입력되었습니다. VLOOKUP 함수를 사용할 때 반드시 기억해야 할 내용이 있습니다. 바로 'VLOOKUP 함수의 주어(첫 번째 인수)는 데이터 범위(두 번째 인수)의 첫 번째 열에 있어야 한다'는 점인데요. VLOOKUP 함수는 주어(첫 번째 인수)를, 데이터 범위(두 번째 인수) 중 가장 왼쪽에 있는 첫 번째 열부터 세로 방향으로 이동하면서 일치하는 값을 찾습니다. 즉, 첫 번째 인수의 값(부산)을 두 번째 인수의 첫 번째 열(지역)에서 찾고, 찾은 위치에서 세 번째 인수에 입력된 숫자(2)만큼 열을 따라 이동해서 입력된 값을 가져오는 원리입니다. 이 부분이 왜 중요하냐면 실무에는 항상 변수가 존재하기 때문입니다. VLOOKUP 함수에서 사용하는 데이터 범위는 보통 회사 프로그램 내에서 다운로드받거나, 다른 사람들로부터 전달받는 자료입니다. 그리고 많은 경우에 자료는 내가 원하는 순서(지역 → CODE → 횟수 → 비용 순)로 되어 있지는 않을 것입니다. CODE → 횟수 → 비용 → 지역 순으로 정리될 수도 있다는 것이죠. 자료 배열 순서가 달라진 상태에서 VLOOKUP 함수를 동일하게 적용하면 오류(#N/A)가 발생하게 됩니다.

예제		통계자료			
지역별 운행 사업 통계		CODE	횟수	비용	지역
지역	CODE	P003	44	85,703,699	경기
부산	=VLOOKUP(B5,$E$3:$H$20,2,0)	P004	36	36,229,662	광주
마산	#N/A	P011	25	88,122,129	철원
목포	#N/A	P013	35	86,468,026	부산
마산	#N/A	P012	16	30,937,512	울산
서울	#N/A	P015	48	81,503,461	고양
광주	#N/A	P016	34	35,365,931	파주
부산	#N/A	P005	43	72,363,265	인천
인천	#N/A	P008	43	60,607,108	전주
경기	#N/A	P007	23	31,100,525	진해
진해	#N/A	P006	39	73,172,734	대전
		P010	36	73,501,226	마산
		P009	40	69,344,064	목포
		P018	10	23,399,156	의정부
		P017	21	51,920,785	남양주
		P001	6	54,168,228	가평
		P002	1	54,753,293	서울

▲ 앞과 동일하게 VLOOKUP을 적용했지만 범위의 순서가 달라지면서 모두 오류가 발생했다.

하지만 엑셀은 업무에 필요한 수만 가지의 경우의 수를 모두 포용할 수 있는 대단한 프로그램입니다. 그렇기 때문에 우리는 변수가 나타나는 상황을 모두 생각하면서 엑셀을 연습해야 합니다. 이런 경우는 첫 번째 인수가 찾을 범위의 첫 번재 열에 오도록 순서를 재배열하면 제대로 된 값을 나오게 됩니다.

이에 대한 내용을 아무도 알려주지 않아서 저도 헤맨 기억이 있고, 실제 수업에서 아무리 강조해도 많이 헷갈려 하면서 다시 묻는 일이 많은 부분입니다. 필수적으로 기억해서 어떤 상황이 발생하더라도 VLOOKUP 함수를 입력할 수 있어야 합니다.

VLOOKUP 함수의 업그레이드 버전, XLOOKUP

실습파일: 실무엑셀 03.xls - XLOOKUP

엑셀에서 가장 최근에 새롭게 업데이트 된 함수가 있습니다. 바로 XLOOKUP 함수인데요. XLOOKUP 함수는 VLOOKUP 함수에서 꼭 맞춰야 하는 열 순서를 정리하지 않고, 원 데이터 그대로 사용할 수 있도록 하는 함수입니다.

> **=XLOOKUP(주어,검색 범위,반환 범위,[일치하는 값이 없을 때 표시할 값],0,[검색모드])**
>
> • VLOOKUP 함수와 결괏값이 같은 함수
> • 세 번째 인수와 다섯 번째 인수는 생략해도 됨

1 '부산' 지역의 CODE 값을 가져와야 하는 [C5] 셀에 **❶** =XLOOKUP(을 입력하겠습니다. XLOOKUP 함수는 총 6개 인수를 입력해야 하는데요. 첫 번째 인수에는 VLOOKUP 함수와 동일하게 '주어'를 입력하면 됩니다. 부산이 입력된 **❷** [B5] 셀을 클릭하고 ,를 입력하겠습니다.

Tip

XLOOKUP 함수는 엑셀 2019 이하 버전에서는 사용이 불가합니다.

2 XLOOKUP 함수의 두 번째 인수에는 '검색 범위'를 입력해야 하는데요. 첫 번째 인수가 어디 있는지를 찾아야 할 범위이므로 '통계자료'에서 지역이 입력된 **❶** [H4:H20] 셀을 드래그하겠습니다. 채우기 핸들을 사용해야 하니까 [H4:H20]에 **❷** F4를 한 번 눌러 절대 참조를 적용한 다음 ,를 입력합니다.

	예제				통계자료		
	지역별 운행 사업 통계			CODE	횟수	비용	지역
지역	CODE			P003	44	85,703,699	경기
부산	=XLOOKUP(B5,$H$4:$H$20,			P004	36	36,229,662	광주
마산	XLOOKUP(검색할_값, 검색할_범위, 반환할_범위, [일치하는_항목이_없음], [일치_모드], [검색_모드])			P011	25	88,122,129	철원
목포				P013	35	86,468,026	부산
마산				P012	16	30,937,512	울산
서울				P015	48	81,503,461	고양
광주				P016	34	35,365,931	파주
부산				P005	43	72,363,265	의천
인천				P008	43	60,607,108	전주
경기				P007	23	31,100,525	진해
진해				P006	39	73,172,734	대전
				P010	36	73,501,226	마산
				P009	40	69,344,064	목포
				P018	10	23,399,156	의정부
				P017	21	51,920,785	남양주
				P001	6	54,168,228	가평
				P002	1	54,753,293	서울

❶ 드래그 → **❷** F4 → ,입력

3 XLOOKUP 함수의 세 번째 인수에는 '반환 범위'를 선택해야 합니다. 여기서 반환 범위는 가져와야 될 값이 입력된 범위를 선택하라는 의미입니다. 우리는 CODE 값을 가져와야 하니까 CODE들이 입력된 [E5:E20] 셀을 드래그합니다. 마찬가지로 범위에 대한 내용이니까 F4를 한 번 눌러서 절대 참조를 적용하고 ,를 입력합니다.

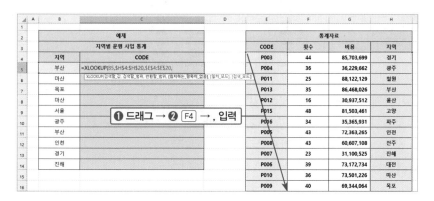

4 XLOOKUP 함수의 네 번째 인수에는 '첫 번째 인수(주어)가 두 번째 인수(범위)에 없을 때 표시할 값을 입력하는 곳'인데요. 우리는 일치하는 값이 있으니까 ,만 입력하고 공란으로 두겠습니다. 만약 일치하는 항목이 없을 때 네 번째 인수를 비워 두면 결괏값으로 오류 표시가 나타납니다.

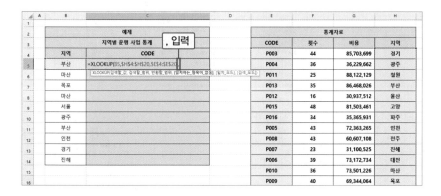

5 XLOOKUP 함수의 다섯 번째 인수에는 VLOOKUP 함수의 네 번째 인수와 같이 유사하게 일치하는 것을 가져올 것(TRUE)인지, 정확하게 일치하는 것을 가져올 것(FALSE)인지를 선택해야 합니다. 우리는 정확히 일치하는 값을 반환해야 하니까 FALSE를 의미하는 0,를 입력하겠습니다.

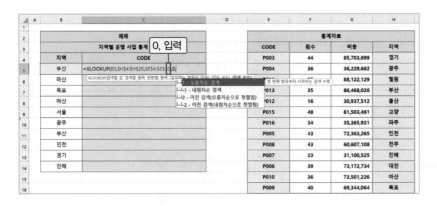

6 XLOOKUP 함수의 여섯 번째 인수는 '검색 모드'인데요. 검색을 위부터 할 것인지, 아래부터 할 것인지를 선택할 수 있습니다. 하지만 우리는 데이터의 유무가 중요하지, 찾는 방향은 의미가 없으므로 공란으로 두겠습니다. 6개 인수가 모두 입력되었으니까)를 입력하고 Enter 를 눌러 마무리합니다.

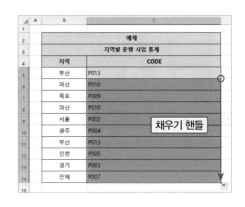

7 VLOOKUP 함수와 똑같은 P013이 나온 것을 확인할 수 있습니다. '채우기 핸들' 혹은 단축키 스킬로 다른 지역들도 완성하면 나머지 지역들도 옳은 결괏값이 나오게 됩니다.

이처럼 XLOOKUP 함수는 VLOOKUP 함수처럼 열 순서에 영향을 받지 않고 입력 가능하다는 점이 가장 큰 장점인 함수입니다. 엑셀 2019 이상 버전이 아니신 분들도 XLOOLUP 함수의 사용법 정도는 알아 두세요.

차근차근 논리적으로 생각해서 만들어 보자!

대리점별 담당자 파일을 정리하기

새롭게 대리점별 담당자가 변경되었습니다. VLOOKUP 함수를 사용해서 그에 맞게 대리점별 담당자를 지정해 보겠습니다.

❶ [D5] 셀에 =VLOOKUP(을 입력합니다. ❷ VLOOKUP 함수 첫 번째 인수에는 '주어'를 입력해야 하므로 대리점 이름인 [C5] 셀을 클릭하고 ,를 입력합니다. 두 번째 인수는 '찾을 범위'를 의미합니다. ❸ 여기서 찾을 범위는 담당자 변경이니까 [J5:K11] 셀을 드래그하고, 범위이므로 F4를 눌러 절대 참조를 적용한 다음 ,를 입력합니다. ❹ 세 번째 인수는 가져올 열 번호를 의미하는데, 담당자는 두 번째 열에 있으니까 2,를 입력하고, 네 번째 인수에는 정확히 일치를 뜻하는 0)을 입력해서 마무리하겠습니다. ❺ 나머지 셀은 채우기 핸들을 이용하면 셀을 완성할 수 있습니다.

	날짜	대리점	담당자	제품명	수량	단가	금액		대리점	담당자
				12월 매출 내역					담당자 변경	
	2020-12-10	강서	=VLOOKUP(C5,$J$5:$K$11,2,0)			74,364	6,841,488		강복	현충열
	2020-12-10	강남	이태우	커피가루	65	89,569	5,821,985		강서	박병준
			현충열	카카오		35,171	2,778,509		강남	이태우
			주상배	생강자		61			주상배	
	2020-12-10	강남	이태우	소금		49			자동훈	
	2020-12-10	강복	현충열	고추가루		60,315	4,463,310		인천	황율이
	2020-12-10	강동	주상배	꿀	74	50,151	3,711,174		강원	송호용
	2020-12-10	강복	현충열	물	58	30,401	1,763,258			
	2020-12-10	강남	이태우	라면	56	54,320	3,041,920			
	2020-12-10	강서	박병준	밀가루	94	89,494	8,412,436			

❷ 클릭 → , 입력

❶ =VLOOKUP(입력

❹ 2,0) 입력

❸ 드래그 → F4 → , 입력

❺ 채우기 핸들

안녕하세요, 팀장님! 박 사원입니다.

말씀하신 자료 작성해서 전달드립니다.

그럼 내일 뵙겠습니다. 감사합니다!

03 경우의 수를 엑셀로 해결하기

일상 생활에서 사람을 만날 때, 본인과 잘 맞는 사람을 만나면 즐겁습니다. 반대로 본인과 다른 성격을 가지고 있는 사람을 만날 때는 이해하고 배려하기가 힘들 때도 있습니다. 마찬가지로 데이터도 유사한 성격의 것끼리 있어야 사용하기 편리합니다. 수많은 데이터들을 여러 가지로 분류해야 할 때 유용한 함수를 알려드리겠습니다.

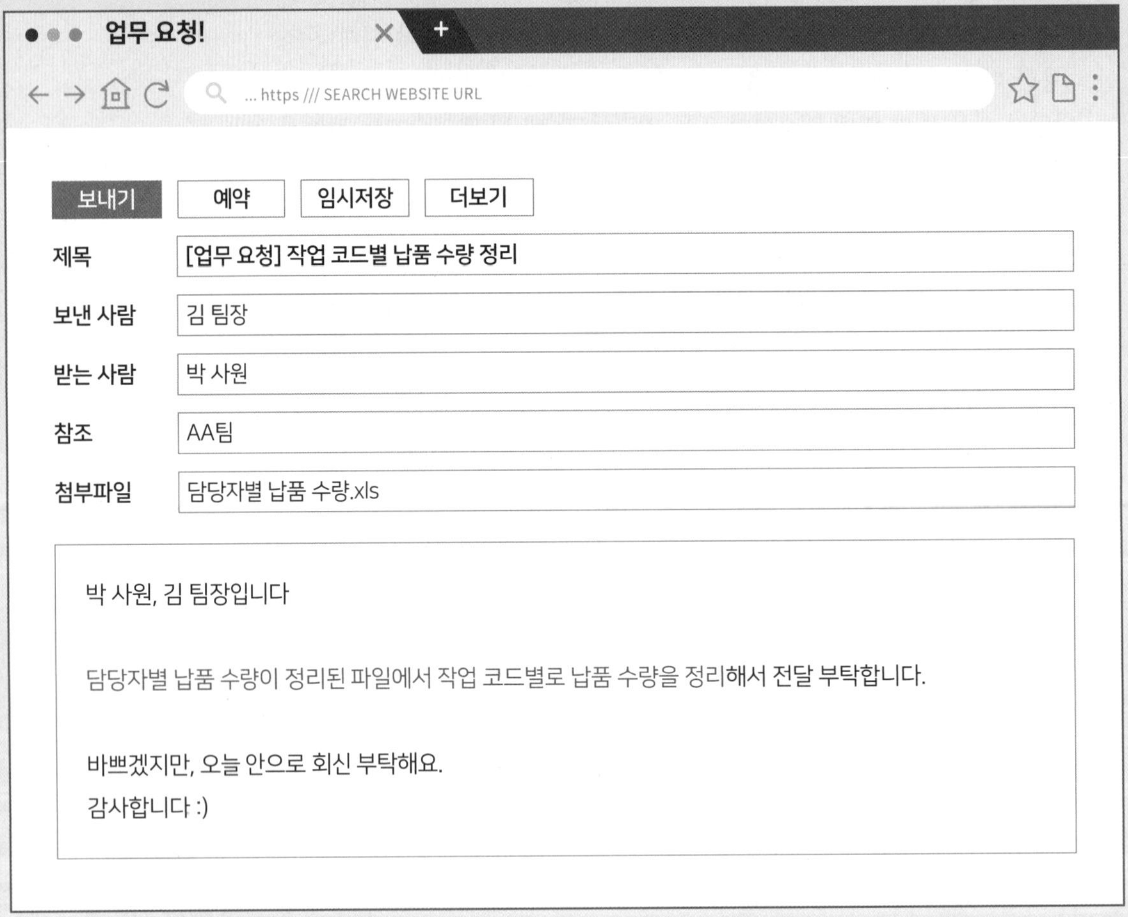

● ● ●   업무 요청!   ✕   ＋

← → ⌂ ⟳   🔍   ... https /// SEARCH WEBSITE URL   ☆ 🗋 ⋮

보내기   예약   임시저장   더보기

제목   [업무 요청] 작업 코드별 납품 수량 정리

보낸 사람   김 팀장

받는 사람   박 사원

참조   AA팀

첨부파일   담당자별 납품 수량.xls

박 사원, 김 팀장입니다

담당자별 납품 수량이 정리된 파일에서 작업 코드별로 납품 수량을 정리해서 전달 부탁합니다.

바쁘겠지만, 오늘 안으로 회신 부탁해요.
감사합니다 :)

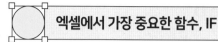

엑셀에서 가장 중요한 함수, IF

실습파일: 실무엑셀 03.xls - IF

제가 엑셀 수업을 할 때 강조하고 또 강조하는 함수가 IF 함수입니다. IF 함수는 엑셀의 가장 기본 구조에도 적용되어 있고, 더 나아가면 고급 엑셀 스킬, 코딩, 개발에서도 많이 사용하기 때문에 통계, 분석 업무에 핵심인 함수입니다.

IF 함수는 하나의 조건을 정하고 이를 기준으로 기준에 일치하는 자료와 기준에 일치하지 않는 자료, 두 가지로 나눌 때 사용하는 함수입니다.

=IF(기준이 되는 조건식,조건식이 참일 때 표시할 값,조건식이 거짓일 때 표시할 값)

기준이 되는 조건에 따라 참일 때와 거짓일 때를 나눠 서로 다른 결과를 표시하는 경우에 사용하는 함수

직원별 직무 시험 결과 자료에서 점수가 80점 이상인 사람은 '합격', 80점 미만인 사람은 '불합격'으로 구분하려고 합니다. IF 함수를 쉽게 사용하기 위해서는 입력하기 전에 기준, 조건, 표시할 값(두 가지 상황)을 정하는 것이 좋은데요. '직원별 직무 시험 점수'에서 기준은 '점수'가 될 것이고, 조건은 '80점 이상'입니다. 그리고 표시해야 할 값(두 가지 상황)은 '합격, 불합격'이 됩니다.

1 IF 함수에는 총 3개의 인수를 입력해야 하는데요. 첫 번째 인수에 들어갈 내용은 logical_test로, '기준이 되는 조건식'이라고 생각하면 됩니다. 첫 번째 인수에서 기준은 점수([D4] 셀)이고, 조건은 80점 이상입니다. 박진희 직원의 점수 결과를 구하기 위해 [E4] 셀에 =IF(D4>=80,를 입력합니다.

	A	B	C	D	E
1					
2		직원별 직무 시험 점수 결과			
3		번호	이름	점수	평가
4		1	박진희	93	=IF(D4>=80, =IF(D4>=80, 입력
5		2	김진수	59	IF(logical_test, [value_if_true], [value_if_false])

2 두 번째 인수는 value_if_true로, '조건식이 참인 경우에 표시할 값'이고, 세 번째 인수는 value_if_false로 '조건식이 거짓일 경우에 표시할 값'을 의미합니다. 즉, 조건식이 참이라는 건 '점수가 80점 이상인 경우에 어떻게 표시할래?'라는 뜻이므로 두 번째 인수에는 "합격"이 들어갑니다. 반대로 세 번째 인수에는 점수가 80점 이상이 아닌 경우를 의미해야 하므로

Tip

엑셀 함수에서 텍스트(글자)를 입력하고 싶다면 앞뒤에 " "를 붙여야 합니다.

"불합격"이 들어가면 됩니다. =IF(D4)=80,가 입력되어 있는 **①** [E4] 셀에 "합격","불합격")을 입력하고 Enter를 누른 다음, **②** 채우기 핸들을 통해 다른 직원들의 셀도 완성합니다.

	A	B	C	D	E
1					
2		직원별 직무 시험 점수 결과			
3		번호	이름	점수	평가
4		1	박진희	93	=IF(D4>=80 "합격","불합격")
5		2	김진수	59	불합격
6		3	한명희	80	**①** "합격","불합격") 입력 → Enter
7		4	이원형	74	불합격
8		5	안영찬	0	불합격
9		6	이애경	77	불합격
10		7	정길수	82	합격
11		8	김미애	65	불합격
12		9	최영란	59	불합격
13		10	김민수	68	불합격
14		11	박보영	88	합격
15		12	홍의진	56	불합격
16		13	최진희	75	불합격
17		14	이수영	69	불합격
18		15	박보경	35	불합격
19		16	박찬길	67	불합격
20		17	김영길	51	불합격
21		18	이수희	55	불합격
22		19	박남일	53	불합격
23		20	이혜수	58	불합격
24					

② 채우기 핸들

방금은 합격, 불합격 2가지로 분류했지만, 실제 업무 상황에서는 더 다양한 조건에 따라 분류해야 하는 경우가 존재합니다. 이번에는 '상반기 직무 능력 시험 평가'를 작성해 볼 텐데요. 점수를 좀 더 세분화해서 3가지 경우로 평가해 보겠습니다. 분류해야 하는 상황이 3가지 이상이 되면 똑같이 IF 함수를 사용하되, 함수를 중첩해서 사용해야 합니다. 250점 이상은 '수', 180점 이상은 '우', 180점 미만은 '미'로 나눠서 표시하겠습니다.

1 먼저 박진희의 상반기 직무 능력 시험 평가 결과를 구해 보겠습니다. 첫 번째 조건까지는 앞에 입력했던 것과 똑같이 입력하면 되는데, 250점 이상은 '수'를 입력해야 하므로 [J4] 셀에 =IF(I4>=250,"수",를 입력합니다.

▲	G	H	I	J
1				
2			상반기 직무	=IF(I4>=250,"수", 입력
3	번호	이름	점수	평가
4	1	박진희	280	=IF(I4>=250,"수",
5	2	김진수	178	IF(logical_test, [value_if_true], [value_if_false])
3	한명희	242		

2 세 번째 인수에는 점수가 250점 미만인 경우를 표시해야 하는데요. 그런데 아직 '우'와 '미', 두 가지 상황이 남아 있습니다. 그런데 세 번째 인수는 하나만 입력 가능합니다. 이때 활용할 수 있는 게 바로 함수 중첩입니다. 세 번째 인수 자리에 다시 IF 함수를 사용하기 위해 IF(를 입력합니다. 다시 IF 함수를 입력했으므로 또 두 가지로 경우를 나눌 수 있게 됩니다.

▲	G	H	I	J	K
1					
2			상반기 직무 능력 시험 평가	IF(입력	
3	번호	이름	점수	평가	
4	1	박진희	280	=IF(I4>=250,"수",IF(	
5	2	김진수	178	IF(logical_test, [value_if_true], [value_if_false])	
6	3	한명희	242		

3 다시 IF 함수를 입력했으니까 IF 함수의 입력 방법에 따라 계속 입력하면 되는데요. 이번에도 기준은 ([I4] 셀)이고, 조건은 180점 이상이 됩니다. 그러니까 조건식이 참일 경우에 "우"를 표시하면 됩니다. [J4] 셀에 앞의 수식에 이어 I4>=180,"우",를 입력합니다.

▲	F	G	H	I	J
1					
2				상반기 직무 능력 시험 평	I4>=180,"우", 입력
3		번호	이름	점수	평가
4		1	박진희	280	=IF(I4>=250,"수",IF(I4>=180,"우",
5		2	김진수	178	IF(logical_test, [value_if_true], [value_if_false])
6		3	한명희	242	

4 두 번째 IF 함수의 세 번째 인수 자리에는 점수가 250점 이상도 아니고, 180점 이상도 아닌 나머지가 들어가야 합니다. 나머지 구간은 180점 미만인 경우로 "미"에 해당됩니다. 그리고 현재 함수를 한 번이 아니라 두 번 입력했으니 마지막 괄호도 두 번 닫아야 합니다. [J4] 셀에 앞의 수식에 이어 ❶ "미"))를 입력하고 Enter를 누른 후 ❷ '채우기 핸들'로 나머지 셀을 완성합니다.

번호	이름	점수	평가
상반기 직무 능력 시험 평가			
1	박진희	280	=IF(I4>=250,"수",IF(I4>=180,"우","미"))
2	김진수	178	미
3	한명희	242	우
4	이원형	224	우
5	안영찬	160	미
6	이애경	231	우
7	정길수	247	우
8	김미애	195	우
9	최영란	179	미
10	김민수	204	우
11	박보영	265	수
12	홍의진	168	미
13	최진희	227	우
14	이수영	209	우
15	박보경	125	미
16	박찬길	201	우
17	김영길	155	미
18	이수회	165	미
19	박남일	159	미
20	이혜수	174	미

❶ "미")) 입력 → Enter

❷ 채우기 핸들

중첩 함수가 듣기에는 엄청 어렵게 들리지만 실제 사용해 보니까 별거 없죠? IF 함수의 논리를 잘 이해하셔서 효율적인 업무를 위해 사용하기 바랍니다.

찾아야 할 단어가 몇 개인지 궁금할 때 사용하는 함수, COUNTIF

실습파일: 실무엑셀 03.xls - COUNTIF

COUNTIF 함수는 데이터 범위에서 조건을 만족하는 셀의 개수를 구하는 데 사용하는 함수입니다.

=COUNTIF(찾을 범위,찾을 값)

찾을 범위에서 지정한 조건에 만족하는 셀의 개수를 구하는 데 사용하는 함수

직급별 인원수를 구하려고 합니다. 데이터에서 직급별 인원수를 파악하는 것은 '담당자별 판매 현황' 데이터에서 각각의 직급이 몇 개인지 구하는 것과 같습니다. COUNTIF 함수를 작성할 때는 2개의 인수가 필요한데요. 첫 번째 인수에는 '찾을 범위(특정 데이터 범위)'를 입력해야 하고, 두 번째 인수에는 '찾을 값(조건)'을 입력하면 됩니다.

1 ❶ [C3] 셀에 =COUNTIF(를 입력합니다. ❷ 첫 번째 인수에 들어갈 내용에는 각각의 직급이 몇 개인지 찾을 수 있는 범위인 [F4:F22] 셀을 드래그하고 ,를 입력합니다.

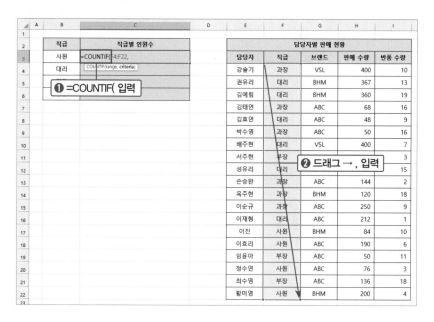

2 두 번째 인수에 들어갈 내용은 '찾을 값'입니다. '사원'이 입력된 [B3] 셀을 클릭하고)를 입력한 다음 Enter로 마무리합니다.

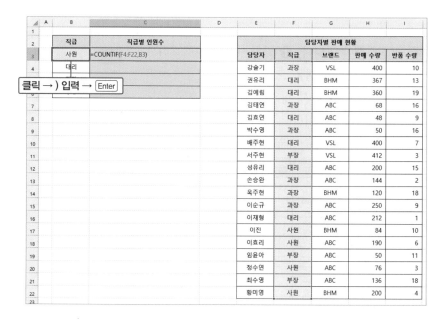

3 '직급' 데이터 범위 내에 '사원'은 총 4번이 입력되어 있으니까 사원은 4명이 있다고 해석하면 됩니다. 나머지 대리, 과장, 부장은 단축키 스킬 또는 채우기 핸들을 사용하면 나머지 직급의 인원수도 빠르게 구할 수 있습니다.

직급	직급별 인원수
사원	4
대리	6
과장	
부장	3

채우기 핸들

그런데 뭔가 이상한 부분이 있습니다. 실제 자료에서 직급이 과장인 사람은 6명인데, 결괏값으로는 5가 나왔는데요. 무엇이 문제인지 확인해야 하니까 [C5] 셀을 더블클릭하겠습니다. 문제는 바로 COUNTIF 함수의 첫 번째 인수인 찾을 범위 때문인데요. 찾을 범위로 선택되었던 데이터 범위가 상대 참조 원리에 의해 움직였기 때문에 잘못된 결과가 나왔습니다.

직급	직급별 인원수		담당자별 판매 현황				
			담당자	직급	브랜드	판매 수량	반품 수량
사원	4		강슬기	과장	VSL	400	10
대리	6		권유리	대리	BHM	367	13
과장	=COUNTIF(F6:F24,B5)		김예림	대리	BHM	360	19
부장	3		김태연	과장	ABC	68	16
			김효연	대리	ABC	48	9
			박수영	과장	ABC	50	16
			배주현	대리	VSL	400	7
			서주현	부장	VSL	412	3
			성유리	대리	ABC	200	15
			손승완	과장	ABC	144	2
			육주현	과장	BHM	120	18
			이순규	과장	ABC	250	9
			이재형	대리	ABC	212	1
			이진	사원	BHM	84	10
			이효리	사원	ABC	190	6
			임윤아	부장	ABC	50	11
			정수연	사원	ABC	76	3
			최수영	부장	ABC	136	18
			황미영	사원	BHM	200	4

수정은 항상 처음 입력한 셀에서 해야 합니다. ❶ [C3] 셀을 더블클릭하고 ❷ 첫 번째 인수(찾을 범위)인 [F4:F22] 셀을 드래그한 다음 F4를 눌러 절대 참조를 적용합니다. 마지막으로 ❸ 다시 채우기 핸들을 사용하면 모든 직급에 따른 올바른 결괏값이 나오게 됩니다.

Tip

데이터를 찾는 범위를 입력할 때는 전체 상황을 보고 이에 맞게 참조 형태를 결정할 수 있어야 합니다.

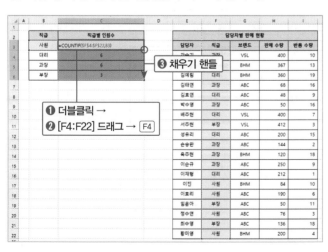

직급	직급별 인원수		담당자별 판매 현황				
			담당자	직급	브랜드	판매 수량	반품 수량
사원	=COUNTIF($F$4:$F$22,B3)		강슬기	과장	VSL	400	10
대리	6		권유리	대리	BHM	367	13
과장	6		김예림	대리	BHM	360	19
부장	3		김태연	과장	ABC	68	16
			김효연	대리	ABC	48	9
			박수영	과장	ABC	50	16
			배주현	대리	VSL	400	7
			서주현	부장	VSL	412	3
			성유리	대리	ABC	200	15
			손승완	과장	ABC	144	2
			육주현	과장	BHM	120	18
			이순규	과장	ABC	250	9
			이재형	대리	ABC	212	1
			이진	사원	BHM	84	10
			이효리	사원	ABC	190	6
			임윤아	부장	ABC	50	11
			정수연	사원	ABC	76	3
			최수영	부장	ABC	136	18
			황미영	사원	BHM	200	4

❸ 채우기 핸들

❶ 더블클릭 →
❷ [F4:F22] 드래그 → F4

IF 함수에서 조건이 하나일 때와 여러 개일 때 식을 작성하는 방법이 달랐던 것처럼 COUNTIF 함수도 조건이 하나일 때와 여러 개일 때의 작성 방법이 다릅니다. 다행인 것은 IF 함수처럼 중첩 함수를 사용하는 것이 아니라 COUNTIFS라는 별도의 함수가 있으며, 입력 방법이 매우 쉽게 되어있습니다.

> **=COUNTIFS(찾을 범위1,찾을 값1, 찾을 범위2, 찾을 값2,⋯)**
>
> 찾을 범위에서 지정한 여러 조건에 만족하는 셀의 개수를 구하는 데 사용하는 함수

ABC 브랜드를 판매하는 직원의 직급별 인원수를 구하려고 합니다. 즉, ① 브랜드 중 ABC 브랜드를 판매해야 하고 ② 직원의 직급별 인원수라는 2개의 조건을 모두 충족해야 합니다. COUNTIFS 함수는 COUNTIF의 인수를 반복해서 입력하면 되는데요. '찾을 범위'와 '찾을 값'을 조건의 수만큼 반복해서 입력하면 됩니다.

1　사원이 몇 명인지를 구해야 하므로 **❶** [C3] 셀에 =COUNTIFS(를 입력합니다. **❷** 첫 번째 인수에는 '찾을 범위'를 입력해야 하므로 직급의 데이터 범위인 [F4:F22] 셀을 드래그하고 범위를 고정시켜야 하니까 F4를 한 번 눌러 절대 참조를 적용한 다음 ,를 입력합니다. 다음으로 두 번째 인수에는 '찾을 값'인 사원을 선택해야 하므로 **❸** [B3] 셀을 클릭하고 ,를 입력합니다. 그러면 ② 조건은 해결되었습니다.

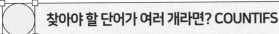

2 다음으로 여러 브랜드 중에 ABC 브랜드를 판매하는 직원의 수를 구해야 합니다. ❶ 세 번째 인수에는 브랜드 범위인 [G4:G22] 셀을 드래그하고 범위이므로 F4를 한 번 눌러 절대 참조를 적용한 후에 ,를 입력합니다. 네 번째 인수에는 ABC를 입력해야 하는데요. '직급'처럼 표에 제시되어 있지 않습니다. 그럴 경우에는 브랜드 범위 중 ABC를 선택해도 되지만 엑셀은 인수를 중첩해서 선택할수록 오류가 날 확률이 높아집니다. 때문에 ❷ 직접 "ABC")를 입력하고 Enter를 누른 다음 ❸ 채우기 핸들로 빈칸을 채우겠습니다.

직급	ABC 브랜드를 판매하는 직급별 인원수		담당자별 판매 현황				
			담당자	직급	브랜드	판매 수량	반품 수량
사원	=COUNTIFS($F$4:$F$22,B3,$G$4:$G$22,"ABC")		강술기	과장	VSL	400	10
대리	3		권유리	대리	BHM	367	13
과장	4		김예림	대리	BHM	360	19
부장	2		김태연	과장	ABC	68	16
			김효연	대리	ABC	48	9
			박수영	과장	ABC	50	16
			배주현	대리	VSL	400	7
			서주현	부장	VSL		
			성유리	대리	ABC		
			손승완	과장	ABC	144	2
			옥주현	과장	BHM	120	18
			이순규	과장	ABC	250	9
			이재형	대리	ABC	212	1
			이진	사원	BHM	84	10
			이효리	사원	ABC	190	6
			임윤아	부장	ABC	50	11
			정수연	사원	ABC	76	3
			최수영	부장	ABC	136	18
			황미영	사원	BHM	200	4

❸ 채우기 핸들

❷ "ABC") 입력 → Enter

❶ 드래그 → F4 → , 입력

COUNTIFS 함수 입력 방법, 어렵지 않죠? 단순한 구조를 갖고 있으니까 한번에 잘 기억하시고 업무에 활용하시면 좋겠습니다.

특정 조건에 해당하는 숫자 데이터의 합계가 궁금할 때 사용하는 함수, SUMIF

실습파일: 실무엑셀 03.xls - SUMIF

SUMIF 함수는 업무에서 COUNTIF 함수만큼 많이 사용하는 함수입니다. SUMIF 함수는 조건과 일치하는 셀에 입력된 숫자들의 합계가 궁금할 때 사용하는 함수인데요. SUMIF 함수와 COUNTIF 함수는 입력하는 방법이 비슷합니다. 너무 어렵게 생각하지 말고, COUNTIF 함수의 입력 방법을 떠올리면서 입력하세요.

찾을 범위에서 지정한 조건을 만족하는 셀의 합계를 구하는 데 사용하는 함수

직급별 의류 판매 수량을 구해 보겠습니다.

1 SUMIF 함수는 3개의 인수가 필요합니다. 첫 번째 인수와 두 번째 인수에는 COUNTIF 함수와 동일하게 각각 '찾을 범위'와 '찾을 값'을 입력해 하는데요. **1** '사원' 직급에 해당하는 직원들이 의류를 얼마나 팔았는지 구해야 하니까 [C3] 셀에 =SUMIF(를 입력합니다. 직급 중에 사원을 찾아야 하므로, **2** 첫 번째 인수에는 직급 데이터 범위인 [F4:F22] 셀을 드래그하고 범위이므로 [F4]를 한 번 눌러 절대 참조를 적용한 다음 ,를 입력합니다. **3** 두 번째 인수에는 찾을 값을 입력해야 하니까 사원이 입력된 [B3] 셀을 클릭한 후 ,를 입력합니다.

2 세 번째 인수에는 '합을 구할 범위'를 입력합니다. **1** 판매 수량 데이터가 입력된 [H4:H22] 셀을 드래그하고 [F4]를 한 번 눌러 절대 참조를 적용한 다음 **2**)를 입력하고 [Enter]를 눌러 마무리합니다. 다음으로 **3** 단축키 스킬 혹은 채우기 핸들로 빈 셀을 채우면 완성됩니다.

Tip

SUMIF 함수는 첫 번째 인수(찾을 범위)에 해당하는 셀의 개수와 세 번째 인수(합을 구할 범위)에 해당하는 셀의 개수가 같아야 합니다. 셀의 개수가 다르면 오류가 날 수 있으니 주의하세요.

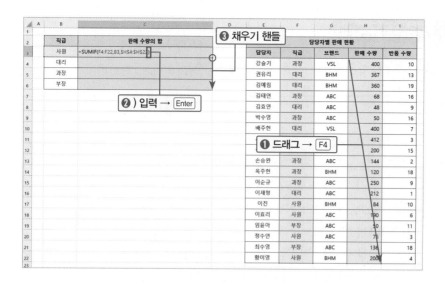

직급	판매 수량의 합			담당자별 판매 현황				
				담당자	직급	브랜드	판매 수량	반품 수량
사원	=SUMIF(F4:F22,B3,$H$4:$H$22)			강슬기	과장	VSL	400	10
대리				권유리	대리	BHM	367	13
과장				김예림	대리	BHM	360	19
부장				김태연	과장	ABC	68	16
				김효연	대리	ABC	48	9
				박수영	과장	ABC	50	16
				배주현	대리	VSL	400	7
							412	3
							200	15
				손승완	과장	ABC	144	2
				옥주현	과장	BHM	120	18
				이순규	과장	ABC	250	9
				이재형	대리	ABC	212	1
				이진	사원	BHM	84	10
				이효리	사원	ABC	190	6
				엄윤아	부장	ABC	50	11
				정수연	사원	ABC	75	3
				최수영	부장	ABC	136	18
				황미영	사원	BHM	200	4

❸ 채우기 핸들

❷) 입력 → Enter

❶ 드래그 → F4

SUMIF 함수는 VLOOKUP 함수만큼 많이 사용하기 때문에 중요하게 생각하면서 연습해야 합니다. SUMIF 함수를 모르면 조건에 해당하는 합을 구할 수 없다고 하는 게 아닙니다. 하지만 각 조건별로 필터를 걸고, 일일이 SUM 함수를 적용하고 이를 반복해서 결괏값을 구하는 것은 비효율적이므로 SUMIF 함수를 반드시 기억하셔서 유용하게 사용하세요.

여러 조건에 해당하는 숫자 데이터의 합계가 궁금할 때 사용하는 함수, SUMIFS

실습파일: 실무엑셀 03.xls - SUMIFS

SUMIF 함수도 조건이 여러 개일 때는 SUMIFS 함수를 사용할 수 있는데요. 얼핏 보면 COUNTIFS 함수와 인수 패턴이 비슷하다고 생각할 수 있지만 인수의 입력 방법이 다르므로 주의해야 합니다.

=SUMIFS(합을 구할 범위,찾을 범위1,찾을 값1,…)

찾을 범위에서 지정한 여러 조건에 만족하는 셀의 합계를 구하는 데 사용하는 함수

각 직급별로 특정 브랜드에 따른 판매 수량의 합을 구해 보겠습니다. 조건은 직급, 브랜드 2가지입니다. SUMIFS의 첫 번째 인수는 '합을 구할 범위'인데요. SUMIF 함수의 세 번째 인수와 같습니다. 그리고 두 번째 인수, 세 번째 인수부터는 하나의 짝꿍 형태로 기억하면 되는데요. '찾을 범위, 찾을 값'을 조건의 수만큼 반복해서 입력하면 됩니다.

1 ❶ '사원' 직급이면서, 'ABC' 브랜드의 의류 판매 수량의 합계를 구해야 하는 [D3] 셀에 =SUMIFS(를 입력합니다. 다음으로 ❷ 첫 번째 인수에는 합을 구할 범위를 입력해야 하는데 '담당자별 판매 현황' 데이터 중 '판매 수량' 데이터인 [I4:I22] 셀을 드래그하고, 범위이므로 F4를 한 번 눌러 절대참조를 적용한 다음 ,를 입력합니다.

2 두 번째 인수와 세 번째 인수인 '찾을 범위'와 '찾을 값'은 짝꿍입니다. ❶ 찾을 범위는 직급이므로 두 번째 인수에 직급이 입력된 범위인 [G4:G22] 셀을 드래그하고, 범위이므로 F4를 한 번 눌러 절대 참조를 적용한 후 ,를 입력합니다. 다음으로 ❷ 세 번째 인수에는 찾을 값인 사원이 입력된 [B3] 셀을 클릭하고, 조건이 더 있으므로 ,를 입력합니다.

3 다음은 브랜드에서 ABC를 찾아야 합니다. ❶ 네 번째 인수에는 브랜드에 대한 데이터 범위인 [H4:H22] 셀을 드래그하고, 범위이므로 F4를 한 번 눌러 절대 참조를 적용한 다음 ,를 입력합니다. ❷ 다섯 번째 인수에는 ABC가 입력된 [C3] 셀을 클릭한 후)를 입력하고 Enter를 눌러 마무리합니다. 마지막으로 ❸ 채우기 핸들을 사용해 빈 셀을 채워줍니다.

Tip

SUMIFS 함수를 입력할 때도 인수 중에 범위를 선택하는 인수들은 선택되는 셀의 총 개수가 같아야 한다는 점을 기억하세요.

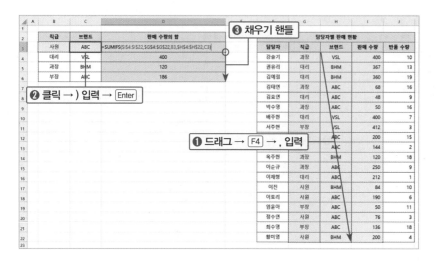

 ## 오류가 보기 싫을 때 사용하는 함수, IFERROR

실습파일: 실무엑셀 03.xls - IFERROR

IFERROR 함수는 앞에서 배운 함수들과 함께 사용할 때 더욱 빛이 나는 함수입니다. 업무에서 엑셀을 사용하다 보면 예상치 못한 상황이 종종 발생하는데요. 개인적으로 가장 싫었던 상황은 오류였습니다. 함수에서 오류는 입력을 제대로 하지 않아서 발생하기도 하지만, 결과가 없는 경우에도 발생합니다. IFERROR 함수는 이렇게 오류가 났을 때 오류 메시지를 대신하여 사용자가 원하는 값으로 대체할 때 사용할 수 있는 함수입니다.

=IFERROR(오류인지 체크할 대상,오류 대신 표시할 값)

지정한 값이 오류일 때, 오류 메시지 대신 원하는 다른 값을 표시하기 위해 사용하는 함수 함수를 사용해서 지역에 맞는 S-WORD 값을 정리하려고 합니다. 자료가 세로 방향으로 정렬이 되어있으니까 VLOOKUP 함수를 사용해 볼게요.

1 ❶ [C3] 셀에 =VLOOKUP(B3,$E$3:$H$20,3,0)를 입력하고 ❷ 채우기 핸들로 나머지 빈칸을 완성하겠습니다. 그런데 결괏값에 오류가 발생했습니다. '통계자료'에 S-WORD 자료가 없는 지역이 있어서 발생한 오류인데요. 자료에 데이터가 없는 경우는 엑셀과 사용자의 문제가 아니기 때문에 해결 방법이 없습니다. 그렇다고 그냥 오류로 두면 자료를 처음 보는 사람들은 당황할 텐데요. 이때 IFERROR 함수를 사용하면 오류값을 대신하여 사용자가 원하는 값을 입력할 수 있습니다.

Tip

자료가 세로 방향이면 VLOOKUP 함수! 잊지 마세요.

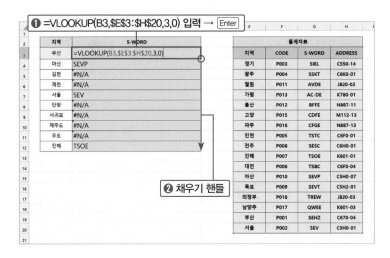

❶ =VLOOKUP(B3,$E$3:$H$20,3,0) 입력 → Enter

지역	S-WORD
부산	=VLOOKUP(B3,$E$3:$H$20,3,0)
마산	SEVP
김천	#N/A
제천	#N/A
서울	SEV
단양	#N/A
서귀포	#N/A
제주도	#N/A
우도	#N/A
진해	TSOE

❷ 채우기 핸들

지역	CODE	S-WORD	ADDRESS
경기	P003	SIEL	C550-14
광주	P004	SSKT	C6K0-01
철원	P011	AVDE	J820-02
가평	P013	AC-DE	K780-01
울산	P012	BFFE	N887-11
고양	P015	CDFE	M112-13
파주	P016	CFGE	N887-13
인천	P005	TSTC	C6F0-01
전주	P008	SESC	C6H0-01
진해	P007	TSOE	K601-01
대전	P006	TSBC	C6F0-04
마산	P010	SEVP	C5H0-07
목포	P009	SEVT	C5H2-01
의정부	P018	TREW	J820-03
남양주	P017	QWEE	K601-03
부산	P001	SEHZ	C670-04
서울	P002	SEV	C5H0-01

통계자료

2 ❶ [C3] 셀에 작성된 =과 VLOOKUP 함수 사이에 IFERROR(를 입력합니다. IFERROR 함수의 첫 번째 인수에는 오류인지 확인해야 할 내용을 입력해야 하는데요. 현재 데이터에서 오류가 발생한 이유는 데이터가 없었기 때문이고, 데이터가 없다는 것을 알게 된 이유는 VLOOKUP 함수를 입력했기 때문입니다. 따라서 처음에 입력한 VLOOKUP 함수의 내용이 오류인지 아닌지를 확인해야 하므로 그대로 두고 ❷ 수식의 마지막에 ,를 입력합니다.

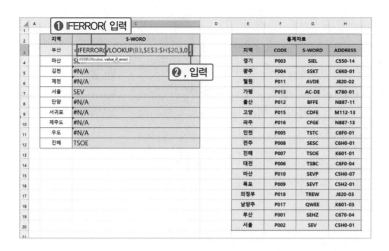

3 IFERROR 함수의 두 번째 인수에는 오류 값이 나온 부분에 오류 대신 표
시하고 싶은 값을 입력하는 인수입니다. 자료가 없으니까 '없음'이라고 표
시해 보겠습니다. ❶ 함수식의 제일 마지막에 "없음")를 입력하고 Enter를
누릅니다. ❷ 단축키 스킬 혹은 채우기 핸들로 전체 수정하면 오류가 나왔
던 부분이 '없음'으로 대체된 것을 알 수 있습니다.

IFERROR 함수를 사용하면 자료
의 오류 부분을 감출 수 있어 자료에
대한 신뢰도를 높일 수 있습니다.

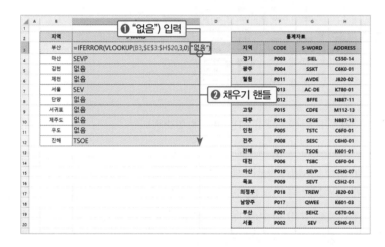

회사에서 사용하는 데이터의 종류는 정말 다양할 수밖에 없습니다. 그렇기 때문에 상황에 맞게 데이터
를 분류하는 작업은 중요하고, 이를 잘해야 효과적인 업무가 가능해 집니다. IF를 활용한 함수는 엑셀에
서 그만큼 중요한 함수니까 열심히 연습하세요!

상황에 맞는 함수 사용이 중요하겠구나!

작업 코드별 납품 수량의 합계 구하기

작업 코드별로 납품 수량에 대한 정리가 필요합니다. 팀장님게서 주신 파일을 확인하니까 코드별 납품 수량의 합계를 구하면 되는데요. 조건은 코드 한 가지이므로 SUMIF 함수를 사용해 보겠습니다.

❶ [I5] 셀에 =SUMIF(를 입력합니다. SUMIF 함수의 첫 번째 인수에는 '찾을 범위'를 입력해야 하는데요. 작업 코드별 납품 수량을 구해야 하므로 ❷ 작업 코드가 입력된 [E5:E14] 셀을 드래그한 다음 범위이므로 F4를 한 번 눌러 절대 참조를 적용하고 ,를 입력합니다. ❸ 두 번째 인수는 찾을 값을 입력해야 하니까 [H5] 셀을 클릭하고 ,를 입력합니다. 세 번째 인수는 합을 구할 범위를 선택해야 하므로 '납품 수량' 데이터들을 선택하면 됩니다. ❹ [F5:F14] 셀을 드래그한 다음 범위이므로 F4를 한 번 눌러 절대 참조를 적용하고)를 입력해서 마무리하겠습니다. 결과가 제대로 나오면 나머지 셀은 ❺ 채우기 핸들을 사용해서 채웁니다.

안녕하세요, 팀장님! 박 사원입니다.

파일 정리해서 전달드립니다. 확인 부탁드려요.

감사합니다:)

04 텍스트 업무도 쉽고 빠르게 함수로 해결하자

예전에는 엑셀을 데이터 분석 혹은 통계 작업이 필요할 때만 많이 사용했었습니다만, 이제는 워드나 파워포인트를 사용하지 않고 엑셀로 대체하여 만드는 경우가 많습니다. 그렇다 보니 엑셀에도 텍스트를 사용하는 경우가 많은데요. 엑셀에서 텍스트에 사용할 수 있는 함수는 약 40여 개 정도 되지만, 딱 4개만 완벽히 알고 응용할 수 있으면 업무에 지장이 없습니다. 함수의 응용을 통해 해결할 수 있기 때문입니다.

● ● ● **업무 요청!** ✕ ＋

← → ⌂ C 🔍 ... https /// SEARCH WEBSITE URL ☆ ▯ ⋮

보내기	예약	임시저장	더보기

제목 [업무 요청] 개인 정보 비공개 처리

보낸 사람 김 팀장

받는 사람 박 사원

참조 AA팀

첨부파일 회원 개인 정보.xls

안녕하세요. 김 팀장입니다.

고객 개인 정보를 '성', '이름'으로 나눠서 정리해 준 파일은 너무 잘 봤습니다.
그런데 아무래도 개인 정보여서 성명 가운데 글자를 숨김(*) 처리하는 게 좋을 것 같습니다.
수정해서 회신해 주세요.

바쁘겠지만, 오늘 안으로 회신 부탁드려요.
오늘도 화이팅입니다.

텍스트 업무는 LEFT, RIGHT, MID, & 4개면 충분합니다.

첫 번째로 알아야 하는 텍스트 함수는 LEFT 함수입니다. LEFT 함수는 사용자가 선택한 셀에 입력된 데이터에서 왼쪽부터 n개의 글자를 가져와야 할 때 사용하는 함수입니다.

=LEFT(텍스트가 입력되어 있는 셀, 가져올 데이터의 숫자)

셀에 입력된 데이터의 왼쪽부터 입력한 숫자만큼 데이터를 가져오는 함수

LEFT 함수에 반대되는 개념인 RIGHT 함수도 있습니다. RIGHT 함수는 사용자가 선택한 셀에 입력된 데이터에서 오른쪽부터 n개의 글자를 가져와야 할 때 사용하는 함수입니다. LEFT 함수와 인수 패턴은 동일합니다.

=RIGHT(텍스트가 입력되어 있는 셀, 가져올 데이터의 숫자)

셀에 입력된 데이터의 오른쪽부터 입력한 숫자만큼 데이터를 가져오는 함수

고객 데이터에서 성명을 '성'과 '이름'으로 나누어 정리해 보겠습니다.

1 성을 가져와야 하는 ❶ [E3] 셀에 =LEFT(를 입력합니다. 첫 번째 인수에는 가져와야 할 텍스트가 있는 셀을 지정해야 하므로 ❷ 이재형이 입력된 [C3] 셀을 클릭한 다음 ,를 입력합니다. 두 번째 인수에는 가져올 데이터 숫자를 입력해야 하는데요. 성은 왼쪽에서 1개만 가져오면 되니까 ❸ 1)를 입력하고 [Enter]를 누른 다음 ❹ 채우기 핸들로 나머지 빈칸을 채워줍니다.

	A	B	C	D		
1					❶ =LEFT(입력	
2		회원코드	성명	회원 종류	성	
3		BNCT3004	이재형	VIP	=LEFT(C3,1)	
4		BNCT6374	안송민	SILVER	안	
5		BNCT4433	정치우	VIP	❸ 1) 입력	
6		BNCT9940	❷ 클릭 → , 입력	SILVER	허	
7		BNCT7308	심성우	GOLD	심	
8		BNCT1598	김태형	VIP	김	
9		BNCT7840	최경진	SILVER	최	
10		BNCT5067	임창민	GOLD	임	
11		BNCT9381	오영석	GOLD	오	
12		BNCT9774	김종완	VIP	김	
13		BNCT8466	박원용	SILVER	박	❹ 채우기 핸들
14		BNCT5156	박대한	GOLD	박	
15		BNCT6261	류정현	VIP	류	
16		BNCT1416	황풀잎	SILVER	황	
17		BNCT1675	김민수	GOLD	김	
18		BNCT9774	손주용	VIP	손	
19		BNCT9384	김우주	GOLD	김	
20		BNCT3502	숭호용	VIP	숭	

2 이번에는 '이름' 부분만 가져오겠습니다. 이름에는 LEFT 함수에 반대의 개념인 RIGHT 함수를 사용해야 하는데요. 이름을 가져와야 하는 ❶ [F3] 셀에 =RIGHT(를 입력합니다. 첫 번째 인수에는 가져와야 할 데이터가 있는 셀을 선택해야 하므로 ❷ '이재형'이 입력된 [C3] 셀을 클릭하고 ,를 입력합니다. 두 번째 인수에는 가져올 데이터의 개수만큼 숫자를 입력해야 하는데요. 이름은 오른쪽에서 2개를 가져와야 하니까 ❸ 2)를 입력하고 Enter 를 누른 다음 ❹ 채우기 핸들로 나머지 빈칸을 채워줍니다.

회원코드	성명	회원 종류	성	이름
BNCT3004	이재형	VIP	이	=RIGHT(C3,2)
BNCT6374	안승민	SILVER	안	승민
BNCT4433	정친우	VIP	정	
BNCT9940	허권회	SILVER	허	권회
BNCT7308	심성우	GOLD	심	성우
BNCT1598	김태형	VIP	김	태형
BNCT7840	최경진	SILVER	최	경진
BNCT5067	임창민	GOLD	임	창민
BNCT9381	오영석	GOLD	오	영석
BNCT9774	김종완	VIP	김	종완
BNCT8466	박원용	SILVER	박	원용
BNCT5156	박대한	GOLD	박	대한
BNCT6261	류정현	VIP	류	정현
BNCT1416	황풀잎	SILVER	황	풀잎
BNCT1675	김민수	GOLD	김	민수
BNCT9774	손주용	VIP	손	주용
BNCT9384	김우주	GOLD	김	우주
BNCT3502	송호용	VIP	송	호용

❶ =RIGHT(입력
❷ 클릭 → , 입력
❸ 2) 입력
❹ 채우기 핸들

LEFT 함수와 RIGHT 함수를 사용하여, '성명', '성' 그리고 '이름' 3가지의 데이터를 모두 볼 수 있게 되었습니다. 그런데 성과 이름 데이터만 있고, 두 데이터를 합쳐서 성명을 만들어야 한다고 가정해 보겠습니다. 이렇게 셀에 입력된 데이터를 합쳐야 할 때 셀과 셀 혹은 함수와 함수를 연결해 줄 수 있는 함수가 있는데요. 저는 언결 함수라고 부르겠습니다.

&(셀&셀, 함수&함수, 셀&함수)

데이터와 데이터, 셀과 셀, 함수와 함수 등을 연결해 주는 함수

성과 이름 데이터를 합쳐서 성명 데이터를 만들어 보겠습니다. ❶ [G3] 셀에 =을 입력하고 ❷ 성이 입력된 [E3] 셀을 클릭한 다음 &을 입력합니다. 다음으로 ❸ 이름이 입력된 [F3] 셀을 클릭하고 Enter 를 누른 다음 ❹ 채우기 핸들로 나머지 빈칸을 채워줍니다.

회원코드	성명	회원 종류	성	이름	입력데이터합치기	호
BNCT3004	이...		이	재형	=E3&F3	
BNCT6374	안승민	SILVER	안	승민	안승민	
BNCT4433	정진우	VIP	정		...진우	
BNCT9940	허원회	SILVER	허	원회	허원회	
BNCT7308	심성우	GOLD	심	성우	심성우	
BNCT1598	김태형	VIP	김	태형	김태형	
BNCT7840	최경진	SILVER	최	경진	최경진	
BNCT5067	임창민	GOLD	임	창민	임창민	
BNCT9381	오영석	GOLD	오	영석	오영석	
BNCT9774	김종완	VIP	김	종완	김종완	
BNCT8466	박원용	SILVER	박	원용	박원용	
BNCT5156	박대한	GOLD	박	대한	박대한	
BNCT6261	류정현	VIP	류	정현	류정현	
BNCT1416	황풀잎	SILVER	황	풀잎	황풀잎	
BNCT1675	김민수	GOLD	김	민수	김민수	
BNCT9774	손주용	VIP	손	주용	손주용	
BNCT9384	김우주	GOLD	김	우주	김우주	
BNCT3502	송호용	VIP	송	호용	송호용	

❶ = 입력 / **❷ 클릭 → & 입력** / **❸ 클릭 → Enter** / **❹ 채우기 핸들**

이제 마지막 텍스트 함수입니다. 이번에는 셀에 입력된 데이터의 가운데 부분부터 원하는 글자만 가져오려고 합니다. 가운데에 있는 텍스트 데이터를 가져와야 할 때는 MID 함수를 사용하면 됩니다.

=MID(텍스트가 입력되어 있는 셀,가져올 데이터가 있는 위치,가져올 데이터 숫자)

- 셀에 입력된 데이터에서 별도의 시작점을 지정하여 입력한 숫자만큼 데이터를 가져오는 함수
- 왼쪽에서부터 n번째 떨어진 지점부터 n개의 데이터를 가져오는 함수

'회원코드'를 보면 영어 4개+숫자 4개로 구성되어 있습니다. 이 중에 왼쪽 숫자 부분부터 2자리만 가져오겠습니다. MID 함수는 총 3개의 인수를 입력해야 하는데요. [H3] 셀에 ❶ =MID(를 입력하고, 첫 번째 인수에는 가져와야 할 데이터가 있는 셀을 클릭해야 하니까 ❷ 회원코드가 입력된 [B3] 셀을 클릭한 다음 ,를 입력합니다. 두 번째 인수는 가져올 데이터가 있는 위치를 지정하는 인수로, 시작점을 지정한다고 생각하면 쉬운데요. ❸ 가져와야 할 데이터인 3은 다섯 번째 위치에 있으므로 5,를 입력합니다. 세 번째 인수에는 가져올 데이터의 개수를 입력하면 되므로 ❹ 2개를 가져와야 하니까 2)를 입력하고, Enter를 누른 다음 ❺ 채우기 핸들로 나머지 빈칸을 채워줍니다. 그러면 회원 코드 숫자의 앞 부분이 나오는 것을 확인할 수 있습니다.

회원코드	성명	회원 종류	성	이름	입력데이터합치기	회원코드숫자 2자리
BNCT3004	이재형	VIP	이	재형	이재형	=MID(3,5,2)
BNCT6374	안승민	SILVER	안	승민	안승민	63
BNCT4433	정진우	VIP	정	진우	정진우	
BNCT9940	허원회	SILVER	허	원회	허원회	99
BNCT7308	심성우	GOLD	심	성우	심성우	73
BNCT1598	김태형	VIP	김	태형	김태형	15
BNCT7840	최경진	SILVER	최	경진	최경진	78
BNCT5067	임창민	GOLD	임	창민	임창민	50
BNCT9381	오영석	GOLD	오	영석	오영석	93
BNCT9774	김종완	VIP	김	종완	김종완	97
BNCT8466	박원용	SILVER	박	원용	박원용	84
BNCT5156	박대한	GOLD	박	대한	박대한	51
BNCT6261	류정현	VIP	류	정현	류정현	62
BNCT1416	황풀잎	SILVER	황	풀잎	황풀잎	14
BNCT1675	김민수	GOLD	김	민수	김민수	16
BNCT9774	손주용	VIP	손	주용	손주용	97
BNCT9384	김우주	GOLD	김	우주	김우주	93
BNCT3502	송호용	VIP	송	호용	송호용	35

❸ 5, 입력 → ❹ 2) 입력 → Enter

❺ 채우기 핸들

텍스트 함수는 단독으로 사용되기보다 여러 함수와 같이 사용될 때가 많습니다. 그러니까 각각의 함수의 개념을 정확히 이해하는 것은 무엇보다 중요합니다.

● ● ● **퇴근 30분 전!!** 🏃 ✕ ＋   실습파일: 실무엑셀 03.xls - 퇴근04

개인정보는 엄청 중요하지! 빨리 작업해야겠다.

고객의 이름 가운데를 *로 수정하기

고객 개인 정보의 성명 부분의 가운데 글자를 *로 표기해야 하는데요. 사실 함수를 사용하지 않고, 빠른 채우기 기능을 통해서도 쉽게 완성할 수 있습니다. 하지만 우리는 함수를 공부하는 중이니까 LEFT 함수와 RIGHT 함수를 이용해서 완성해 보겠습니다.

성명 제일 앞 글자인 '이'를 가져오기 위해 [E3] 셀에 ❶ =LEFT(C3,1)를 입력합니다. 다음으로는 *이 와야 하는데, 앞에 입력된 함수와 *를 연결해 줄 &가 필요합니다. 불러올 수 있는 셀이 없으므로 &"*"를 입력합니다. 다음으로 현재 입력된 내용과 다음 내용을 연결하기 위해 &를 입력합니다. 마지막으로 제일 마지막 글자인 '형'를 가져와야 하므로 RIGHT(C3,1)을 입력하고 Enter 를 누르면 비공개 처리된 이름이 완성됩니다. ❷ 나머지는 채우기 핸들을 활용해서 채우면 됩니다.

	A	B	C	D	E	F
1						
2		회원코드	성명	회원 종류	비공개이름	
3		BNCT3004	이재형	VIP	=LEFT(C3,1)&"*"&RIGHT(C3,1)	
4		BNCT6374	안승민	SILVER	안*민	
5		BNCT4433	정진우	❶ =LEFT(C3,1)&"*"&RIGHT(C3,1) 입력		
6		BNCT9940	허원회	SILVER	허*회	
7		BNCT7308	심성우	GOLD	심*우	
8		BNCT1598	김태형	VIP	김*형	
9		BNCT7840	최경진	SILVER	최*진	
10		BNCT5067	임창민	GOLD	임*민	
11		BNCT9381	오영석	GOLD	오*석	
12		BNCT9774	김종완	VIP	김*완	❷ 채우기 핸들
13		BNCT8466	박원용	SILVER	박*용	
14		BNCT5156	박대한	GOLD	박*한	
15		BNCT6261	류정현	VIP	류*현	
16		BNCT1416	황풀잎	SILVER	황*잎	
17		BNCT1675	김민수	GOLD	김*수	
18		BNCT9774	손주용	VIP	손*용	
19		BNCT9384	김우주	GOLD	김*주	
20		BNCT3502	송호용	VIP	송*용	

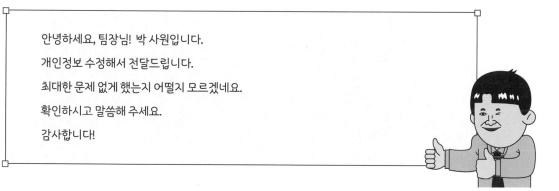

안녕하세요, 팀장님! 박 사원입니다.

개인정보 수정해서 전달드립니다.

최대한 문제 없게 했는지 어떨지 모르겠네요.

확인하시고 말씀해 주세요.

감사합니다!

04

엑셀은 결국
응용이 전부다.

이번에는 실전과 같은 업무 상황을 가정하고 지금까지 연습한 실전 스킬과 함수를 활용해서 응용 능력을 향상시켜 보겠습니다. 여러 사례를 통해 응용의 중요성과 생각하는 힘을 키워봅시다.

01 엑셀을 잘하려면 무조건 IF 함수

앞에서도 말씀드렸지만 엑셀에서 제일 잘 다뤄야 하는 함수가 있다면 저는 무조건 IF 함수라고 생각합니다. 데이터의 유무를 나눌 때는 [필터]를 활용하는 게 훨씬 유용하지만, IF 함수는 새로운 조건을 통해서 더 디테일하게 데이터를 필터링할 수 있기 때문입니다.

● ● ●　업무 요청!　　　　　×　　+

←　→　⌂　C　　🔍　　... https /// SEARCH WEBSITE URL　　　　　　　　　☆　▯　⋮

| 보내기 | 예약 | 임시저장 | 더보기 |

제목　　　[업무 요청] 회원 정보 이름 수정

보낸 사람　김 팀장

받는 사람　박 사원

참조　　　AA팀

첨부파일　고객 정보 리스트.xls

안녕하세요. 김 팀장입니다.
지난 번에 비공개 이름은 잘 받았습니다.
그런데 성명이 두 글자인 고객과 네 글자인 고객을 확인해 보니
성 부분은 잘 변경이 되어있는데, 이름은 변경이 안 된 것 같습니다.
해당 부분도 수정해서 전달 부탁해요.

바쁘겠지만 오늘 안으로 회신 부탁합니다.
그럼 오늘도 화이팅하세요.

저는 IF 함수를 잘 사용하는 사람은 엑셀을 잘할 수밖에 없다고 생각합니다. 이때 '잘한다'의 의미는 엑셀 함수를 여러 가지 스킬과 함께 응용하여 능숙하게 사용할 수 있다는 것을 의미하는데요. 그중에서도 IF 함수의 응용은 실무에 큰 도움이 됩니다.

자료에 '순번'과 '코드'가 제시되어 있는데, '코드'에 해당하는 값이 중간중간 비어 있습니다. 여기에서 코드가 있는 부분은 코드에 해당하는 지역 값을 입력하고, 코드가 없는 부분은 KR의 지역 값인 '대한민국'을 입력해 보겠습니다. 이처럼 경우에 따라 입력해야 하는 값이 다를 때는 하나의 함수만 사용하기는 어렵고, 여러 함수를 응용해서 사용해야 합니다.

1 먼저 코드가 입력된 셀부터 지역 값을 가져오려면 VLOOKUP 함수가 필요합니다. [D3] 셀에 **①** =VLOOKUP(를 입력하고, **②** 첫 번째 인수인 '찾을 값'에는 [C3] 셀을 클릭하고 ,를 입력합니다. **③** 두 번째 인수에는 '찾을 데이터 범위'인 [F2:H13] 셀을 드래그하고, 범위이므로 F4를 한 번 눌러 절대 참조를 적용한 다음 ,를 입력합니다. **④** 세 번째 인수에는 지역에 대한 열을 가져와야 하므로 2,를 입력하고 네 번째 인수에는 정확히 일치하는 값을 가져오기 위해 0)를 입력한 다음 Enter를 눌러 마무리합니다. **⑤** 나머지 빈칸을 채우기 핸들 혹은 단축키 스킬을 이용해서 작성하면 코드가 입력된 부분은 지역이 나오고 코드가 없는 부분은 오류 표시가 나오는 것을 확인할 수 있습니다.

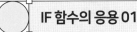

	A	B	C	D	E	F	G	H
1								
2		순번	코드	지역		코드	지역	영문명
3			KR	=VLOOKUP(C3,$F$2:$H$13,2,0)		KR	대한민국	Republic of Korea
4		2		#N/A		KP	북한	Democratic People's Republic of Korea
5		3	JP	일본		JP	일본	Japan
6		4		#N/A		CA	캐나다	
7		5	FR	프랑스		FR	프랑스	
8		6		#N/A		RU	러시아	Russia
9		7	RU	러시아		SU	미국	United States of America
10		8		#N/A		UK	영국	United Kingdom of Great Britain and Northern Ireland
11		9	UK	영국		SW	스위스	Swiss
12		10		#N/A		DE	독일	Germany
13		11	DE	독일		CH	중국	China

● =VLOOKUP(입력
● 2, 0) 입력 → Enter
● 클릭 → , 입력
● 드래그 → F4 → , 입력
● 채우기 핸들

Tip

'셀에 입력된 값이 없다.'는 뜻을 표현하고 싶다면 ""(큰따옴표 2 개)를 입력하면 됩니다.

2 다음으로 오류가 난 셀을 KR의 지역 값인 '대한민국'으로 채우겠습니다. IFERROR 함수를 사용할 수도 있지만, 지금은 IF 함수를 공부하는 중이니까 IF 함수를 활용해서 작성하겠습니다. 오류가 발생한 셀은 코드가 입력되어야 하는 셀이 비어 있어서 오류 값이 표시되었습니다. 기준을 코드 값, 조건을 데이터가 없음으로 정하면 데이터가 없는 경우에는 KR의 지역 값인 '대한민국'을 가져오면 되고, 데이터가 있는 경우에는 데이터 범위에서 코드에 해당하는 지역 값을 불러오면 됩니다. [D3] 셀을 더블클릭해서 =과 VLOOKUP 사이에 IF(를 입력하고, IF 함수 첫 번째 인수에는 코드에 데이터가 없다는 조건식을 입력해야하므로 C3= " ",를 입력합니다.

▲	A	B	C	D	E
1				IF(C3= "", 입력	
2		순번	코드	지역	
3		1	KR	=IF(C3="",VLOOKUP(C3,$F$2:$H$13,2,0)	
4		2		# IF(logical_test, [value_if_true], [value_if_false])	
5		3	JP	일본	

3 IF 함수의 두 번째 인수에는 코드 값이 없을 경우에 표시할 값을 입력해야하므로 IF(C3=" ",에 이어서 "대한민국",를 입력합니다. 세 번째 인수에는 코드 값이 있을 경우에 표시할 값을 입력해야 하는데 이 부분은 VLOOKUP 함수를 사용하여 이미 완성했습니다. 마지막으로 IF 함수를 마무리하기 위해 식의 제일 끝으로 가서 IF 함수를 마무리하는)를 입력하고 [Enter]를 누릅니다. 나머지 셀은 채우기 핸들 혹은 단축키 스킬로 채워 주면 코드 값이 있는 곳은 그대로 유지되고 코드 값이 없는 곳은 '대한민국'이 나타나는 것을 확인할 수 있습니다.

▲	A	B	C	D	E		G	H
1					❶ "대한민국", 입력		❷) 입력 → Enter	
2		순번	코드	지역			코드	지역	영문명
3		1	KR	=IF(C3=" ","대한민국",VLOOKUP(C3,$F$2:$H$13,2,0))		KR	대한민국	Republic of Korea
4		2		대한민국		KP	북한	Democratic People's Republic of Korea
5		3	JP	일본		JP	일본	Japan
6		4		대한민국		CA	캐나다	Canada
7		5	FR	프랑스		FR	프랑스	France
8		6		대한민국	❸ 채우기 핸들	RU	러시아	Russia
9		7	RU	러시아		SU	미국	United States of America
10		8		대한민국		UK	영국	United Kingdom of Great Britain and Northern Ireland
11		9	UK	영국		SW	스위스	Swiss
12		10		대한민국		DE	독일	Germany
13		11	DE	독일		CH	중국	China
14								

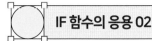
이번에는 제 수강생이었던 A 씨의 실제 업무 사례를 변형한 문제입니다. A 씨의 회사는 전 직원들에게 높은 업무 성과에 대한 포상으로 해외여행을 제공하기로 했습니다. A 씨는 직원들의 여권번호와 주민등록번호를 취합해서 여행사로 보내는 업무를 담당하게 되었는데요. 이를 위해 사내 게시판에 3월 1일까지 여권번호와 주민등록번호를 제출하라고 공지했습니다. 그런데 몇몇분이 제출하지 않아서 A 씨는 기간을 연장해서 모든 직원의 정보를 받았는데요. 겨우겨우 정보를 모두 취합하고 파일을 확인했더니 몇 가지 문제가 있었습니다.

3월 1일 자료에 입력된 한 직원의 여권번호가 잘못되어서, 3월 5일 파일에 수정 사항을 반영한 다음 여행사로 보내려고 했습니다. 그런데 A 씨는 하나의 잘못된 내용을 발견하니까 불안해지기 시작했습니다. 틀린 여권번호가 더 있을지도 몰랐고, A 씨가 다니는 회사의 직원 수가 500명이라서 전 직원의 정보를 확인하기에는 양이 많았기 때문이죠. 결국 A 씨는 이를 확인하기 위해 야근을 시작합니다. 그렇게 밤 11시를 넘어가자 저에게 도움을 요청하셨죠. 여러분이라면 500명의 정보를 어떻게 확인하실 건가요? 저는 IF 함수를 사용해서 1분 만에 해결했습니다.

	실제 참석자	3월1일(이전 파일)			실제 참석자	3월5일(현재 파일)	
		여권번호	주민등록번호			여권번호	주민등록번호
	서선덕	E857N6	78751780		서선덕	E857N6	78751780
	서영덕	ERT144	13811476		서영덕	ERT145	13811476
	이영광		47672209		이영광	E351N2	47672209
	이영순	TYUH64	17182789		이영순	TYUH64	17182789
	김현숙	S243E7	11952628		김현숙	S243E1	11952628

▲ 이렇게 500명을 하나하나 확인해야 한다면?

IF 함수를 사용하려면 3월 1일 자료와 3월 5일 자료를 비교해서 어떤 경우의 수가 있는지를 판단해야 합니다. ① 3월 1일에 정확히 입력해서 3월 5일 자료에 그대로 있는 경우(동일), ② 3월 1일에 잘못 입력해서 3월 5일 자료에서 수정한 경우(변경), ③ 3월 1일 자료에 입력하지 못하고 3월 5일에 새로 입력한 경우(신규), 이렇게 총 3가지 경우의 수가 발생하는데요. 이를 바탕으로 IF 함수를 작성하면 됩니다.

1 IF 함수의 첫 번째 인수에는 기준이 되는 조건식을 정해야 하는데, 저는 ③
을 기준으로 함수식을 작성해 보겠습니다. ③에서 3월 1일에 여권번호를 입
력하지 못했다는 것은 데이터가 없었다는 것과 같은 의미입니다. 따라서
[J4] 셀에 =IF(C4="",를 입력합니다. 그리고 IF 함수의 두 번째 인수에는
조건식이 참일 경우에 표시할 값을 입력해야 하므로 "신규",를 입력합니다.

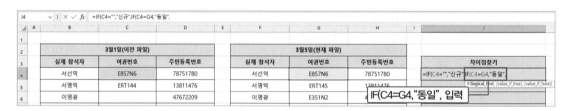

	B	C	D	E	F	G	H		
1									
2		3월1일(이전 파일)				3월5일(현재 파일)			
3	실제 참석자	여권번호	주민등록번호		실제 참석자	여권번호	주민등록번호		차이점찾기
4	서선덕	E857N6	78751780		서선덕	E857N6	78751780		
5	서영덕	ERT144	13811476		서영덕	ERT145	13811476		
6	이영광		47672209		이영광	E351N2	47672209		

2 다음으로 아직 남은 경우의 수가 2개이니까 IF 함수를 중첩해서 사용해야
합니다. =IF(C4="","신규",의 뒷 부분에 IF(를 입력합니다. 현재 남아있
는 경우의 수는 ①과 ②입니다. ①을 '동일' ②를 '변경'이라고 하겠습니다.
그중에서도 '동일'은 3월 1일의 데이터와 3월 5일의 데이터가 같다는 뜻입
니다. C4=G4를 입력하고 조건식이 참일 경우는 "동일",이 나오도록 입력
합니다.

3 다중 IF 함수의 마지막 인수는 나머지와 같다고 했던 것 기억하시죠? '동
일'도 '신규'도 아닌 내용은 모두 '변경'입니다. ❶ 그러므로 바로 다음 인
수에 "변경"))를 입력합니다. ❷ 나머지 칸은 채우기 핸들이나 단축키 스
킬을 사용해서 채워주면 '동일', '변경', '신규' 세 가지로 직원들을 구분할
수 있습니다.

3월1일(이전 파일)				3월5일(현재 파일)			차이점찾기
실제 참석자	여권번호	주민등록번호		실제 참석자	여권번호	주민등록번호	=IF(C4="","신규",IF(C4=G4,"동일","변경"))
서선덕	E857N6	78751780		서선덕	E857N6	78751780	변경
서영덕	ERT144	13811476		서영덕	ERT145	13811476	변경
이영광		47672209		이영광	E351N2	47672209	신규
이영순	TYUH64	17182789		이영순	TYUH64	17182789	동일
김현숙	S243E7	11952628		김현숙	S243E1	11952628	변경
안재희		67882281		안재희	REAU9	67882281	신규
김복순	E253E7	11750401		김복순	E253E7	11750401	동일
고친이	POLK27	35997243		고친이	POLK27	35997243	동일
조소연	S244E7	52324135		조소연	S244E7	52324135	동일
오다현	OIUP10	18019127		오다현	OIUP10	18019127	동일
김유미	S134E5	56670785		김유미	S134E5	56670785	동일
이종원	2QER37	14908979		이종원	2QER37	14908979	동일
박경순		22161778		박경순	E147E5	22161778	신규
이선	LOPQ14	80083564		이선	LOPQ14	80083564	동일
김은영	E141E4	52377724		김은영	E141E4	52377724	동일
이효주	TREA15	35937290		이효주	TREA15	35937290	동일
이병용	S257E3	56986014		이병용	S257E3	56986014	동일
이숭준	4RQA23	19975728		이숭준	4RQA23	19975728	동일
이은실	S748E3	52063008		이은실	S748E2	52063008	변경
이숭환	POI949	90431628		이숭환	POI949	90431628	동일
김진분	E161E2	73182831		김진분	E161E2	73182831	동일
최용심	ABAC58	39275078		최용심	ABAC58	39275078	동일
윤미정		23051229		윤미정	S148E2	23051229	신규
장성규	9OPQ51	54056000		장성규	9OPQ51	54056000	동일
김경희	D744E1	67261601		김경희	D744E1	67261601	동일
국선호	ZXDQ10	89878836		국선호	ZXOQ10	89878836	변경
이서영		30683142		이서영	S234E1	30683142	신규
최서희	LOP310	36182547		최서희	LOP310	36182547	동일

❶ "변경")) 입력

❸ 채우기 핸들

IF 함수를 응용하는 것 어떠셨나요? 처음 배웠을 때의 IF 함수는 단순히 데이터를 분류하는 함수였는데, 응용할수록 정말 다양한 역할을 하는 것 보셨죠? 함수를 단순히 암기하는 것에서 끝내지 마시고, 더 다양하게 활용할 수 있도록 고민해서 적용하는 연습을 꼭 하세요.

IF 함수의 응용 03

실습파일: 실무엑셀 04.xls - IF응용03-1, 2

이번에는 더 복잡한 상황을 하나 더 가정해서 응용의 중요성을 알아보겠습니다. 대한민국에서 보통 성명은 세 글자이지만, 네 글자인 사람도 있습니다. 만약 성명이 네 글자인 사람이 한 명이라면 해당하는 부분의 함수만 바로 수정하면 되겠지만, 직원이 많다면 수정하는 데 걸리는 시간은 점점 늘어날 것입니다. 하지만 이럴 때도 IF 함수를 활용하면 직원 수와 상관없이 빠르게 수정이 가능합니다. 현재 자료를 보면 성명은 세 글자와 네 글자가 있습니다. IF 함수를 사용하려면 둘 중 하나를 조건으로 만들어 참과 거짓으로 분류하면 되는데요. 첫 번째 인수에는 '성명에 입력된 글자 수는 3개이다.', 두 번째 인수에는 조건식이 맞는 경우 '성명에서 왼쪽부터 한 글자를 가져온다.', 세 번째 인수에는 조건식이 맞지 않는 경우니까 '성명의 왼쪽부터 두 개 글자를 가져온다.'는 명령을 입력하면 성명에 입력된 글자 수에 따라 성으로 가져오는 글자 수가 구분되겠죠? 이를 입력하기 위해서는 글자의 개수를 세는 함수를 알아야 하는데요. LEN 함수는 셀에 입력된 글자의 수를 숫자로 반환하는 함수입니다.

=LEN(글자)

셀에 입력된 글자 수를 숫자로 반환하는 함수

❶ [E3] 셀에 =LEN(을 입력하고 ❷ [C3] 셀을 클릭한 다음)를 입력합니다.
❸ 다음으로 채우기 핸들을 내리면 '이재형'이 세 글자니까 3이 나오고, '선우
용녀'는 네 글자니까 4가 나옵니다. LEN 함수는 텍스트를 활용하는 업무에서
매우 유용한 함수니까 반드시 기억하세요.

	회원코드	성명	회원 종류	LEN
2				
3	BNCT3004	이재형	VIP	=LEN(C3)
4	BNCT6374	선우용녀	SILVER	4
5	BNCT4433	❷ 클릭 →) 입력	VIP	❶ =LEN(입력

❸ 채우기 핸들

다시 '성' 부분에 함수를 입력해 보겠습니다. 먼저, ❶ [F3] 셀에 =IF(를 입력합
니다. 첫 번째 인수인 기준이 되는 조건식에 LEN(C3)=3,를 입력하면 '성명에
입력된 글자 수는 3개'라는 의미의 함수식이 됩니다. 세 글자라면 왼쪽부터 한
글자를 가져오고, 세 글자가 아니라면 왼쪽에서 두 글자를 가져오면 됩니다. 따
라서 두 번째 인수에 LEFT(C3,1), 세 번째 인수에 LEFT(C3,2)를 입력한 다음
IF 함수를 마무리하기 위해)를 입력하고 [Enter]를 누릅니다. 그리고 다시 ❷ 채
우기 핸들을 사용해서 빈 셀을 채우면 세 글자와 네 글자에 따라 성이 잘 분류
되는 것을 확인할 수 있습니다.

	회원코드	성명	회원 종류	LEN	성	이름
2						
3	BNCT3004	이재형	VIP	3	=IF(LEN(C3)=3,LEFT(C3,1),LEFT(C3,2))	
4	BNCT6374	선우용녀	SILVER	4	선우	
5	BNCT4433	정진우	VIP	3	정	
6	BNCT9940	허원회	SILVER	3	허	
7	BNCT7308	심성우	GOLD	3	심	
8	BNCT1598	김태형	VIP	3	김	
9	BNCT7840	최경진	SILVER	3	최	
10	BNCT5067	임창민	GOLD	3	임	
11	BNCT9381	오영석	GOLD	3	오	
12	BNCT9774	김종완	VIP	3	김	
13	BNCT8466	박원용	SILVER	3	박	
14	BNCT5156	박대한	GOLD	3	박	
15	BNCT6261	류정현	VIP	3	류	
16	BNCT1416	황풀잎	SILVER	3	황	
17	BNCT1675	김민수	GOLD	3	김	
18	BNCT9774	손주용	VIP	3	손	
19	BNCT9384	김우주	GOLD	3	김	
20	BNCT3502	송호용	VIP	3	송	

❶ =IF(LEN(C3)=3,LEFT(C3,1),
LEFT(C3,2)) 입력 → [Enter]

❷ 채우기 핸들

이때 강의에서 제가 멋쩍은 웃음과 함께 '죄송한데요. 문제를 한 번만 더 꼬아도 될까요?'라고 말을 하면 다들 애매한 표정을 보여주십니다. 하지만 새로운 상황은 계속 발생할 수 있으니까 응용이 그만큼 중요한 거겠죠? 새로운 생황인 성명이 두 글자인 경우를 생각해 보겠습니다.

그러면 경우의 수는 3가지가 되고, 자동적으로 IF 함수의 중첩을 떠올려야 합니다. ❶ 먼저, 세 번째 인수 자리의 LEFT 함수를 지우고 IF(를 입력합니다. 이름이 두 글자인 경우도 성은 왼쪽에서 하나만 가져오면 되고 마지막 인수는 세 글자도, 두 글자도 아닌 경우니까 성은 왼쪽부터 두 글자를 가져오면 됩니다. ❷ IF(LEN(C3)=2,LEFT(C3,1),LEFT(C3,2)))를 입력하고, Enter를 누른 다음 ❸ 채우기 핸들로 빈 셀을 채워줍니다. 그러면 조건에 맞춰 두 글자, 세 글자, 네 글자인 성명의 성이 입력됩니다.

	A	B	C	D	E	F	G	H	I
1									
2		회원코드	성명	회원 종류	LEN	성	이름		
3		BNCT3004	이재형	VIP	3	=IF(LEN(C3)=3,LEFT(C3,1	IF(LEN(C3)=2,LEFT(C3,1),LEFT(C3,2)))		
4		BNCT6374	선우용녀	SILVER	4	선우			
5		BNCT4433	정진우	VIP	3	정			
6		BNCT9940	허원회	SILVER	3	허			
7		BNCT7308	심성우	GOLD	3	심			
8		BNCT1598	김태형	VIP	3	김			
9		BNCT7840	최경진	SILVER	3	최			
10		BNCT5067	임창민	GOLD	3	임			
11		BNCT9381	오영석	GOLD	3	오			
12		BNCT9774	김종완	VIP	3	김			
13		BNCT8466	박원용	SILVER	3	박			
14		BNCT5156	박대한	GOLD	3	박			
15		BNCT6261	류정현	VIP	3	류			
16		BNCT1416	황풀잎	SILVER	3	황			
17		BNCT1675	김민수	GOLD	3	김			
18		BNCT9774	손주용	VIP	3	손			
19		BNCT9384	김우주	GOLD	3	김			
20		BNCT3502	송호용	VIP	3	송			

❶ LEFT 함수 삭제
❷ IF(LEN(C3)=2,LEFT(C3,1),LEFT(C3,2)))
→ Enter

❸ 채우기 핸들

그런데 위의 경우는 사실 IF 함수 중첩을 사용하지 않아도 해결 가능한데요. IF 함수를 잘 사용하기 위해선 상황을 잘 나누는 것도 중요하지만, 동일한 상황 안에서 더 간단한 규칙을 만들 줄 아는 것도 중요합니다. 이름이 세 글자인 경우나 두 글자인 경우 모두 성은 왼쪽에서 하나만 가져오면 됩니다. 이름이 네 글자인 경우에만 왼쪽에서 두 개를 가져와야 되죠. 즉, 성명의 글자 수가 세 글자 이하면 성은 왼쪽에서 하나만 가져오고 네 글자면 성은 왼쪽에서 2개를 가져오면 되는 두 가지 상황으로 정리할 수 있습니다.

IF 함수를 중첩해서 사용하지 않기 위해 IF 함수의 첫 번째 인수에 있는 성명이 세 글자인 경우에서 등호(=)를 부등호(<=)로 변경하면 방금 두 글자와 세 글자가 모두 포함되는 조건식이 됩니다. 즉, ❶ [F3] 셀에 =IF(LEN(C3)<=3,LEFT(C3,1),LEFT(C3,2))를 입력하고 Enter를 누른 다음, ❷ 채우기 핸들을 적용하면 똑같이 원하는 결과를 얻을 수 있습니다.

❶ =IF(LEN(C3)<=3,LEFT(C3,1),LEFT(C3,2)) 입력 → Enter

A	B	C	D	E	F	G
	회원코드	성명	회원 종류	LEN	성	이름
	BNCT3004	이재형	VIP	3	=IF(LEN(C3)<=3,LEFT(C3,1),LEFT(C3,2))	
	BNCT6374	선우용녀	SILVER	4	선우	용녀
	BNCT4433	조권	VIP	2	조	조권
	BNCT9940	허원회	SILVER	3	허	원회
	BNCT7308	심성우	GOLD	3	심	성우
	BNCT1598	김태형	VIP	3	김	태형
	BNCT7840	최경진	SILVER	3	최	경진
	BNCT5067	임창민	GOLD	3	임	창민
	BNCT9381	오영석	GOLD	3	오	영석
	BNCT9774	김종완	VIP	3	김	종완
	BNCT8466	박원용	SILVER	3	박	원용
	BNCT5156	박대한	GOLD	3	박	대한
	BNCT6261	류정현	VIP	3	류	정현
	BNCT1416	황풀잎	SILVER	3	황	풀잎
	BNCT1675	김민수	GOLD	3	김	민수
	BNCT9774	손주용	VIP	3	손	주용
	BNCT9384	김우주	GOLD	3	김	우주
	BNCT3502	송호용	VIP	3	송	호용

❷ 채우기 핸들

● ● ● **퇴근 30분 전!!** 🏃 × +

실습파일: 실무엑셀 04.xls – 퇴근01

틀렸네ㅠㅠ 잘 확인할걸

텍스트 함수를 이용해서 '이름' 데이터 수정하기

이번에는 '이름' 데이터를 입력해 보겠습니다. '성명'이 두 글자, 세 글자, 네 글자인 사람이 있는데요. 이에 맞춰 '성'을 제외한 '이름'도 잘 나오도록 설정해야 합니다. '성명'이 두 글자라면 이름은 오른쪽부터 한 글자, 세 글자라면 오른쪽부터 두 글자, 네 글자라면 오른쪽부터 두 글자를 입력해야 합니다. 즉, 경우의 수는 3가지지만 2가지로 정리할 수 있습니다. '성명'이 두 글자라면 오른쪽부터 한 글자를 가져오고, '성명'이 두 글자가 아니라면 오른쪽부터 두 글자를 가져오면 되는 거죠.

❶ [G3] 셀에 =IF(LEN(C3)=2,RIGHT(C3,1),RIGHT(C3,2))를 입력하고
Enter를 눌러 마무리하겠습니다. ❷ 나머지 셀은 채우기 핸들로 채우면 원하는
결과를 얻을 수 있습니다.

회원코드	성명	회원 종류	LEN	성	이름
BNCT3004	이재형	VIP	3	이	=IF(LEN(C3)=2,RIGHT(C3,1),RIGHT(C3,2))
BNCT6374	선우용녀	SILVER	4	선우	용녀
BNCT4433	조권	VIP	2	조	권
BNCT9940	허원회	SILVER	3	허	원회
BNCT7308	심성우	GOLD	3	심	성우
BNCT1598	김태형	VIP	3	김	태형
BNCT7840	최경진	SILVER	3	최	경진
BNCT5067	임창민	GOLD	3	임	창민
BNCT9381	오영석	GOLD	3	오	영석
BNCT9774	김종완	VIP	3	김	종완
BNCT8466	박원용	SILVER	3	박	원용
BNCT5156	박대한	GOLD	3	박	대한
BNCT6261	류정현	VIP	3	류	정현
BNCT1416	황풀잎	SILVER	3	황	풀잎
BNCT1675	김민수	GOLD	3	김	민수
BNCT9774	손주용	VIP	3	손	주용
BNCT9384	김우주	GOLD	3	김	우주
BNCT3502	송호용	VIP	3	송	호용

❶ =IF(LEN(C3)=2,RIGHT(C3,1),RIGHT(C3,2))
입력 → Enter

❷ 채우기 핸들

안녕하세요, 팀장님! 박 사원입니다.

다음에는 꼼꼼하게 한 번 더 확인하고 제출하겠습니다.

그럼 내일 뵐게요.

02 VLOOKUP 함수의 한계를 넘고 업그레이드해서 사용하자

앞에서 VLOOKUP 함수는 엑셀에서 제일 많이 사용하는 함수라고 설명했는데요. 하지만 만능일 것 같은 VLOOKUP 함수도 한계가 있습니다. 이번에는 남들보다 더 뛰어나게 VLOOKUP 함수를 사용하는 방법을 알려드리겠습니다.

● ● ● **업무 요청!** ✕ ＋

← → ⌂ C 🔍 ... https /// SEARCH WEBSITE URL ☆ 📄 ⋮

| 보내기 | 예약 | 임시저장 | 더보기 |

제목	[업무 요청] 연도/분기별 매출 실적 확인
보낸 사람	양 팀장
받는 사람	박 사원
참조	AA팀
첨부파일	2014~2021년 매출 실적.xls

박 사원,

우리 회사의 연도별 매출 실적 데이터를 쉽게 볼 수 있도록 파일을 작성 부탁합니다.

연도와 분기를 선택하면 해당 기간의 실적을 볼 수 있는 검색기 형태면 좋겠습니다.

내일 사장님 보고에 첨부되어야 하는 자료라, 오늘 안으로 회신 부탁합니다.

감사합니다.

업무를 하다 보면 가장 많이 사용하게 되는 엑셀 함수는 VLOOKUP 함수입니다. 많은 데이터 중 필요한 데이터만 사용할 수 있게 해 준다는 것만으로도 좋은 함수이죠. 그런데 VLOOKUP 함수 하나만 활용해서 모든 경우를 해결할 수 있는 것은 아닙니다.

먼저 VLOOKUP 함수의 한계점을 보겠습니다.

1 '블루맨투맨'의 가격을 구하기 위해 ❶ [D4] 셀에 =VLOOKUP(B4,$F$4: $G$13,2,0)을 입력하고 ❷ 채우기 핸들을 통해 빈 셀을 완성합니다.

2 어? '체크셔츠'의 가격과 '와이드팬츠'의 가격은 각각 B지역과 C지역에서 데이터를 가져와야 하는데, A지역에서 가져왔습니다. A지역의 데이터를 가져온 이유는 범위에 절대 참조를 적용했기 때문이죠. B지역의 '체크셔츠' 가격과 C지역의 '와이드팬츠' 가격을 제대로 가져오기 위해서는 찾을 범위를 각각 수정해야 합니다.

이렇게 VLOOKUP 함수는 찾을 범위가 변경이 되거나, 찾을 범위가 원래 범위보다 추가될 때마다 매번 수정해야 값을 가져올 수 있습니다. 근데 만약 실제 업무에서 100개의 제품에 대한 가격을 모두 다른 지역에서 가져와야 한다면 수정을 100번 해야 한다는 의미가 됩니다. 이처럼 여러 개의 찾을 범위에서 데이터를 가져와야 한다면 [표] 기능과 INDIRECT 함수를 VLOOKUP 함수와 같이 응용해서 VLOOKUP 함수의 한계점을 해결할 수 있습니다.

1 표

엑셀에서 우리가 흔히 이야기하는 표는 엑셀 시트에 테두리를 그린 형태라고 표현하는 게 맞습니다. 하지만 엑셀에서 테두리를 이용한 표가 아닌 진짜 표 기능은 **[삽입]** 탭 – **[표]** 그룹 – **[표]**에 위치하고 있는데요.

1 표를 만들기 위해서는 먼저 표로 지정할 범위를 선택해야 합니다. 여기서는 A지역에 대한 셀을 표로 만들어 볼게요. ❶ [F4:G13] 셀을 드래그하고, ❷ **[삽입]** 탭 – **[표]** 그룹 – **[표]**를 클릭합니다. ❸ [표 만들기] 대화상자가 나타나면 머리글 포함에 체크하고 ❹ [확인] 단추를 클릭합니다. 범위를 표로 바꾸면 기존 엑셀 범위하고 다르게 디자인이 변경이 됩니다. 위의 방법에 따라 B지역과 C지역도 표로 지정하겠습니다.

Tip

엑셀에서 범위를 표 기능으로 변경하는 단축키는 Ctrl + T 입니다.

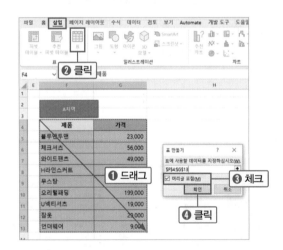

2 표로 만들어진 범위의 셀을 클릭하면 [테이블 디자인] 탭이 열립니다(엑셀 버전에 따라 다르게 나올 수 있습니다). 표 이름을 변경하기 전에는 '표1'로 되어 있는데, 'A지역'으로 변경하겠습니다. **[테이블 디자인]** 탭 – **[속성]** 그룹 – **[표 이름:]**에 A지역을 입력합니다. 나머지 지역의 표 이름도 같은 방식으로 변경해 주세요. 표 이름에 오타가 있으면 함수가 작동되지 않으니 한 번 더 제대로 입력되었는지 확인하세요.

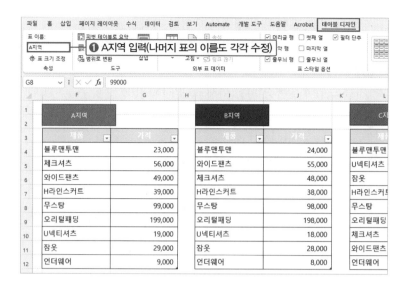

2 INDIRECT 함수

INDIRECT 함수는 문자열로 입력된 셀 주소 또는 범위의 이름을 실제 셀로 인식해서 사용하는 함수인데요. 만약 INDIRECT 함수의 인수로 A23을 입력한다면 실제 [A23] 셀에 입력된 값이 그대로 반환됩니다.

=INDIRECT(문자열 이름)

문자열로 입력된 셀 주소 또는 범위 이름을 실제 셀로 인식해서 사용하는 함수

❶ [C20] 셀에 =INDIRECT(B20)을 입력하고 ❷ 채우기 핸들을 통해 나머지 셀의 값을 채워줍니다.

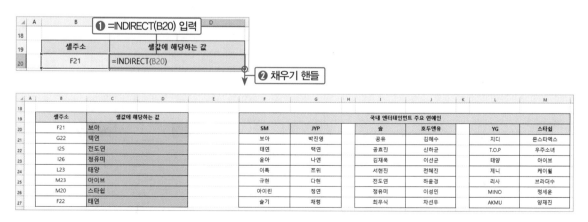

실제 F열의 21행을 보면 보아가 작성되어 있고, G열의 22행에는 택연이 작성
되어 있습니다. INDIRECT 함수가 F21, G22이라고 입력된 데이터를 각각 주
소로 인식하여, F열 21행, G열 22행에 입력된 값을 가져온 것입니다.
VLOOKUP 함수 응용에 필요한 2가지를 모두 설명했습니다. 이제 [표]와 INDIRECT 함수를 VLOOKUP
함수와 어떻게 함께 사용해야 하는지 알아보겠습니다.

[D9] 셀로 돌아가서 VLOOKUP 함수를 다시 작성해 보겠습니다. ❶ [D9] 셀
에 =VLOOKUP(B9,를 입력합니다. ❷ 두 번째 인수 자리에 INDIRECT(를 입
력한 다음, A지역이 입력된 [C9] 셀을 클릭하고),를 입력합니다. ❸ 그리고
세 번째와 네 번째 인수에 2,0)을 입력하고 Enter로 마무리합니다. 결과를 확인
하면 지역에 맞게 제품별 가격을 가져온 것을 확인할 수 있습니다. ❹ 나머지
셀들도 채우기 핸들로 마무리해 주세요.

❶, ❷, ❸ =VLOOKUP(B9,INDIRECT(C9),2,0) 입력 → Enter

❹ 채우기 핸들

B지역의 체크셔츠와 C지역의 와이드팬츠 가격을 보면 직접 범위를 수정한 적
이 없는데도 제대로 값을 가져온 것을 확인할 수 있습니다. 범위를 표로 변경하
고, 표마다 구체적인 이름을 지정하면서 각각의 제품을 해당 지역의 범위에서
찾아 두 번째 열에 정확히 일치하는 값을 가져왔기 때문입니다. INDIRECT 함
수와 [표]는 VLOOKUP 함수를 응용하여 활용할 때 반드시 함께 알고 있어야
합니다.

아직 끝이 아닙니다. ❶ A지역 [표]의 아래 부분인 [F14:G14] 범위에 블라우스와 15,000을 각각 입력하고, ❷ 노란색 표의 아래인 [B12:C12] 범위에 블라우스와 A지역을 각각 입력합니다. ❸ 다음으로 [D12] 셀을 채우기 핸들로 채워줍니다. 그럼 가격에 15,000이 자동으로 생성됩니다.

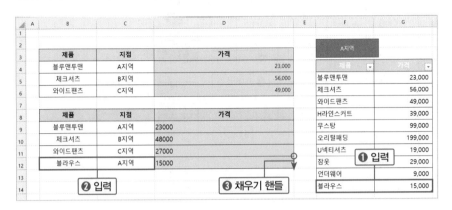

VLOOKUP 함수를 배울 때 두 번째 인수인 찾을 범위는 항상 절대 참조를 적용해야 했습니다. 하지만 A지역의 범위에 절대 참조를 적용한 상태라면, 추가된 블라우스의 데이터는 절대 참조가 적용된 범위 밖에 있어서 그 값을 가져오지 못했을 것입니다. 그런데 범위를 표로 만들고 표 옆에 데이터를 추가하면 자동으로 표의 범위가 확장됩니다. 이처럼 [표]를 사용하면 범위를 수정하지 않아도 원하는 결과를 가져올 수 있는 장점이 있습니다.

VLOOKUP 함수로 완성하는 엑셀 검색기

실습파일: 실무엑셀 04.xls - V응용-02

이번에는 VLOOKUP 함수를 사용해서 엑셀 검색기를 만들어 보겠습니다. 표의 장점도 함께 알아볼게요.

1 ❶ D지역의 범위인 [G4:H13] 셀을 드래그하고 ❷ Ctrl+T를 눌러 [표]를 적용해 줍니다. 그리고 ❸ [I16:I25] 셀을 복사한 후 ❹ 가격 옆에 붙여넣기 하면 자동으로 표의 범위가 늘어나는 것을 볼 수 있습니다. 나머지 E지역, F지역도 표로 변경하고 혼용률을 복사한 다음 ❺ [테이블 디자인] 탭 – [속성] 그룹 – [표 이름:]에 각각 D지역, E지역, F지역을 입력하겠습니다.

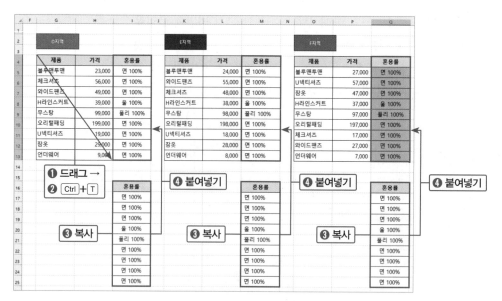

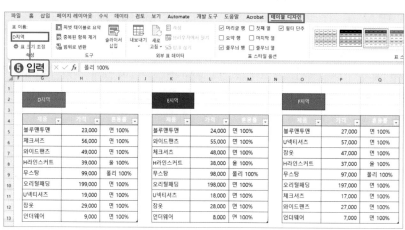

2 '제품명'과 '지점'에 정보를 입력했을 때, 그에 해당하는 가격과 혼용율이 나오는 검색기를 만들어야 하는데요. 여기서 핵심은 앞으로 정보가 입력될 것을 예상하고 함수를 입력해야 한다는 점입니다. ❶ [D3] 셀에 =VLOOKUP(를 입력하겠습니다. ❷ VLOOKUP 함수의 첫 번째 인수는 '찾을 값'입니다. 제품명이 입력되는 [B3] 셀이 찾을 값이므로 [B3] 셀을 클릭하고 ,를 입력합니다. ❸ 두 번째 인수는 '찾을 범위'입니다. 찾을 범위는 지점에 입력되는 지역 값에 맞춰 변경이 되어야 하는데요. 이때 지역 값이 여러 개이므로 INDIRECT 함수를 활용해야 합니다. =VLOOKUP (B3, 뒤에 INDIRECT(C3)를 입력합니다. ❹ 세 번째 인수는 가져올 열을 입력해야 하므로 가격이 입력된 두 번째 열을 가져와야 하고, 네 번째 인수는 정확히 일치하는 값을 의미하는 0을 입력해야 합니다. 따라서

=VLOOKUP(B3,INDIRECT(C3), 뒤에 2,0)를 추가 입력하고 Enter를 누릅니다. 그런데 현재는 제품명과 지역명에 입력된 값이 없어서 #REF라는 오류가 발생하게 됩니다. 계속해서 혼용률에도 VLOOKUP 함수를 입력하겠습니다. 혼용률은 데이터 범위의 세 번째 열에 있으니까 가격에 입력했던 VLOOKUP 함수에서 세 번째 인수만 3으로 변경하면 됩니다. ❺ [E3] 셀에 =VLOOKUP(B3,INDIRECT(C3),3,0)를 입력합니다. 마찬가지로 혼용율도 제품명과 지역명에 입력된 값이 없으므로 오류가 발생합니다.

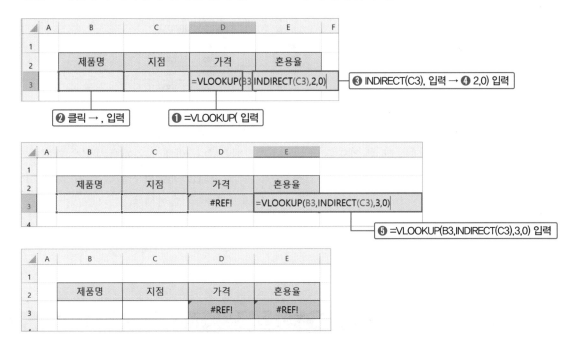

3 [B3] 셀과 [C3] 셀에 각각 체크셔츠와 D지역을 입력합니다. 그러면 체크셔츠와 D지역에 맞는 값이 출력되죠?

4 [B3] 셀과 [C3] 셀에 각각 무스탕과 F지역을 입력해도 그에 맞는 데이터가 나옵니다.

제품명	지점	가격	혼용율		F지역	
무스탕	F지역		97000	폴리 100%		

입력

제품	가격	혼용율
블루맨투맨	27,000	면 100%
U넥티셔츠	57,000	면 100%
잠옷	47,000	면 100%
H라인스커트	37,000	울 100%
무스탕	97,000	폴리 100%
오리털패딩	197,000	면 100%
체크셔츠	17,000	면 100%
와이드팬츠	27,000	면 100%
언더웨어	7,000	면 100%

많은 데이터를 키워드로 검색해서 사용할 수 있게 되었죠? 저는 회사 다닐 때 데이터가 많은 엑셀 파일은 이와 같은 방법으로 검색을 할 수 있도록 만들어서 관리했습니다. 막내 직원에게 새로운 데이터가 나올 때마다 표에 업데이트하도록 요청했고, 상급자들은 키워드 입력을 통해서 자료를 볼 수 있게 하였습니다. 매우 편리하고 유용한 기능이니까 능숙하게 사용할 수 있도록 연습하세요.

●●● **퇴근 30분 전!!** 🏃 ✕ ＋　　　　　　　　　실습파일: 실무엑셀 04.xls - 퇴근02

앞으로는 조금 실용적인 면도 생각해서 파일을 작성해야겠어!

연도와 분기를 선택하면 해당 기간의 매출을 볼 수 있도록 파일 작성하기

2014년부터 2021년까지 연도별 분기 매출 실적 데이터가 나와있습니다. 여기서 연도와 분기를 선택하면 해당 기간의 매출 실적을 볼 수 있도록 만들어 보겠습니다. 연도별 분기 매출 데이터가 나뉘어서 작성되어 있으니까 VLOOKUP과 INDIRECT 함수, 표 기능을 사용하겠습니다.

1 2014~2021년의 분기별 매출 실적 범위를 [표]로 변경하겠습니다. ❶
[B12:C16] 셀을 드래그하고, ❷ [삽입] 탭 – [표] 그룹 – [표]를 클릭합니다.

그러면 [표 만들기] 대화상자가 나타나는데요. ❸ [표 만들기] 대화상자에서 [확인] 단추를 클릭하고 다음으로 ❹ [테이블 디자인] 탭 – [속성] 그룹 – [표 이름:]을 '_2014'로 지정합니다. '_'를 입력하는 이유는 표 이름의 첫 글자는 숫자로 설정할 수 없기 때문입니다. 그리고 동일한 방식으로 2015~2021년의 범위도 [표]로 변경하고 [표 이름]을 '_2014'와 같은 형태로 변경합니다.

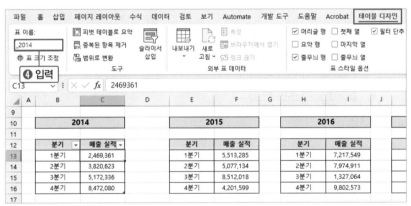

2 매출 실적을 가져와야 하는 셀인 ❶ [D3] 셀에 =VLOOKUP(을 입력합니다. VLOOKUP 함수의 첫 번째 인수인 찾을 값에는 ❷ '분기'인 [C3] 셀을 클릭하고 ,를 입력합니다. 두 번째 인수인 찾을 범위는 연도에 따라 변경되어야 하므로 INDIRECT 함수를 이용하여 ❸ INDIRECT(B3),로 입력하겠습니다. 세 번째 인수는 가져올 열 번호인데, 두 번째 열을 가져와야 하니까 ❹ 2,를 입력하고, 네 번째 인수에는 정확히 일치를 의미하는 0)을 입력한 다음 Enter를 눌러 마무리하겠습니다. 연도와 분기를 다양하게 입력하면서 원하는 대로 값이 잘 나타나는지 확인하세요!

❷ 클릭 → , 입력

	연도	분기	매출 실적								
3	_2015	2분기	=VLOOKUP(C3,INDIRECT(B3),2,0)								

❸ INDIRECT(B3), 입력 → ❹ 2,0) 입력 → Enter

❶ =VLOOKUP(입력

2014		2015		2016		2017	
분기	매출 실적	분기	매출 실적	분기	매출 실적	분기	매출 실적
1분기	2,469,361	1분기	5,513,285	1분기	7,217,549	1분기	2,323,732
2분기	3,820,623	2분기	5,077,134	2분기	7,974,911	2분기	7,431,345
3분기	5,172,336	3분기	8,512,018	3분기	1,327,064	3분기	3,671,078
4분기	8,472,080	4분기	4,201,599	4분기	9,802,573	4분기	7,667,235

	연도	분기	매출 실적
3	_2015	2분기	5,077,134

2014		2015	
분기	매출 실적	분기	매출 실적
1분기	2,469,361	1분기	5,513,285
2분기	3,820,623	2분기	5,077,134
3분기	5,172,336	3분기	8,512,018
4분기	8,472,080	4분기	4,201,599

안녕하세요, 팀장님! 박 사원입니다.

좀 더 편하게 파일을 확인하실 수 있도록 수정했습니다.

확인부탁드려요. 감사합니다.

05

들어 보셨죠?
엑셀 자동화

엑셀은 행과 열로 이루어져 있어서 이를 활용하는 2개의 함수만 100% 이해하면 많은 업무 처리가 가능합니다. 이번 챕터에서는 거의 모든 업무에 활용 가능한 INDEX, OFFSET 함수의 개념부터 이를 사용하여 만드는 엑셀 자동화 파일을 만들고 사용하는 방법까지 모두 알려 드리겠습니다.

01 엑셀=횡단보도를 떠올리세요.

엑셀 자동화 파일 제작에 대한 수업을 준비하면서 '어떻게 전달해야 쉽게 받아들일 수 있을까?'에 대한 고민을 많이 하다가 우리에게 가장 익숙한 상황을 비유로 들어 설명해야겠다는 생각이 들었습니다. 이번 챕터에서는 소위 고급 함수라고 불리는 어려운 함수를 설명하려고 하는데요. 최대한 쉽게 설명해 보겠습니다. 엑셀의 구조를 파악한 후 고급 함수를 연습하면 훨씬 쉽게 사용할 수 있을 것입니다.

● ● ● **업무 요청!** ☓ +

← → ⌂ C   🔍 ... https /// SEARCH WEBSITE URL   ☆ ▢ ⋮

| **보내기** | 예약 | 임시저장 | 더보기 |

제목 [업무 협조 요청] 임직원 자기 개발 향상 프로젝트

보낸 사람 오 팀장

받는 사람 박 사원

참조 AA팀

첨부파일 이재형의 엑셀 클래스 수강생 현황.xls

안녕하세요. 오 팀장입니다.

박 사원님 이번에 우리 회사에서 임직원의 자기 개발 및 업무 능률 향상을 목적으로
엑셀 클래스를 오픈한 것 알고 있죠?
회사에서 비용을 좀 지원하려고 하는데,
그 전에 먼저 신청 인원들이 납부해야 하는 수강료를 정리해야 해요.

많이 바쁘겠지만 오늘 퇴근 전까지 부탁합니다.

함수 2개를 이해하면 모든 엑셀 파일을 만들 수 있습니다.　실습파일: 실무엑셀 05.xls - INDEX, MATCH

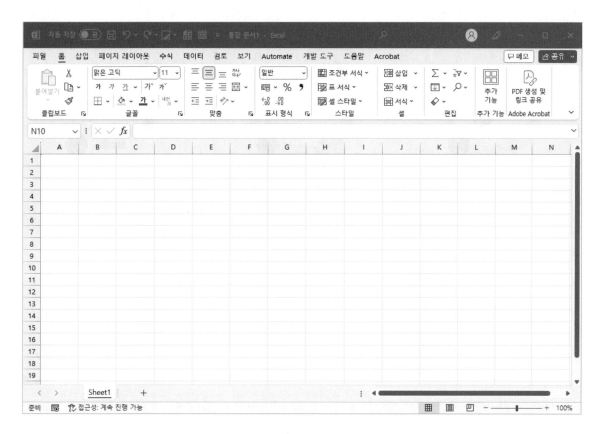

엑셀을 실행하면 모두 위와 똑같은 화면으로 시작을 합니다. 엑셀 화면에서 가장 넓은 부분을 차지하는 것은 시트인데요. 시트는 표 형태로 구성되어 있습니다. 이처럼 엑셀이 표 형태를 이용해서 자료를 만드는 프로그램이라면 이에 최적화된 함수도 있지 않을까요? 바로 INDEX 함수와 OFFSET 함수입니다. 고급 함수인 INDEX 함수와 OFFSET 함수의 개념을 저만의 방식으로 최대한 쉽게 설명하겠습니다.

우리가 흔히 보는 사거리를 떠올려 보겠습니다. 어떤 사람이 노란색 원 위치에 서 있는데, 빨간색 원으로 이동하고 싶어합니다. 횡단보도를 직접 그리면서 이동하려고 할 때 어떻게 그리면서 가야 가장 빠르고 효율적이게 빨간색 원에 도착할 수 있을까요?

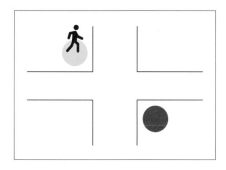

제가 수업 시간에 가장 많이 들은 답변은 '대각선 방향으로 그리면 가장 빠르고 효율적이에요.'입니다. 많은 분들이 공감하실 것 같은데요. 하지만 저 사거리가 엑셀이라면 그렇게 할 수 없습니다. 엑셀은 대각선으로 이동하라는 명령을 이해하지 못합니다. 오른쪽으로 갔다가 아래쪽으로 이동하라는 명령도 이해하지 못하죠. 오직 아래쪽으로 이동했다가 오른쪽으로 가라는 명령만 알아듣습니다.

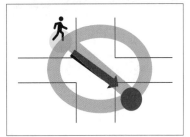 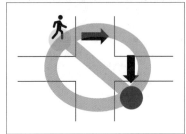 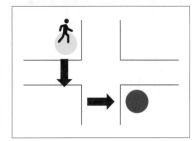

▲ 엑셀과 인간의 사고방식은 다르다.

사거리에 선을 몇 개 더 추가하겠습니다. 선이 추가될수록 수많은 사거리가 생기는데요. 이를 계속 추가하다가 전체를 보면 엑셀의 기본 시트와 똑같은 형태가 됩니다.

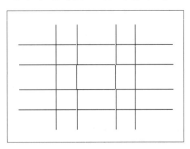

엑셀에 사용되는 데이터는 표 형태로 작성되고, 이를 함수나 다른 여러 기능을 통해 불러오면서 필요한 자료를 만듭니다. 이때 엑셀이 알아듣는 명령은 아래 방향(행) 먼저, 오른 방향(열)으로 이동하면서 데이터를 가져온다는 것입니다. 이 순서는 INDEX 함수와 OFFSET 함수의 입력 패턴에 녹아져 있습니다. 두 함수를 쉽게 이해하기 위해 횡단보도의 비유를 반드시 기억하세요.

1 INDEX 함수

INDEX 함수는 VLOOKUP 함수처럼 특정 범위에서 데이터를 가져오는 함수입니다. 하지만 데이터를 가져오는 방법과 사용하는 상황에서 차이가 있습니다.

> **=INDEX(출력 범위, 찾는 데이터 행(세로), 찾는 데이터 열(가로))**
>
> 표 혹은 범위 내에서 지정할 행 혹은 열 위치에 있는 값을 가져오는 함수

INDEX 함수에는 총 3개의 인수를 입력해야 합니다. 첫 번째 인수는 '출력 범위'인데요. 가져올 데이터가 있는 범위를 선택하면 됩니다. 두 번째 인수는 '출력 범위의 제일 왼쪽 상단 첫 번째 셀부터 아래(행)로 몇 칸을 이동할지 결정하는 부분'입니다. 횡단보도 비유에서 아래쪽으로 이동하는 것에 해당합니다. 마지막으로 세 번째 인수는 '두 번째 인수만큼 이동한 셀에서 오른쪽(열)으로 몇 칸을 이동할지 결정하는 부분'입니다. 횡단보도 비유에서 오른쪽 방향에 해당합니다. 이렇게 3개 인수를 모두 입력하면 최종 이동한 셀에 입력된 값을 가져오는 함수가 바로 INDEX 함수입니다.

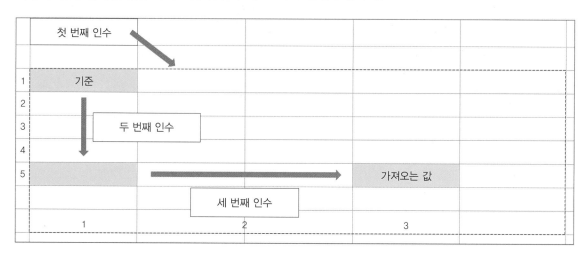

다음 자료는 한 커피 전문점의 커피 종류별 월별 판매수량입니다. INDEX 함수를 사용해서 카페모카의 5월 판매수량 데이터를 가져오겠습니다.

1 [F4] 셀에 ❶ =INDEX(를 입력하고, 첫 번째 인수인 '출력 범위'를 입력해야 합니다. 첫 번째 인수로 [B6:H12] 셀인 표 전체를 드래그해도 되지만, 필요하지 않은 범위를 굳이 선택할 필요는 없습니다. 따라서 판매수량의 숫자만 써 있는 ❷ [C7:H12] 셀을 드래그하고 ,를 입력합니다.

커피 종류	1월 판매수량	2월 판매수량	3월 판매수량	4월 판매수량	5월 판매수량	6월 판매수량
아메리카노	81	87	73	60	66	66
카페라테	99	95	94	68	90	90
카푸치노	76	77	91	74	89	50
카페모카	100	76	92	53	59	58
카라멜 마끼아또	76	68	59	87	63	54
헤이즐넛 라떼	52	82	87	87	74	96

INDEX 함수 / =INDEX(출력범위, 찾는 데이터행(세로), 찾는 데이터열(가로))

Q. 카페모카 5월 판매수량은 몇 개인가요?

=INDEX(C7:H12, ❶ =INDEX(입력

INDEX(array, row_num, [column_num])
INDEX(reference, row_num, [column_num], [area_num])

❷ 드래그 →, 입력

2 두 번째 인수는 첫 번째 인수로 선택한 범위의 첫 번째 셀([C7] 셀)에서 아래 방향으로 이동할 칸을 결정하는 부분입니다. 카페모카에 대한 자료를 가져오려면 기준 셀부터 네 번째 칸을 가져오기 위해 4,를 입력합니다.

=INDEX(C7:H12,4, — 4, 입력

3 세 번째 인수는 두 번째 인수만큼 이동한 셀([C10] 셀)에서부터 오른쪽으로 이동할 칸을 결정하는 부분입니다. 데이터의 좌우를 결정하는 요소는 '월별 판매수량'인데요. 이 중 가져와야 할 데이터는 5월이므로, 5)를 입력하고 Enter를 누릅니다. 그러면 카페모카의 5월 판매수량인 59가 반환됩니다.

=INDEX(C7:H12,4,5) — 5) 입력 → Enter

커피종류	1월 판매수량	2월 판매수량	3월 판매수량	4월 판매수량	5월 판매수량	6월 판매수량
아메리카노	81	87	73	60	66	66
카페라떼	99	95	94	68	90	90
카푸치노	76	77	91	74	89	50
카페모카	100	76	92	53	59	58
카라멜 마끼야또	76	68	59	87	63	54
헤이즐넛 라떼	52	82	87	87	74	96

INDEX 함수 / =INDEX(출력범위, 찾는 데이터행(세로), 찾는 데이터열(가로))

Q. 카페모카 5월 판매수량은 몇 개인가요? **59**

INDEX 함수는 단독으로 사용되는 경우보다 다른 함수와 함께 사용되는 경우가 훨씬 많은데요. 특히 MATCH 함수와 함께 많이 사용됩니다.

2 MATCH 함수

MATCH 함수는 찾고 싶은 데이터가 지정된 범위에서 몇 번째에 위치하는지를 숫자로 나타내는 함수입니다. MATCH 함수는 다른 함수들과 함께 사용되는 경우가 정말 많은데요. 다행히 함수 입력은 매우 쉽습니다. 함수의 인수 패턴이 VLOOKUP 함수에서 세 번째 인수만 없다고 생각하면 됩니다. MATCH 함수는 총 3개의 인수를 입력해야 합니다. 그중 첫 번째 인수에는 '찾을 값'을, 두 번째 인수에는 '찾을 범위'를 입력합니다. 세 번째 인수는 '찾는 방법'을 결정하는 곳인데요. VLOOKUP 함수와 동일하게 0을 입력하면 정확히 일치하는 값을 가져옵니다.

> **=MATCH(찾을 값, 찾을 범위, 0)**

- 지정한 범위에서 찾고 싶은 데이터(셀)가 위치하고 있는 곳을 숫자로 표시하는 함수
- 세 번째 인수에 −1을 입력하면 작거나 같은 값, 0을 입력하면 일치하는 값, 1을 입력하면 크거나 같은 값을 반환함
  (실무에서는 0만 기억하세요.)

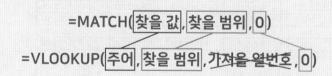

성명 데이터에서 '권유리'는 몇 번째 행에 있는지 MATCH 함수로 알아보겠습니다.

1 MATCH 함수의 첫 번째 인수는 '찾을 값'입니다. [F4] 셀에 =MATCH(를 입력하고 찾아야 할 값인 "권유리",를 입력합니다. 굳이 입력하는 이유는 지금은 데이터가 많지 않아 바로 찾을 수 있지만, 데이터가 더 많은 경우에는 찾기 어렵기 때문입니다.

	A	B	C	D	E	F	G
1							
2		MATCH 함수 / =MATCH(찾을 값, 찾을 범위, 0)					
3							
4		Q1. 아래 성명 데이터에서 "권유리"는 몇 번째 행에 있나요?				=MATCH("권유리",	=MATCH("권유리", 입력
5						MATCH(검색할_값, 검색할_범위, [일치_유형])	
6		성명	직급	영업분야	1월 매출	2월 매출	3월 매출
7		이효리	차장	컨설턴트	140,000,000	110,000,000	130,000,000
8		이진	과장	컨설턴트	30,000,000	40,000,000	40,000,000
9		성유리	과장	영업관리	120,000,000	110,000,000	120,000,000
10		옥주현	과장	영업관리	170,000,000	130,000,000	170,000,000
11		성유리	과장	영업관리	120,000,000	110,000,000	120,000,000
12		권유리	대리	해외영업	180,000,000	150,000,000	170,000,000
13		최수영	대리	영업관리	80,000,000	110,000,000	130,000,000

2 두 번째 인수에는 '찾을 범위'를 입력해야 합니다. 성명 데이터 범위에서 권유리를 찾아야 하니까 성명 데이터인 ❶ [B6:B13] 셀을 드래그하고 ❷ ,를 입력합니다. 찾을 범위를 나타내는 두 번째 인수는 절대 참조를 하는 것이 좋지만 지금은 여러 개의 함수를 입력하는 상황이 아니므로 적용하지 않겠습니다.

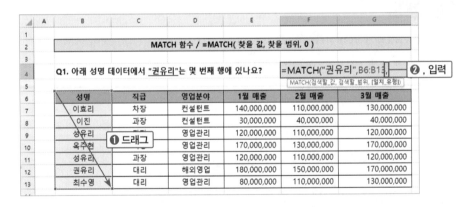

	A	B	C	D	E	F	G
1							
2		MATCH 함수 / =MATCH(찾을 값, 찾을 범위, 0)					
3							
4		Q1. 아래 성명 데이터에서 "권유리"는 몇 번째 행에 있나요?				=MATCH("권유리",B6:B13,	❷ , 입력
5						MATCH(검색할_값, 검색할_범위, [일치_유형])	
6		성명	직급	영업분야	1월 매출	2월 매출	3월 매출
7		이효리	차장	컨설턴트	140,000,000	110,000,000	130,000,000
8		이진	과장	컨설턴트	30,000,000	40,000,000	40,000,000
9		성유리		영업관리	120,000,000	110,000,000	120,000,000
10		옥주현	❶ 드래그	영업관리	170,000,000	130,000,000	170,000,000
11		성유리	과장	영업관리	120,000,000	110,000,000	120,000,000
12		권유리	대리	해외영업	180,000,000	150,000,000	170,000,000
13		최수영	대리	영업관리	80,000,000	110,000,000	130,000,000

3 세 번째 인수는 '찾을 방법'을 결정하는 부분입니다. 정확히 일치하는 데이터를 가져오기 위해 0)를 입력하고 Enter를 입력하면 권유리의 위치에 해당하는 값인 7이 반환됩니다.

	MATCH 함수 / =MATCH(찾을 값, 찾을 범위, 0)					

Q1. 아래 성명 데이터에서 "권유리"는 몇 번째 행에 있나요? =MATCH("권유리",B6:B13,0) —→ 0) 입력 → Enter

성명	직급	영업분야	1월 매출	2월 매출	3월 매출
이효리	차장	컨설턴트	140,000,000	110,000,000	130,000,000
이진	과장	컨설턴트	30,000,000	40,000,000	40,000,000
성유리	과장	영업관리	120,000,000	110,000,000	120,000,000
옥주현	과장	영업관리	170,000,000	130,000,000	170,000,000
성유리	과장	영업관리	120,000,000	110,000,000	120,000,000
권유리	대리	해외영업	180,000,000	150,000,000	170,000,000
최수영	대리	영업관리	80,000,000	110,000,000	130,000,000

	MATCH 함수 / =MATCH(찾을 값, 찾을 범위, 0)					

Q1. 아래 성명 데이터에서 "권유리"는 몇 번째 행에 있나요? 7

성명	직급	영업분야	1월 매출	2월 매출	3월 매출
이효리	차장	컨설턴트	140,000,000	110,000,000	130,000,000
이진	과장	컨설턴트	30,000,000	40,000,000	40,000,000
성유리	과장	영업관리	120,000,000	110,000,000	120,000,000
옥주현	과장	영업관리	170,000,000	130,000,000	170,000,000
성유리	과장	영업관리	120,000,000	110,000,000	120,000,000
권유리	대리	해외영업	180,000,000	150,000,000	170,000,000
최수영	대리	영업관리	80,000,000	110,000,000	130,000,000

이번에는 시도 데이터에서 "2019"는 몇 번째 열에 있는지 MATCH 함수를 사용하여 알아보겠습니다. MATCH 함수의 첫 번째 인수는 '찾을 값'이니까 ❶ =MATCH(2019,를 입력합니다. 두 번째 인수에는 ❷ 첫 번째 열인 [I6:O6] 셀을 드래그하고 ,를 입력한 다음 세 번째 인수로 ❸ 0)를 입력하고 Enter를 눌러 마무리합니다.

Tip

숫자는 텍스트가 아니므로 ""(큰따옴표) 없이 입력해야 합니다.

	MATCH 함수 / =MATCH(찾을 값, 찾을 범위, 0)					

Q2. 아래의 데이터에서 "2 ❶ =MATCH(2019, 입력 =MATCH(2019,6:O6,0) ❸ 0) 입력 → Enter

시도	2015	2016	2017	2018	2019	2020
강원도	180,000,000	120,000,000	180,000,000	140,000,000	110,000,000	130,000,000
경기도	11,000,000	10,000,000	10,000,000	30,000,000	40,000,000	40,000,000
경상남도	190,000,000	90,000,000		❷ 드래그 → , 입력	110,000,000	120,000,000
경상북도	180,000,000	200,000,000	180,000,000	170,000,000	130,000,000	170,000,000
광주광역시	190,000,000	90,000,000	190,000,000	120,000,000	110,000,000	120,000,000
대구광역시	100,000,000	200,000,000	180,000,000	170,000,000	130,000,000	170,000,000
대전광역시	180,000,000	200,000,000	180,000,000	170,000,000	130,000,000	170,000,000

	시도	2015	2016	2017	2018	2019	2020

MATCH 함수 / =MATCH(찾을 값, 찾을 범위, 0)

Q2. 아래의 데이터에서 "2019"은 몇 번째 열에 있나요?　　　　6

시도	2015	2016	2017	2018	2019	2020
강원도	180,000,000	120,000,000	180,000,000	140,000,000	110,000,000	130,000,000
경기도	11,000,000	10,000,000	10,000,000	30,000,000	40,000,000	40,000,000
경상남도	190,000,000	90,000,000	190,000,000	120,000,000	110,000,000	120,000,000
경상북도	180,000,000	200,000,000	180,000,000	170,000,000	130,000,000	170,000,000
광주광역시	190,000,000	90,000,000	190,000,000	120,000,000	110,000,000	120,000,000
대구광역시	100,000,000	200,000,000	180,000,000	170,000,000	130,000,000	170,000,000
대전광역시	180,000,000	200,000,000	180,000,000	170,000,000	130,000,000	170,000,000

MATCH 함수를 입력할 때는 주의해야 할 사항이 있는데요. MATCH 함수의 두 번째 인수에 들어가는 찾을 범위는 항상 1개의 열 혹은 1개의 행으로만 지정해야 오류가 생기지 않는다는 것입니다.

MATCH 함수 / =MATCH(찾을 값, 찾을 범위, 0)

Q1. 아래 성명 데이터에서 "권유리"는 몇 번째 행에 있나요?　　=MATCH("권유리",B6:C13,0)

성명	직급	영업분야	1월 매출	2월 매출	3월 매출
이효리	차장	컨설턴트	140,000,000	110,000,000	130,000,000
이진	과장	컨설턴트	30,000,000	40,000,000	40,000,000
성유리	과장	영업관리	120,000,000	110,000,000	120,000,000
옥주현	과장	영업관리	170,000,000	130,000,000	170,000,000
성유리	과장	영업관리	120,000,000	110,000,000	120,000,000
권유리	대리	해외영업	180,000,000	150,000,000	170,000,000
최수영	대리	영업관리	80,000,000	110,000,000	130,000,000

Q1. 아래 성명 데이터에서 "권유리"는 몇 번째 행에 있나요?　　#N/A

▲ MATCH 함수에서 찾을 범위를 2개 열로 지정하면 오류가 발생한다.

MATCH 함수까지 마무리가 되었는데요. 사실 INDEX 함수와 MATCH 함수는 각각 독립적으로 사용하는 경우보다 둘이 함께 사용할 때 그 진가를 발휘합니다. 이번에는 두 함수를 함께 사용하는 방법을 알아보겠습니다.

INDEX 함수, MATCH 함수의 활용

실습파일: 실무엑셀 05.xls - INDEX&MATCH

다음은 2019년 5월의 국가별 환율 현황입니다. 국가 코드와 5월의 일자별 환율이 제시되어 있는데요. 이 자료에서 국가별로 날짜에 따른 환율을 가져와야 합니다. 여기서 중요한 것은 2개의 조건을 모두 만족하는 값을 가져와야 한다는 것입니다. 그런데 조건이 2가지라면 VLOOKUP 함수로도 조건을 만족하는 값을 가져올 수 있습니다. 익숙한 VLOOKUP 함수와 INDEX & MATCH 함수까지 2가지 모두 사용해서 조건에 맞는 결괏값을 구해 보겠습니다.

1 VLOOKUP 함수를 사용하는 경우

먼저 [D25] 셀에 =VLOOKUP(B25,$B$7:$P$21,12,0)을 입력하고 Enter 를 누릅니다. 그리고 NOK의 환율인 [D27] 셀까지 채우기 핸들을 사용해서 구합니다.

국가 코드	2019-05-01 ❶	2019-05-02 ❷	2019-05-03 ❸	2019-05-04 ❹	2019-05-05 ❺	2019-05-06 ❻	2019-05-07 ❼	2019-05-08 ❽	2019-05-09 ❾	2019-05-10 ❿	2019-05-11 ⓫	2019-05-12 ⓬	2019-05-13	2019-05-14
AUD	809.3	809.3	809.3	809.3	809.3	809.3	812.2	800.1	800.1	800.1	796.1	796.1	798.1	799.4
CNY	165.8	165.8	165.8	165.8	165.8	165.8	165.9	166.0	166.0	166.0	165.7	165.5	166.0	165.8
EUR	1278.8	1278.8	1278.8	1278.8	1278.8	1278.8	1283.3	1275.8	1275.8	1275.8	1274.7	1272.6	1270.9	1271.6
GBP	1461.1	1461.1	1461.1	1461.1	1461.1	1461.1	1461.2	1448.4	1448.4	1448.4	1457.4	1451.7	1447.8	1449.2
HKD	141.9	141.9	141.9	141.9	141.9	141.9	142.6	143.5	143.5	143.5	143.3	143.4	143.4	143.1
IDR	0.1	0.1	0.1	0.1	0.1	0.1	0.1	0.1	0.1	0.1	0.1	0.1	0.1	0.1
INR	15.6	15.6	15.6	15.6	15.6	15.6	15.7	15.8	15.8	15.8	15.8	15.8	16.0	15.9
JPY	10.2	10.2	10.2	10.2	10.2	10.2	10.3	10.3	10.3	10.3	10.2	10.2	10.2	10.1
MYR	271.7	271.7	271.7	271.7	271.7	271.7	273.2	276.4	276.4	276.4	276.2	276.4	276.0	276.1
NOK	132.4	132.4	132.4	132.4	132.4	132.4	132.8	131.2	131.2	131.2	130.6	129.6	129.7	130.0
SIN	827.2	827.2	827.2	827.2	827.2	827.2	829.6	829.8	829.8	829.8	829.5	828.2	829.0	827.7
THB	35.6	35.6	35.6	35.6	35.6	35.6	35.8	36.0	36.0	36.0	35.7	35.8	35.9	35.8
TWD	36.3	36.3	36.3	36.3	36.3	36.3	36.4	36.6	36.6	36.6	36.5	36.5	36.5	36.4
USD	1111.6	1111.6	1111.6	1111.6	1111.6	1111.6	1116.8	1123.4	1123.4	1123.4	1124.5	1124.5	1124.6	1121.7

❶ =VLOOKUP(B25,$B$7:$P$21,12,0) 입력

국가 코드	날짜	환율	환율2	환율3
JPY	2019-05-11	=VLOOKUP(B25,$B$7:$P$21,12,0)		
USD	2019-05-05	1124.5		
NOK	2019-05-07	130.6		

❷ 채우기 핸들

근데 USD와 NOK의 데이터를 확인해 보니, 2개 모두 잘못된 데이터가 반환되었습니다. USD는 2019년 5월 5일에 대한 데이터인 1111.6을 가져와야 하는데, VLOOKUP 함수의 세 번째 인수에서 12번째 열의 값을 가져오라고 입력했기 때문에 USD의 2019년 5월 11일에 데이터가 반환되었습니다. 제대로 된 값을 가져와야 하니까 세 번째 인수에 6을 입력합니다.

국가 코드	2019-05-01	2019-05-02	2019-05-03	2019-05-04	2019-05-05	2019-05-06	2019-05-07	2019-05-08	2019-05-09	2019-05-10	2019-05-11	2019-05-12	2019-05-13	2019-05-14
AUD	809.3	809.3	809.3	809.3	809.3	809.3	812.2	800.1	800.1	800.1	796.1	796.1	798.1	799.4
CNY	165.8	165.8	165.8	165.8	165.8	165.8	165.9	166.0	166.0	166.0	165.7	165.5	166.0	165.8
EUR	1278.8	1278.8	1278.8	1278.8	1278.8	1278.8	1283.3	1275.8	1275.8	1275.8	1274.7	1272.6	1270.9	1271.6
GBP	1461.1	1461.1	1461.1	1461.1	1461.1	1461.1	1461.2	1448.4	1448.4	1448.4	1457.4	1451.7	1447.8	1449.2
HKD	141.9	141.9	141.9	141.9	141.9	141.9	142.6	143.5	143.5	143.5	143.3	143.4	143.4	143.1
IDR	0.1	0.1	0.1	0.1	0.1	0.1	0.1	0.1	0.1	0.1	0.1	0.1	0.1	0.1
INR	15.6	15.6	15.6	15.6	15.6	15.6	15.7	15.8	15.8	15.8	15.8	15.8	16.0	15.9
JPY	10.2	10.2	10.2	10.2	10.2	10.2	10.3	10.3	10.3	10.3	10.2	10.2	10.2	10.1
MYR	271.7	271.7	271.7	271.7	271.7	271.7	273.2	276.4	276.4	276.4	276.2	276.4	276.0	276.1
NOK	132.4	132.4	132.4	132.4	132.4	132.4	132.8	131.2	131.2	131.2	130.6	129.6	129.7	130.0
SIN	827.2	827.2	827.2	827.2	827.2	827.2	829.6	829.8	829.8	829.8	829.5	828.2	829.0	827.7
THB	35.6	35.6	35.6	35.6	35.6	35.6	35.8	36.0	36.0	36.0	35.7	35.8	35.9	35.8
TWD	36.3	36.3	36.3	36.3	36.3	36.3	36.4	36.6	36.6	36.6	36.5	36.5	36.5	36.4
USD	1111.6	1111.6	1111.6	1111.6	1111.6	1111.6	1116.8	1123.4	1123.4	1123.4	1124.5	1124.5	1124.6	1121.7

국가 코드	날짜	환율	환율2	환율3
JPY	2019-05-11	10.2		
USD	2019-05-04	=VLOOKUP(B24,$B$5:$P$19,6,0) **6 입력**		
NOK	2019-05-07	130.6		

마찬가지로 NOK의 2019년 5월 7일의 환율을 반환하기 위해 세 번째 인수에 입력된 숫자를 8로 수정하면 세 개의 셀 모두 정확한 환율이 반환됩니다.

국가 코드	2019-05-01	2019-05-02	2019-05-03	2019-05-04	2019-05-05	2019-05-06	2019-05-07	2019-05-08	2019-05-09	2019-05-10	2019-05-11	2019-05-12	2019-05-13	2019-05-14
AUD	809.3	809.3	809.3	809.3	809.3	809.3	812.2	800.1	800.1	800.1	796.1	796.1	798.1	799.4
CNY	165.8	165.8	165.8	165.8	165.8	165.8	165.9	166.0	166.0	166.0	165.7	165.5	166.0	165.8
EUR	1278.8	1278.8	1278.8	1278.8	1278.8	1278.8	1283.3	1275.8	1275.8	1275.8	1274.7	1272.6	1270.9	1271.6
GBP	1461.1	1461.1	1461.1	1461.1	1461.1	1461.1	1461.2	1448.4	1448.4	1448.4	1457.4	1451.7	1447.8	1449.2
HKD	141.9	141.9	141.9	141.9	141.9	141.9	142.6	143.5	143.5	143.5	143.3	143.4	143.4	143.1
IDR	0.1	0.1	0.1	0.1	0.1	0.1	0.1	0.1	0.1	0.1	0.1	0.1	0.1	0.1
INR	15.6	15.6	15.6	15.6	15.6	15.6	15.7	15.8	15.8	15.8	15.8	15.8	16.0	15.9
JPY	10.2	10.2	10.2	10.2	10.2	10.2	10.3	10.3	10.3	10.3	10.2	10.2	10.2	10.1
MYR	271.7	271.7	271.7	271.7	271.7	271.7	273.2	276.4	276.4	276.4	276.2	276.4	276.0	276.1
NOK	132.4	132.4	132.4	132.4	132.4	132.4	132.8	131.2	131.2	131.2	130.6	129.6	129.7	130.0
SIN	827.2	827.2	827.2	827.2	827.2	827.2	829.6	829.8	829.8	829.8	829.5	828.2	829.0	827.7
THB	35.6	35.6	35.6	35.6	35.6	35.6	35.8	36.0	36.0	36.0	35.7	35.8	35.9	35.8
TWD	36.3	36.3	36.3	36.3	36.3	36.3	36.4	36.6	36.6	36.6	36.5	36.5	36.5	36.4
USD	1111.6	1111.6	1111.6	1111.6	1111.6	1111.6	1116.8	1123.4	1123.4	1123.4	1124.5	1124.5	1124.6	1121.7

국가 코드	날짜	환율	환율2	환율3
JPY	2019-05-11	10.2		
USD	2019-05-05	1111.6		
NOK	2019-05-07	=VLOOKUP(B25,$B$5:$P$19,8,0) **8 입력**		

이처럼 국가 코드와 날짜에 맞춰 VLOOKUP 함수의 첫 번째 인수와 세 번째 인수는 변경되어야 하는데요. 여기서 첫 번째 인수에는 상대 참조가 적용되어 문제가 없었지만, 세 번째 인수는 셀을 선택한 것이 아니고 숫자를 직접 입력했기 때문에 문제가 발생했습니다. 그렇다면 날짜에 맞춰 세 번째 인수가 변경되도록 하면 편리하지 않을까요?

국가별 환율현황 표를 보면 날짜는 한 개의 행으로 입력되어 있습니다. 그러므로 특정 데이터가 한 개의 행 혹은 한 개의 열에서 몇 번째에 위치하는지 숫자로 나타내 주는 MATCH 함수를 활용하면 됩니다. 이와 같이 함수를 입력하는 과정에서 인수에 숫자가 들어가는 부분을 함수로 변경하는 것이 엑셀 자동화 파일을 만드는 핵심 포인트입니다. 이렇게 생각하면 쉬운데요. 인수에 숫자를 입력하면 절대 참조이고, 함수를 입력하면 상대 참조가 된다고 생각하면 됩니다.

2 VLOOKUP 함수와 MATCH 함수를 함께 사용하는 경우

VLOOKUP 함수와 MATCH 함수를 사용하여 환율2를 작성해 보겠습니다.

1 [F25] 셀에 VLOOKUP 함수와 첫 번째, 두 번째 인수인 =VLOOKUP (B25,$B$7:$P$21,를 입력합니다.

2 여기서 세 번째 인수를 MATCH 함수로 작성하겠습니다. ❶ , 뒤에 MATCH(를 입력하고, 함수 첫 번째 인수에는 '2019-05-11'의 위치를 찾아야 하므로, ❷ [C25] 셀을 클릭한 다음 ,를 입력합니다. 두 번째 인수는 찾을 범위로, ❸ 날짜가 입력된 [B7:P7] 셀을 드래그하고 범위니까 F4를 눌러 절대 참조를 한 다음 ,를 입력합니다. 이때 범위의 시작점에 주의해야 하는데요. 날짜를 찾는다고 해서 2019-05-01일부터 드래그를 하면 MATCH 함수의 결과는 11이 나옵니다. 하지만 우리는 12가 필요하죠. 그래서 반드시 '국가 코드'가 입력되어 있는 [B7] 셀부터 드래그해야 합니다. 마지막으로 세 번째 인수에는 ❹ 정확한 일치를 뜻하는 0),를 입력합니다.

Tip

MATCH 함수를 사용할 때는 한 번의 한 개의 행 또는 한 개의 열만 사용해야 하고, 범위의 시작점에 유의해야 합니다.

3 VLOOKUP 함수의 네 번째 인수에는 정확한 일치를 의미하는 0)을 입력하고, [Enter]를 누른 후 채우기 핸들을 사용하여 [F27] 셀까지 값을 채워줍니다. 그러면 VLOOKUP 함수만 입력했던 환율 부분과 동일한 결과가 나오는 것을 알 수 있습니다.

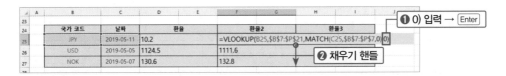

엑셀에서 함수의 인수를 입력할 때, 숫자로 입력했던 것을 모두 함수화 하는 것이 엑셀 자동화에 가장 중요한 점이라는 것을 반드시 기억해야 합니다.

환율2에는 VLOOKUP 함수와 MATCH 함수를 활용하여 셀에 입력될 값을 완성했으므로 환율3에서는 INDEX와 MATCH 함수를 사용하여 국가 코드와 날짜에 맞는 환율을 구해 보겠습니다.

1 [H25] 셀에 **①** =INDEX(를 입력한 다음 **②** 출력 범위로 환율이 입력된 데이터 범위인 [C8:P21] 셀을 드래그하고 [F4]를 누른 후 ,를 입력합니다.

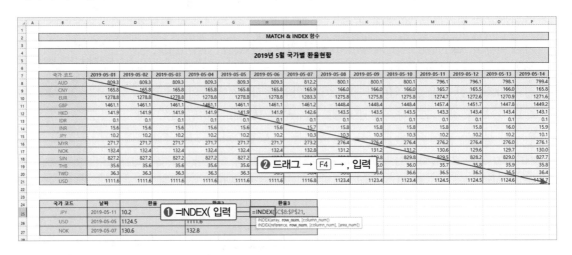

2 INDEX 함수의 두 번째 인수는 출력 범위의 왼쪽 상단 첫 번째 셀에서 아래 방향으로의 이동을 결정합니다. 아래 방향은 국가 코드에 맞춰 이동해야 하니 MATCH 함수를 사용하겠습니다. **①** INDEX 함수의 두 번째 인수에 MATCH(를 입력하고, MATCH 함수의 첫 번째 인수로 JPY가 입력된 **②** [B25] 셀을 클릭한 다음 두 번째 인수(찾을 범위)에는 국가 코드가 입력된 열 전체인 **③** [B8:B21] 셀을 드래그하고 범위이므로 [F4]를 눌러 절대 참조를 적용하고 ,를 입력합니다. **④** 세 번째 인수에는 정확히 일치를 의미하는 0)를 입력한 다음 INDEX 함수의 두 번째 인수를 마무리해야 하므로 ,를 입력합니다.

2019년 5월 국가별 환율현황

국가 코드	2019-05-01	2019-05-02	2019-05-03	2019-05-04	2019-05-05	2019-05-06	2019-05-07	2019-05-08	2019-05-09	2019-05-10	2019-05-11	2019-05-12	2019-05-13	2019-05-14
AUD	809.3	809.3	809.3	809.3	809.3	809.3	812.2	800.1	800.1	800.1	796.1	796.1	798.1	799.4
CNY	165.8	165.8	165.8	165.8	165.8	165.8	165.9	166.0	166.0	166.0	165.7	165.5	166.0	165.8
EUR	1278.8	1278.8	1278.8	1278.8	1278.8	1278.8	1283.3	1275.8	1275.8	1275.8	1274.7	1272.6	1270.9	1271.6
GBP	1461.1	1461.1	1461.1	1461.1	1461.1	1461.1	1461.2	1448.4	1448.4	1448.4	1457.4	1451.7	1447.8	1449.2
HKD	141.9	141.9	141.9	141.9	141.9	141.9	142.6	143.5	143.5	143.5	143.3	143.4	143.4	143.1
IDR	0.1	0.1	0.1	0.1	0.1	0.1	0.1	0.1	0.1	0.1	0.1	0.1	0.1	0.1
INR	15.6	15.6	15.6	15.6	15.6	15.6	15.7	15.8	15.8	15.8	15.8	15.8	16.0	15.9
JPY	10.2	10.2	10.2	10.2	10.2	10.2	10.3	10.3	10.3	10.3	10.2	10.2	10.2	10.1
MYR	271.7	271.7	271.7	271.7	271.7	271.7	273.2	276.4	276.4	276.4	276.2	276.4	276.0	276.1
NOK	132.4	132.4	132.4	132.4	132.4	132.4	132.8	131.2	131.2	131.2	130.6	129.6	129.7	130.0
SIN	827.2	827.2	827.2	827.2	827.2	827.2	829.6	829.8	829.8	829.8	829.5	828.2	829.0	827.7
THB	35.6	35.6	35.6	35.6	35.6	35.6	35.8	36.0	36.0	36.0	35.7	35.8	35.9	35.8
TWD	36.3	36.3	36.3	36.3	36.3	36.3	36.4	36.6	36.6	36.6	36.5	36.5	36.5	36.4
USD	1111.6	1111.6	1111.6	1111.6	1111.6	1111.6	1116.8	1123.4	1123.4	1123.4	1124.5	1124.5	1124.6	1121.7

❸ 드래그 → F4 → , 입력
❷ 클릭 → , 입력
❶ MATCH(입력
❹ 0), 입력

국가 코드	날짜	환율	환율2	환율3
JPY	2019-05-11	10.2	10.2	=INDEX($C$8:$P$21,MATCH(B25,$B$8:$B$21,0)
USD	2019-05-05	1124.5	1111.6	
NOK	2019-05-07	130.6	132.8	

INDEX(array, row_num, [column_num])
INDEX(reference, row_num, [column_num], [area_num])

3 INDEX 함수의 세 번째 인수에서는 오른쪽으로 몇 칸 이동할지 결정해야 합니다. 오른쪽 방향으로 날짜에 따라 이동하면 되는데, 날짜가 모두 다르니 여기서도 MATCH 함수를 사용하겠습니다. INDEX 함수의 ❶ 세 번째 인수에 MATCH(를 입력하고, MATCH 함수의 첫 번째 인수로 ❷ '2019-05-11'가 입력된 [C25] 셀을 클릭한 다음 ,를 입력합니다. 다음으로 찾을 범위에는 ❸ 날짜가 입력된 행 전체인 [C7:P7] 셀을 드래그하고 범위이므로 F4를 누른 다음 ,를 입력하고, ❹ 정확히 일치하는 값을 찾아야 하니까 0를 입력해서 MATCH 함수를 마무리합니다. 마지막으로 INDEX 함수를 마무리하기 위해)를 한 번 더 입력하고 Enter를 누른 후 ❺ 채우기 핸들로 나머지 셀을 채웁니다.

MATCH & INDEX 함수

2019년 5월 국가별 환율현황

❸ 드래그 → F4 → , 입력

국가 코드	2019-05-01	2019-05-02	2019-05-03	2019-05-04	2019-05-05	2019-05-06	2019-05-07	2019-05-08	2019-05-09	2019-05-10	2019-05-11	2019-05-12	2019-05-13	2019-05-14
AUD	809.3	809.3	809.3	809.3	809.3	809.3	812.2	800.1	800.1	800.1	796.1	796.1	798.1	799.4
CNY	165.8	165.8	165.8	165.8	165.8	165.8	165.9	166.0	166.0	166.0	165.7	165.5	166.0	165.8
EUR	1278.8	1278.8	1278.8	1278.8	1278.8	1278.8	1283.3	1275.8	1275.8	1275.8	1274.7	1272.6	1270.9	1271.6
GBP	1461.1	1461.1	1461.1	1461.1	1461.1	1461.1	1461.2	1448.4	1448.4	1448.4	1457.4	1451.7	1447.8	1449.2
HKD	141.9	141.9	141.9	141.9	141.9	141.9	142.6	143.5	143.5	143.5	143.3	143.4	143.4	143.1
IDR	0.1	0.1	0.1	0.1	0.1	0.1	0.1	0.1	0.1	0.1	0.1	0.1	0.1	0.1
INR	15.6	15.6	15.6	15.6	15.6	15.6	15.7	15.8	15.8	15.8	15.8	15.8	16.0	15.9
JPY	10.2	10.2	10.2	10.2	10.2	10.2	10.3	10.3	10.3	10.3	10.2	10.2	10.2	10.1
MYR	271.7	271.7	271.7	271.7	271.7	271.7	273.2	276.4	276.4	276.4	276.2	276.4	276.0	276.1
NOK	132.4	132.4	132.4	132.4	132.4	132.4	132.8	131.2	131.2	131.2	130.6	129.6	129.7	130.0
SIN	827.2	827.2	827.2	827.2	827.2	827.2	829.6	829.8	829.8	829.8	829.5	828.2	829.0	827.7
THB	35.6	35.6	35.6	35.6	35.6	35.6	35.8	36.0	36.0	36.0	35.7	35.8	35.9	35.8
TWD	36.3	36.3	36.3	36.3	36.3	36.3	36.4	36.6	36.6	36.6	36.5	36.5	36.5	36.4
USD	1111.6	1111.6	1111.6	1111.6	1111.6	1111.6	1116.8	1123.4	1123.4	1123.4	1124.5	1124.5	1124.6	1121.7

❷ 클릭 → 입력
❶ MATCH(입력
❹ 0)) 입력 → Enter

국가 코드	날짜	환율	환율2	환율3
JPY	2019-05-11	10.2	10.2	=INDEX($C$8:$P$21,MATCH(B25,$B$8:$B$21,0,MATCH(C25,$C$7:$P$7,0))
USD	2019-05-05	1124.5	1111.6	1111.6
NOK	2019-05-07	130.6	132.8	132.8

❺ 채우기 핸들

MATCH, INDEX 함수의 사용 방법과 숫자를 함수화 하는 방법을 기억하면서 OFFSET 함수로 넘어가겠습니다.

OFFSET 함수

실습파일: 실무엑셀 05.xls - OFFSET

OFFSET 함수는 INDEX 함수와 비슷한 점도 있고 완전히 다른 점도 있는 함수인데요. 실제로 수업을 해 보면 수강생들은 이 둘을 많이 헷갈려 합니다. OFFSET 함수는 나중에 엑셀 자동화 파일을 만들 때도 중요한 역할을 하는 함수니까 확실히 알아두면 좋겠습니다.

> **=OFFSET(기준 셀,이동할 행의 수,이동할 열의 수,(이동한 점에서 상하 포함 수),(이동한 점에서 좌우 포함 수))**

- 지정한 기준점에서 지정한 행, 열만큼 이동한 값 또는 범위를 가져오는 함수
- 세 번째 인수까지는 필수 입력, 네 번째, 다섯 번째 인수는 선택 입력

OFFSET 함수에는 총 5개의 인수가 필요한데요. 세 번째 인수까지는 필수이고, 나머지 인수의 입력은 선택 사항입니다. OFFSET 함수의 첫 번째 인수는 '기준이 되는 셀'로, 시작점이라고 생각하면 됩니다. 두 번째 인수는 '기준 셀부터 상하 방향으로 몇 번 이동할지 횟수'를 입력하는 곳입니다. 특히 이 부분이 INDEX 함수와 비슷하면서도 다른 점이 있는데요. OFFSET 함수는 이동하는 칸의 횟수를 의미하고, INDEX 함수는 구체적인 위치를 의미합니다.

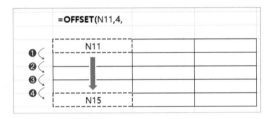 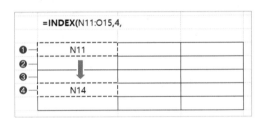

▲ 똑같이 4를 입력했을 때 OFFSET 함수와 INDEX 함수가 가져오는 셀의 위치는 다르다.

Tip

INDEX 함수와 같은 위치에 있는 값을 가져오고 싶을 때는 -1을 해서 숫자를 입력하면 됩니다.

OFFSET 함수의 세 번째 인수는 '좌우 방향으로 이동할 횟수'를 입력하는 부분입니다. 즉, OFFSET 함수는 기준 셀에서 상하로 이동할 횟수 한 번, 좌우로 이동할 횟수 한 번 이동된 셀에 입력된 값을 가져오는 함수입니다.

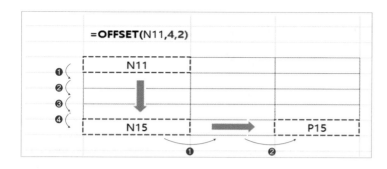

OFFSET 함수의 네 번째, 다섯 번째 인수는 단일 셀이 아닌 범위를 가져와야 할 때 입력하는 인수입니다. OFFSET 함수의 네 번째 인수에는 최종적으로 이동한 셀을 기준으로 상하 방향으로 범위를 선택할 수 있습니다. 양수를 입력하면 아래쪽으로 범위가 선택되고, 음수를 입력하면 위쪽으로 범위가 선택됩니다. 예를 들어 OFFSET 함수의 네 번째 인수에 숫자 3을 입력한다면, 아래쪽으로 세 칸이 선택됩니다. 마지막으로 다섯 번째 인수에서는 좌우 방향으로 범위를 선택할 수 있는데요. 양수는 오른쪽 방향으로, 음수는 왼쪽 방향으로 범위가 늘어 납니다. 예를 들어 OFFSET 함수의 다섯 번째 인수에 3을 넣으면 오른쪽으로 세 칸이 선택됩니다. 네 번째, 다섯 번째 인수는 각각 한 쪽만 입력해도 되고, 둘 다 입력해도 됩니다.

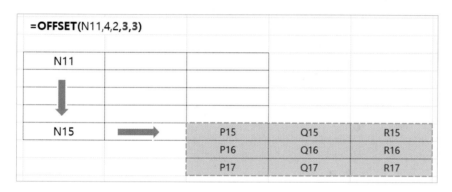

Tip

주의해야 할 점은 네 번째와 다섯 번째 인수가 이동 횟수처럼 선택되는 것이 아니라, 기준이 되는 셀을 포함하여 선택된다는 점입니다.

가계부 시트를 보고 현재 잔액과 최근 3일의 잔액 평균을 채워보겠습니다.

1 현재 잔액은 가장 최근 날짜의 잔액과 같습니다. ❶ [I5] 셀에 =OFFSET(을 입력합니다. 첫 번째 인수에는 '기준 셀'을 선택해야 하는데요. 기준 셀은 아무 셀이나 원하는 대로 선택할 수 있으나, 저는 항상 데이터(범위)의 제일 왼쪽 상단 셀을 선택하라고 합니다. 데이터가 커질수록 헷갈리지 않으려면 기준을 하나(무조건 왼쪽 상단 셀)로 통일하는 것이 좋기 때문입니다. 기준 셀로 ❷ [B4] 셀을 클릭한 뒤 ,를 입력하겠습니다.

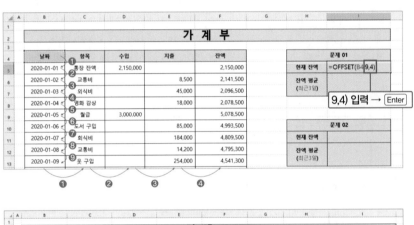

2 OFFSET 함수의 두 번째 인수에는 상하 방향으로 이동할 횟수를 입력해야 합니다. '2020-01-09'까지 아래로 이동해야 하므로 9,를 입력합니다. 그리고 세 번째 인수에는 좌우 방향으로 이동할 횟수를 입력해야 합니다. 2020-01-09에서 잔액이 입력된 셀로 이동하기 위해서는 오른쪽으로 4번 이동하면 되기에 4를 입력하겠습니다. 우리가 가져와야 할 내용은 여기서 끝이므로 네 번째, 다섯 번째 인수는 입력할 필요가 없으니까)를 입력하고 [Enter]를 누르면 원하는 값이 반환됩니다.

다음으로 최근 3일의 잔액 평균을 OFFSET 함수로 계산해 보겠습니다.

1 [I6] 셀에 =OFFSET(B4,를 입력합니다. 그리고 최근 3일을 범위로 선택해야 하는데요. 2가지 방법이 있습니다. ① 날짜(기준 셀)에서 '2020-01-09'의 잔액이 있는 셀까지 이동한 후에 위쪽으로 3개의 셀을 선택하는 방법과 ② 날짜(기준 셀)에서 '2020-01-07'의 잔액이 있는 셀까지 이동한

후에 아래 방향으로 3개의 셀을 선택하는 방법이 있습니다. 이 중 ①의 방법으로 최근 3일의 잔액 평균을 가져와 보겠습니다. 두 번째와 세 번째 인수에 9, 4,를 입력합니다.

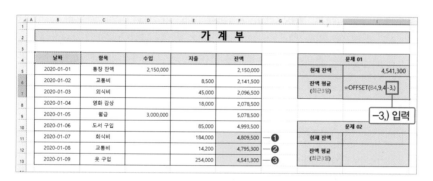

2 OFFSET 함수의 네 번째 인수에는 상하 방향으로 선택할 범위를 입력해야 합니다. 여기서 최근 3일의 잔액을 입력하려면 위로 세 칸을 선택해야 하므로 −3,를 입력합니다. 좌우 방향으로는 범위를 선택할 필요가 없으므로 다섯 번째 인수는 공란으로 두고)를 입력해서 함수를 마무리합니다. 그런데 오류가 발생했습니다.

OFFSET 함수는 셀 혹은 범위를 가져오는 함수이고 우리가 원하는 것은 최근 3일의 잔액 평균인데, 평균을 구하라는 명령어가 빠져 있기 때문입니다. =과

OFFSET 함수 사이에 평균을 구하는 AVERAGE(를 입력하고, 끝에도)를 입력합니다. 그러면 최근 3일 잔액 평균값인 4,715,367이 나오게 됩니다.

OFFSET 함수의 사용 방법에 대해서 간단히 알아보았는데요. 물론 가계부를 꾸준히 쓰는 게 쉽지는 않지만 계속 작성해야겠죠? 셀이 추가되어도 함수식에 따라 값이 잘 수정되는지 확인해 보겠습니다. '2020-01-09'의 내용 아래에 '2020-01-10' 날짜로 학원비 50만 원을 지출한 내역을 추가하겠습니다. 잔액 부분은 이미 수식이 입력되어 있으니까 채우기 핸들을 사용하여 작성하면 됩니다.

어? 그런데 1월 10일의 지출 내역이 추가되었음에도 문제 01의 '현재 잔액'과 '잔액 평균'은 금액이 바뀌지 않았습니다. 변경되지 않은 이유는 인수로 숫자가 입력되었기 때문인데요. 이번에는 데이터가 추가될 때마다 인수의 숫자가 자동으로 변경되어 잔액과 평균 값도 추가되는 데이터에 맞게 자동으로 변경될 수 있도록 하는 방법을 알아보겠습니다.

COUNTA 함수

현재 잔액괴 잔액 평균(최근 3일)에 추가되는 가계부 내역을 반영하려면 문제 01에 입력된 OFFSET 함수에서 추가되는 데이터에 맞춰 두 번째 이수가 9에서 10으로 늘어나야 합니다. 즉, '날짜' 데이터가 더 늘어나면 OFFSET 함수의 두 번째 인수도 자동으로 함께 늘어나야 하죠. 이때 우리에게 필요한 것은 데이터가 추가될 때마다 숫자가 커지는 함수인 COUNTA 함수입니다.

=COUNTA(셀 혹은 범위1,셀 혹은 범위2,……)

선택한 범위에 비어 있지 않은 셀의 개수를 숫자로 반환하는 함수

COUNTA 함수를 사용해 보겠습니다.
[C2:C13] 셀을 보면 데이터가 입력된 셀도 있고, 아닌 셀도 있습니다. [F2] 셀에 ❶ =COUNTA(를 입력하고, ❷ [C2:C13]을 드래그한 후 ❸)를 입력하고 Enter를 누릅니다.

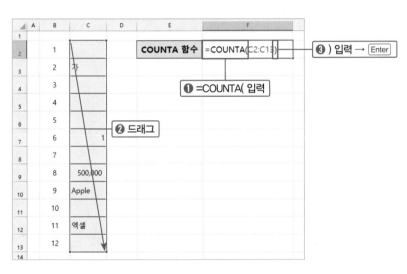

드래그한 범위의 전체 셀 개수는 12개이고 이 중 데이터가 입력된 셀은 5개입니다. 그래서 결괏값으로 5가 나온 것인데요. 비어 있는 셀에 아무 데이터나 추가로 입력해 보겠습니다. 그럼 입력한 개수만큼 [F2] 셀의 결괏값이 증가하게 됩니다.

A	B	C	D	E	F
1					
2	1	아재형		**COUNTA 함수**	7
3	2	가			
4	3	엑셀			
5	4				
6	5				
7	6	1			
8	7				
9	8	500,000			
10	9	Apple			
11	10				
12	11	엑셀			
13	12				

다시 OFFSET 함수의 가계부를 보겠습니다. 문제 02에는 가계부에 데이터가 추가되어도 그에 맞게 결과가 자동으로 변경되도록 함수를 입력해 보겠습니다.

1 ❶ [I11] 셀에 =OFFSET(B4,를 입력하겠습니다. 그리고 데이터가 추가되는 만큼 인수가 변경되어야 하므로 두 번째 인수에는 COUNTA(를 입력하고, 현재 날짜 이후에도 계속 날짜가 추가될 ❷ 행까지 고려해서 [B4:B20] 셀까지 드래그한 후),를 입력합니다. 마지막으로 세 번째 인수는 좌우로 이동하는 방향을 결정하므로 ❸ 잔액에 해당하는 셀을 가져오도록 ,4)를 입력한 후 Enter 를 눌러 마무리합니다. 그런데 이번에도 잔액을 제대로 가져오지 못했습니다.

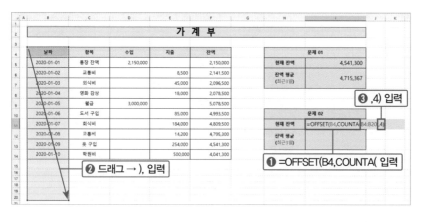

그 이유는 COUNTA 함수 때문인데요. COUNTA 함수의 결과는 11입니다. 그러면 OFFSET 함수는 기준 셀인 날짜에서 아래 방향으로 11칸 이동한 셀을 선택하게 되는데, 11칸을 이동하면 '2020-01-10'보다 한 칸 더 아래로 내려가게 됩니다.

2 한 칸 위로 올라와야 하니까 COUNTA 함수 뒤에 −1을 입력하고, Enter를 누르면 10일의 잔액이 나타납니다.

3 자동화 함수를 완성했으니 날짜를 더 추가해도 자동으로 결괏값이 바뀌는지 확인해 보겠습니다. '2020-01-10' 밑에 '2020-01-11'과 보너스로 '200,000' 받은 것을 입력하겠습니다. 그러면 잔액은 4,241,300이 되고 [I11] 셀의 값도 함께 바뀌는 것을 확인할 수 있습니다.

날짜	항목	수입	지출	잔액		문제 01	
2020-01-01	통장 잔액	2,150,000		2,150,000		현재 잔액	4,541,300
2020-01-02	교통비		8,500	2,141,500		잔액 평균 (최근3일)	4,715,367
2020-01-03	외식비		45,000	2,096,500			
2020-01-04	영화 감상		18,000	2,078,500			
2020-01-05	월급	3,000,000		5,078,500		문제 02	
2020-01-06	도서 구입		85,000	4,993,500		현재 잔액	4,241,300
2020-01-07	회식비		184,000	4,809,500		잔액 평균 (최근3일)	
2020-01-08	교통비		14,200	4,795,300			
2020-01-09	옷 구입		254,000	4,541,300			
2020-01-10	학원비		500,000	4,041,300			
2020-01-11	보너스	200,000		4,241,300			

다음으로 최근 3일의 잔액 평균도 구해보겠습니다. 문제 01과 동일하게 날짜 열에서 가장 아래 행의 잔액으로 이동해서 위쪽으로 3개의 셀을 선택하는 방식으로 평균을 구하겠습니다.

1 [I12] 셀에 ❶ =OFFSET(B4,를 입력합니다. 그리고 아래 방향의 인수를 입력해야 하는데, 데이터가 추가될 것을 고려해서 COUNTA(를 입력하고, ❷ [B4] 셀부터 표 밖의 임의의 범위까지 드래그한 다음 ❸),을 입력합니다.

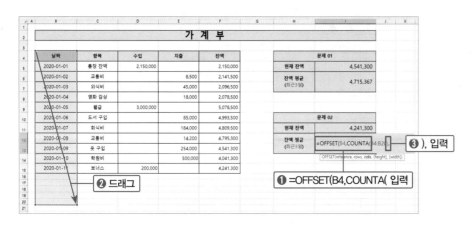

2 잔액은 오른쪽으로 4칸 이동해야 하고 최근 3일의 잔액 범위를 지정하기 위해 ❶ 위로 3칸을 선택해야 하므로 4,-3)를 입력합니다. 마지막으로 평균값을 구해야 하니까 ❷ =과 OFFSET 사이에 AVERAGE(를 입력하고, ❸ 함수의 끝에도)를 추가로 입력한 후 Enter 를 눌러 마무리합니다. 그런데 최근 3일의 잔액 평균으로 4,274,633이 나와야 하지만 결괏값이 잘못되었습니다.

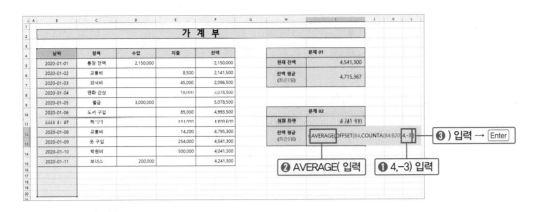

3 OFFSET 함수의 두 번째 인수 때문인데요. COUNTA 함수의 결과가 12이
므로 12칸을 이동하게 되어 빈 칸인 셀을 선택하게 된 것입니다. 따라서
OFFSET 함수의 두 번째 인수에 −1을 입력하고 Enter를 누르면 원하는 결
과를 얻을 수 있습니다.

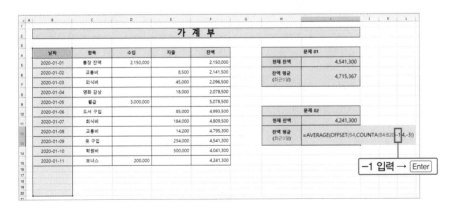

가 계 부

날짜	항목	수입	지출	잔액		문제 01	
2020-01-01	통장 잔액	2,150,000		2,150,000		현재 잔액	4,541,300
2020-01-02	교통비		8,500	2,141,500		잔액 평균 (최근3일)	4,715,367
2020-01-03	외식비		45,000	2,096,500			
2020-01-04	영화 감상		18,000	2,078,500			
2020-01-05	월급	3,000,000		5,078,500			
2020-01-06	도서 구입		85,000	4,993,500		문제 02	
2020-01-07	회식비		184,000	4,809,500		현재 잔액	4,241,300
2020-01-08	교통비		14,200	4,795,300		잔액 평균 (최근3일)	4,274,633
2020-01-09	옷 구입		254,000	4,541,300			
2020-01-10	학원비		500,000	4,041,300			
2020-01-11	보너스	200,000		4,241,300			

그럼 셀이 더 추가됐을 때도 최근 3일의 잔액 평균이 변경되는지 확인해야 겠죠? 가계부에 '2020-01-12' 날짜로 월세가 700,000원 나갔다고 입력 하겠습니다. 그러면 [I12] 셀의 값도 3,941,300으로 변경되는 것을 확인할 수 있습니다.

Tip

자동화 함수를 만들 때 수식을 한 번에 입력하는 것은 매우 어렵습 니다. 처음에는 인수에 숫자를 넣 으면서 원하는 결과를 1차로 만들 어 보고, 데이터를 계속 추가해 보 면서 인수에 들어간 숫자를 함수 로 변경하면 쉽고 정확하게 입력 할 수 있습니다. 이것이 가장 쉬운 방법이고 올바른 함수 입력 순서 입니다.

가 계 부

날짜	항목	수입	지출	잔액		문제 01	
2020-01-01	통장 잔액	2,150,000		2,150,000		현재 잔액	4,541,300
2020-01-02	교통비		8,500	2,141,500		잔액 평균 (최근3일)	4,715,367
2020-01-03	외식비		45,000	2,096,500			
2020-01-04	영화 감상		18,000	2,078,500			
2020-01-05	월급	3,000,000		5,078,500			
2020-01-06	도서 구입		85,000	4,993,500		문제 02	
2020-01-07	회식비		184,000	4,809,500		현재 잔액	3,541,300
2020-01-08	교통비		14,200	4,795,300		잔액 평균 (최근3일)	3,941,300
2020-01-09	옷 구입		254,000	4,541,300			
2020-01-10	학원비		500,000	4,041,300			
2020-01-11	보너스	200,000		4,241,300			
2020-01-12	월세		700,000	3,541,300			

지금까지 OFFSET 함수의 기본 개념과 데이터가 추가되는 상황에 활용할 수 있는 COUNTA 함수, 그리 고 응용 방법까지 모두 알아보았습니다. 제가 여러분에게 설명하고 싶은 함수는 모두 말씀드렸는데요. 이제는 빅데이터를 활용해서 자동화 엑셀을 만들어 보겠습니다.

실수하지 않는 게 중요하겠어. 얼른 끝내자!!

① 이떤 함수를 적용할 건지 판단하기

② 할인된 수강료 구하기

오늘도 일이 생겼군요! 열심히 해결해 보겠습니다. 왼쪽 표에는 레벨과 할인율에 따른 수강료가 나와 있고, 오른쪽 표에는 수강생들이 신청한 수업 레벨과 할인율이 정리되어 있습니다. 이를 활용하여 할인된 수강료를 구해 보겠습니다.

1 수강생들이 신청한 '레벨'과 '할인율'에 맞게 수강료를 가져와야 하는데요. 가져와야 할 데이터 범위가 정해져 있으므로 INDEX 함수를 사용하겠습니다. ❶ [N6] 셀에 =INDEX(를 입력합니다. INDEX 함수의 첫 번째 인수는 출력 범위를 입력해야 하는데요. 왼쪽 표에서 ❷ 수강료가 적혀 있는 범위인 [C6:F9] 셀을 드래그하고 F4를 눌러 절대 참조를 적용한 다음 ❸ ,를 입력합니다.

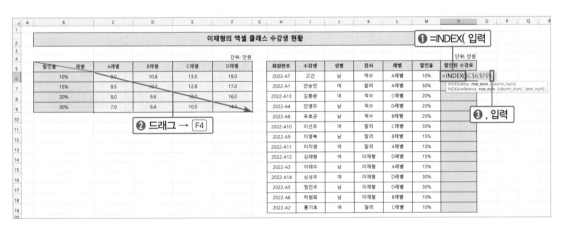

2 두 번째 인수는 기준이 되는 왼쪽 첫 번째 셀에서 아래 방향으로 이동할 수를 결정하는 부분이므로 할인율에 맞게 결정합니다. 이때 할인율은 모두 다르므로 MATCH 함수를 사용하겠습니다. ❶ [N6] 셀에 MATCH(를 입력하고, ❷ 첫 번째 인수로 찾을 값인 [M6] 셀을 클릭하고 ,를 입력합니다. ❸ 두 번째 인수에는 찾을 범위를 입력해야 하므로 [B6:B9] 셀을 드래그하고 범위니까 F4를 눌러 절대 참조를 적용한 다음 ,를 입력합니다. ❹ 세 번째 인수에는 정확히 일치를 의미하는 0),을 입력하면 INDEX 함수의 두 번째 인수가 마무리됩니다.

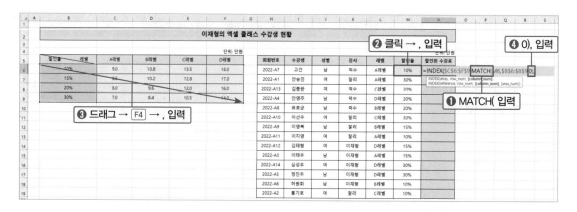

3 INDEX 함수의 세 번째 인수는 오른쪽 방향으로의 이동 횟수를 결정하는 부분이므로 레벨에 맞게 결정하면 되는데요. 그런데 레벨도 다 다르니까 MATCH 함수를 사용하겠습니다. ❶ MATCH(L6,$C$5:$F$5,0)을 입력하고, INDEX 함수를 마무리하기 위해)를 입력한 다음 Enter 를 눌러 마무리합니다. ❷ 나머지 셀은 채우기 핸들을 이용하면 모든 수강생들의 할인된 수강료를 구할 수 있습니다.

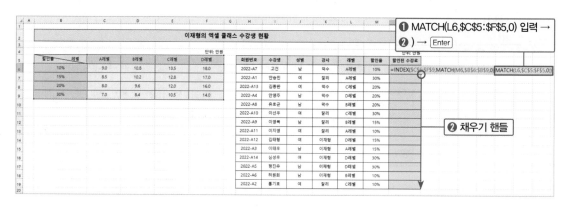

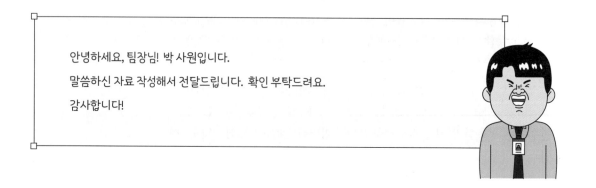

안녕하세요, 팀장님! 박 사원입니다.

말씀하신 자료 작성해서 전달드립니다. 확인 부탁드려요.

감사합니다!

02 엑셀 자동화 파일로 업무 끝내기

데이터를 정리하고 관리하는 업무는 단순 반복인 경우가 많습니다. 하지만 엑셀 자동화 파일을 만들 수 있게 되면 단순 반복 업무에서 벗어날 수 있는데요. 자동화를 위한 함수 입력은 순서를 지켜 작성하면 더 쉽게 작성할 수 있습니다. '기존 수식 확인 → 수식을 함수화(인수는 숫자 사용) → 인수의 숫자 함수화' 순서를 반드시 기억하세요.

● ● ●   **업무 요청!**   ✕   ＋

← → ⌂ ↻   🔍 … https /// SEARCH WEBSITE URL   ☆ ▢ ⋮

| 보내기 | 예약 | 임시저장 | 더보기 |

제목 [업무 요청] 기간별 매출 평균 자동화

보낸 사람 김 팀장

받는 사람 박 사원

참조 AA팀

첨부파일 7월 마감 현황.xls

박 사원, 7월 마감 정리해 준 것 확인했습니다.

그런데 마감 파일에 기간별 매출 평균을 볼 수 있으면 좋을 것 같습니다.
회사 프로그램에서 시작 날짜와 끝 날짜를 선택하고 조회 버튼을 누르면
기간에 해당하는 데이터를 볼 수 있듯이 마감 파일에도 그와 같은 기능을 만들 수 있을까요?

많이 바쁘겠지만 오늘 퇴근 전까지 부탁해요.

SNS 광고를 집행하는 어떤 회사에서 매일매일 광고를 통한 회사 홈페이지 유입량을 체크하고 있습니다. 여기에 10월 3일 데이터를 업데이트하겠습니다.

			모니터링							

1. 경쟁사 SNS 채널 운영 현황
[현재 요약]

구분		페이스북		인스타그램		유튜브	
		금일	증감	금일	증감	금일	증감
A		8,000	▼2,000	18,000	▼2,000	800	▲300
B		1,000	▲200	200	▼700	300	▼600

[상세 내역]

날짜			A				B			
		채널 총합	페이스북	인스타그램	유튜브	채널 총합	페이스북	인스타그램	유튜브
10월 01일	화	30,500	10,000	20,000	500	2,600	800	900	900
10월 02일	수	26,800	8,000	18,000	800	1,500	1,000	200	300

그런데 [현재 요약] 부분은 최신화되지 않았습니다. 요약 부분의 셀을 클릭해서 확인해 보니 전부 함수가 아닌 단순 수식으로 입력되어 있습니다. 데이터가 추가될 때마다 매일 수정해야 할 셀이 12개라는 의미이죠. 이를 자동적으로 입력하게 만들면 매우 편리할 텐데요. 이럴 때 필요한 기능이 바로 엑셀 자동화입니다.

			모니터링							

1. 경쟁사 SNS 채널 운영 현황
[현재 요약]

구분		페이스북		인스타그램		유튜브	
		금일	증감	금일	증감	금일	증감
A		=E16	=E16-E15	=F16	=F16-F15	=G16	=G16-G15
B		=I16	=I16-I15	=J16	=J16-J15	=K16	=K16-K15

먼저 '금일' 부분을 자동화해 보겠습니다. [D9] 셀을 '기존 수식 확인 → 수식을 함수화(인수는 숫자 사용) → 인수의 숫자 함수화' 순서로 자동화시켜 보겠습니다.

1 **기존 수식 확인:** [D9] 셀에 나와야 하는 데이터는 [상세 내역]의 A-페이스북에 입력된 데이터입니다.

	A	B	C	D	E	F	G	H	I	J	K

모니터링

1. 경쟁사 SNS 채널 운영 현황

[현재 요약]

구분	페이스북		인스타그램		유튜브	
	금월	증감	금월	증감	금월	증감
A	8,000	▼2,000	18,000	▼2,000	800	▲300
B	1,000	▲200	200	▼700	300	▼600

[상세 내역]

날짜		A				B			
		채널 총합	페이스북	인스타그램	유튜브	채널 총합	페이스북	인스타그램	유튜브
10월 01일	화	30,500	10,000	20,000	500	2,600	800	900	900
10월 02일	수	26,800	8,000	18,000	800	1,500	1,000	200	300

2 **수식을 함수화(인수는 숫자 사용)**: 수식은 확인이 되었으니, 수식을 함수화해 보겠습니다. [현재 내역]의 [D9] 셀에 입력될 데이터는 가져와야 할 범위가 정해져 있으니까 INDEX 함수를 사용하겠습니다. [D9] 셀에 ❶ =INDEX(를 입력합니다. INDEX 함수의 첫 번째 인수는 가져와야 할 범위가 정해져 있으니까 INDEX 함수를 사용하겠습니다. ❷ [D9] 셀에 =INDEX(를 입력합니다. INDEX 함수의 첫 번째 인수는 가져와야 할 범위이므로 ❸ [E15:E45] 셀을 드래그하고 ,를 입력합니다. 두 번째 인수는 아래 방향으로 이동할 셀의 수입니다. 아래 방향은 10월 2일의 내용을 가져와야 하니까 2, 세 번째 인수는 이동할 필요가 없으니 공란으로 두겠습니다. 최종적으로 =INDEX(E15:E45, 뒤에 2,)를 입력하고 Enter를 누르면 결괏값으로 8,000이 나오게 됩니다. 그럼 수식을 함수화(인수에 숫자) 작업이 완성되었습니다.

❶ =INDEX(입력 → ❷ E15:E45,2,) 입력

1. 경쟁사
[현재 요약]

구분	페이스북		인스타그램		유튜브	
			금월	증감	금월	증감
A	=INDEX(E15:E45,3,)	▼2,000	18,000	▼2,000	800	▲300
B	1,000	▲200	200	▼700	300	▼600

[상세 내역]

날짜		A				B			
		채널 총합	페이스북	인스타그램	유튜브	채널 총합	페이스북	인스타그램	유튜브
10월 01일	화	30,500	10,000	20,000	500	2,600	800	900	900
10월 02일	수	26,800	8,000	18,000	800	1,500	1,000	200	800

1. 경쟁사 SNS 채널 운영 현황

[현재 요약]

구분	페이스북		인스타그램		유튜브	
	금일	증감	금일	증감	금일	증감
A	8,000	▼2,000	18,000	▼2,000	800	▲300
B	1,000	▲200	200	▼700	300	▼600

[상세 내역]

날짜		A				B			
		채널 종합	페이스북	인스타그램	유튜브	채널 종합	페이스북	인스타그램	유튜브
10월 01일	화	30,500	10,000	20,000	500	2,600	800	900	900
10월 02일	수	26,800	8,000	18,000	800	1,500	1,000	200	300

3 **인수의 숫자 함수화**: 이제는 계속 데이터가 추가될 것을 생각해서 숫자인 인수를 함수로 변경하겠습니다. 데이터가 아래 방향으로 추가되니까 INDEX 함수의 두 번째 인수인 숫자 2를 함수화해야 합니다. 날짜가 추가될 때마다 숫자가 증가해야 하므로 COUNTA 함수가 필요합니다. 날짜가 추가될 때마다 가져와야 하는 데이터도 한 칸씩 아래로 내려가야 하므로 상세 내역에 날짜가 입력된 [B15:B45] 셀이 범위가 됩니다. INDEX 함수의 두 번째 인수인 3을 지우고 COUNTA(B15:B45)를 입력한 후 Enter 를 누릅니다.

1. 경쟁사 SNS 채널 운영 현황

COUNTA(B15:B45) 입력 → Enter

[현재 요약]

구분	페이스북		인스타그램		유튜브	
	금일	증감	금일	증감	금일	증감
A	=INDEX(E15:E45,COUNTA(B15:B45))			▼2,000	800	▲300
B	1,000	▲200	200	▼700	300	▼600

[상세 내역]

날짜		A				B			
		채널 종합	페이스북	인스타그램	유튜브	채널 종합	페이스북	인스타그램	유튜브
10월 01일	화	30,500	10,000	20,000	500	2,600	800	900	900
10월 02일	수	26,800	8,000	18,000	800	1,500	1,000	200	300

1. 경쟁사 SNS 채널 운영 현황

[현재 요약]

구분	페이스북		인스타그램		유튜브	
	금일	증감	금일	증감	금일	증감
A	8,000	▼2,000	18,000	▼2,000	800	▲300
B	1,000	▲200	200	▼700	300	▼600

[상세 내역]

날짜		A				B			
		채널 종합	페이스북	인스타그램	유튜브	채널 종합	페이스북	인스타그램	유튜브
10월 01일	화	30,500	10,000	20,000	500	2,600	800	900	900
10월 02일	수	26,800	8,000	18,000	800	1,500	1,000	200	300

4 함수가 잘 작성됐는지 확인해 보겠습니다. [상세 내역]의 10월 3일에 데이터를 업데이트하면 바로 [현재 요약] 부분의 A-페이스북-금일 데이터가 10월 3일의 데이터로 바뀌는 것을 볼 수 있습니다. 같은 방법으로 인스타그램과 유튜브도 작성하면 '금일' 부분은 자동으로 완성됩니다.

	구분		페이스북		인스타그램		유튜브	
			금일	증감	금일	증감	금일	증감
	A		12,000	▼2,000	15,000	▼2,000	1,100	▲300
	B		2,000	▲200	500	▼700	700	▼600

모니터링

1. 경쟁사 SNS 채널 운영 현황
[현재 요약]

[상세 내역]

날짜		채널 총합	페이스북	인스타그램	유튜브	채널 총합	페이스북	인스타그램	유튜브
10월 01일	화	30,500	10,000	20,000	500	2,600	800	900	900
10월 02일	수	26,800	8,000	18,000	800	1,500	1,000	200	300
10월 03일	목	28,100	12,000	15,000	1,100	3,200	2,000	500	700

다음은 '증감' 부분을 자동화해 보겠습니다. 증감 부분도 물론 INDEX 함수로 작성이 가능하지만, 우리는 연습하는 과정이니까 OFFSET 함수를 활용하겠습니다. '증감' 부분인 [E9] 셀도 '기존 수식 확인 → 수식을 함수화(인수는 숫자 사용) → 인수의 숫자 함수화' 순서로 생각해 볼게요.

1 **기존 수식 확인**: [E9] 셀을 더블클릭하면 =E16-E15라고 작성되어 있습니다.

모니터링

1. 경쟁사 SNS 채널 운영 현황
[현재 요약]

	구분		페이스북		인스타그램		유튜브	
			금일	증감	금일	증감	금일	증감
	A		12,000	=E16-E15	18,000	▼2,000	800	▲300
	B		1,000	▲200	200	▼700	300	▼600

[상세 내역]

날짜		채널 총합	페이스북	인스타그램	유튜브	채널 총합	페이스북	인스타그램	유튜브
10월 01일	화	30,500	10,000	20,000	500	2,600	800	900	900
10월 02일	수	26,800	8,000	18,000	800	1,500	1,000	200	300
10월 03일	목	28,100	12,000	15,000	1,100	3,200	2,000	500	700

2 **수식을 함수화(인수는 숫자 사용)**: [E9] 셀에 입력된 E16을 OFFSET 함수로 만들어 보겠습니다. OFFSET 함수의 첫 번째 인수는 기준 셀입니다. 기준 셀은 가장 왼쪽 상단! 잊지 않으셨죠? 그런데 지금 데이터의 경우는 항목 부분에 셀이 병합되어 있습니다. 함수를 입력하다 보면 이런 경우가 종종 있는데요. 이럴 때는 셀 병합을 해제한 후 선택하거나 병합이 적용되지 않은 셀 중 가장 왼쪽 상단 셀을 선택해야 합니다. 병합된 셀을 절대 사용하면 안 되는 것은 아니지만 얻고자 하는 결과와는 다른 결과를 얻을 수 있으니까 주의하세요. 여기서는 날짜의 가장 첫 번째 셀인 [B15] 셀을 기준 셀로 활용하겠습니다. 두 번째 인수에는 아래로 한 번만 이동하면 되니까 1,

세 번째 인수는 오른쪽으로 세 번 이동하면 되니까 3을 입력하면 됩니다.
❶ 즉, E16 자리에 OFFSET(B15,1,3)을 입력하겠습니다. ❷ 같은 원리로
E15에 OFFSET(B15,0,3)를 입력하고, 처음과 동일한 값이 나오는지 확
인해 보겠습니다.

Tip

자동화하면서 중간중간에 결과
가 제대로 나오는지 반드시 확인
하세요.

3 **인수의 숫자 함수화:** 마찬가지로 데이터가 추가될 것을 생각해서 자동화 함
수로 만들어 보겠습니다. 데이터가 아래 방향으로 추가되니까 OFFSET 함
수의 두 번째 인수를 함수로 변경해야 합니다. 그리고 데이터가 추가될 때
마다 숫자가 바뀌도록 COUNTA를 사용할게요. ❶ 첫 번째 OFFSET 함수
의 두 번째 인수 숫자 1을 지우고 COUNTA(를 입력하겠습니다. '금일'과
마찬가지로 날짜가 추가되면 데이터도 한 칸씩 아래로 내려가서 반환해야
하므로 ❷ [B15:B45] 셀을 드래그하고)를 입력합니다. 마무리하기 전에
주의 사항 기억하시죠? ❸ 10월 3일만큼 3번 이동하면 빈 셀이 선택되니
까 −1을 입력해서 마무리하겠습니다.

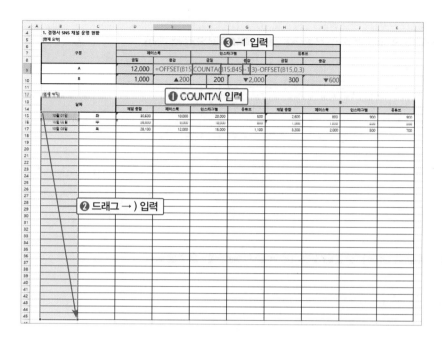

4 두 번째 OFFSET 함수의 인수도 첫 번째 OFFSET 함수와 같은 방법으로 입력하면 되는데요. 하지만 첫 번째 OFFSET 함수보다 한 칸 위의 칸이 선택되어야 합니다. 따라서 COUNTA(B15:B45)−1에서 −1 대신 −2를 입력해서 마무리합니다. 위의 과정대로 인스타그램과 유튜브에 대한 내용도 완성해 주세요. 그러면 자동화 함수가 완성되었으니 결과를 확인해 보겠습니다.

10월 4일에 데이터를 추가하여, 최종적으로 A-페이스북의 금일과 증감 부분 값이 자동화됐는지도 확인해 보면 '금일'과 '증감'의 값이 변하는 것을 확인할 수 있습니다.

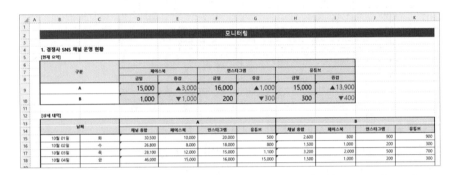

이처럼 매일 단순 반복해야 하는 단순 업무는 함수를 활용하면 훨씬 수월하게 처리가 가능해집니다.

 빅데이터에서도 파일 자동화!　　　　　실습파일: 실무엑셀 05.xls - 자동화파일

지금까지 열심히 공부했으니까 이제는 빅데이터로 자동화 파일을 한번 만들어 보겠습니다. 지금은 아무 것도 입력되어 있지 않은 파일이지만, 이 파일은 지금까지 우리가 배운 내용들을 미리 세팅한 것입니다. 기업정보 부분에서 기업명을 클릭하면 '데이터 유효성 검사'가 설정되어 있는데요. 여기서 임의의 기업 하나를 선택하겠습니다.

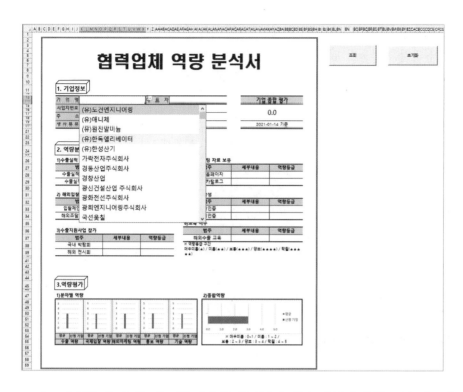

그리고 오른쪽에 보이는 [조회] 단추를 클릭하면 해당 기업에 대한 모든 정보가 나옵니다. 다른 기업으로 변경하거나, 초기화 버튼을 눌러도 그에 맞게 변경됩니다.

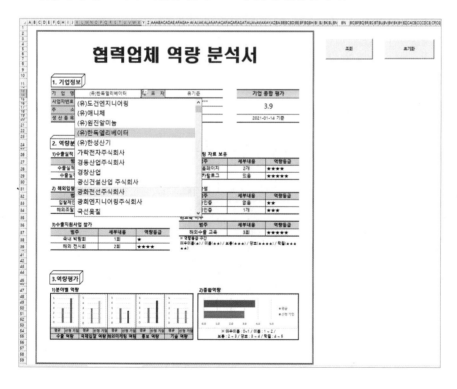

지금 보는 파일은 엑셀 프로그래밍까지 적용한 파일이지만, 프로그래밍(조회, 초기화 버튼)이 없어도 똑같이 사용 가능합니다. 이 파일을 만들기 위해 사용된 데이터는 한, 두 페이지의 이미지로 보여드릴 수 없을 정도로 많은 양이지만, 연습을 위해 축소한 데이터로 자동화 파일을 만들어 보겠습니다.

첫 번째로 '기업정보'를 완성해 보겠습니다.

1 기업정보의 '기업명'은 데이터 시트에 있는 기업명을 볼 수 있도록 설정해 보겠습니다. 특정 데이터만 입력 가능하게 하는 기능은 데이터 유효성 검사입니다. ❶ 기업명이 나와야 하는 셀을 클릭하고, ❷ **[데이터]** 탭 – **[데이터 도구]** 그룹 – **[데이터 유효성 검사]**를 클릭합니다. 그러면 [데이터 유효성] 대화상자가 나타납니다.

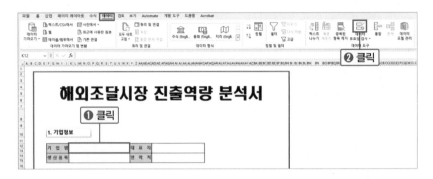

2 ❶ [데이터 유효성] 대화상자에서 [제한 대상]을 '목록'으로 지정하고 ❷ [원본]을 입력하는 곳에 있는 단추를 클릭한 후 ❸ '빅데이터' 시트로 이동하여 기업명이 입력된 부분을 드래그하고 Enter를 누릅니다. 다시 [데이터 유효성] 대화상자로 돌아오면 ❹ [확인] 단추를 클릭합니다.

3 다음으로 '기업명'을 선택하면 자동으로 대표자, 생산품목, 연락처가 나오도록 설정해 보겠습니다. 이런 경우 원본 데이터가 어떻게 입력되어 있는지 먼저 파악하고, 사용할 함수를 판단해야 하는데요. 엑셀 사용자들이 가장 어려워하는 부분이기도 합니다. 사용해야 할 함수를 확인하기 위해 '빅데이터' 시트로 이동하여 데이터를 확인하겠습니다. 해당 시트에서 기업명, 대표자명, 대표번호, 생산품목은 각각 C열, D열, E열, H열에 입력되어 있습니다. 가져와야 할 데이터가 기업명보다 오른쪽에 있는 경우 VLOOKUP 함수를 사용할 수 있는데요. 물론 데이터 정렬에 상관없이 데이터를 가져올 수 있는 INDEX와 OFFSET 함수를 사용해도 되지만 INDEX, OFFSET 함수보다 VLOOKUP 함수가 쉬우니까 VLOOKUP 함수를 이용해서 수식을 작성해 볼게요.

Tip

상황에 맞는 적절한 함수를 선택하는 훈련은 매우 중요합니다.

번호	분류(선택)	기업명	대표자명	대표번호	대표자이메일	품목군(선택)	생산품목
1	국내기업	㈜대경바스컴	한대현, 한승연	041-2***-7***	trd@dkvascom.co.kr	정보통신	방송음향,영상기기
2	국내기업	㈜신산어	김수석	032-2***-7***	sinsanenergy@naver.co	전기전자	태양결정모듈
3	국내기업	이론	이동원	032-2***-7***	caodon@dreamwiz.com	사무서기기	문서세단기
4	국내기업	㈜메스트	이장복	041-2***-7***	dast21@dast21.com	건설환경	막구조물
5	국내기업	㈜용서스	이태수	032-2***-7***	tslee@sogang.ac.kr	기계장치	신소혈샹기
6	국내기업	주식회사 다우루컴즈	윤준기	041-2***-7***	sjyun@lucoms.com	사무기기	컴퓨터,모니터
7	국내기업	㈜태진인포텍	조병철	032-2***-7***	gm@taejin.co.kr	전기전자	하이브리드 반도체시스템
8	국내기업	㈜뉴대와아우컴퓨터	우명구	032-2***-7***	kbkim00@nycomputer.co.k	정보통신	컴퓨터,모니터
9	국내기업	㈜서광양행	문인천	041-2***-7***	moonich@hanmail.net	사무기기	재생통너
10	국내기업	㈜정우네이처	박명선	032-2***-7***	cwp2@chol.com	건설환경	수처리시설 장치
11	국내기업	주식회사 컴펠싸인	이우규	032-2***-7***	ceo@comtel-sign.com	전기전자	LED전광판
12	국내기업	㈜대홈에프레스씨푹램링	염재호	02-2***-9***	psitron@korea.com	건설환경	알루미늄 복합판
13	국내기업	로지시스템(주)	노경훈	032-2***-7***	logi@chol.com	정보통신	빌딩자동제어시스템
14	국내기업	㈜본우드	조현정	041-2***-7***	chang5251@chol.com	건설환경	한.성목재.디지인형 울타리
15	국내기업	㈜디투엔지니어링	김낙경	02-2***-5***	nkkim385@nate.com	전기전자	스프링쿨 잠색 조정장치
16	국내기업	㈜아정보물통신	구기도	02-6***-7***	gdkoo@ahainc.co.kr	사무기기	전자칠판
17	국내기업	㈜이노셈비이엠	최윤용	032-2***-7***	bill@innocem.co.kr	전기전자	LED조명기구
18	국내기업	㈜유니온엔이씨	윤종한	02-2***-9***	chyoon@unionnec.co.kr	전기전자	문서관리 솔루션
19	국내기업	한성의료산업(주)	유동수	6740007@naver.com	6740007@naver.com	과기의료	교압무기멸균기
20	국내기업	대한전광	김재율	02-2***-9***	kimjaeeul@msn.com	전기전자	LED 전광판

4 '자동화파일' 시트로 돌아와서 ① 대표자를 입력하는 셀에 =VLOOKUP(을 입력합니다. VLOOKUP 함수의 첫 번째 인수에는 찾을 값을 입력해야 하므로 기업명이 입력될 ② [K12] 셀을 클릭하고, 를 입력합니다. 두 번째 인수에는 찾을 범위를 입력해야 하는데요. 찾을 범위는 첫 번째 인수가 첫 번째 열에 오도록 선택해야 하니까 ③ 빅데이터 시트로 이동한 다음 [C3:D23] 셀을 드래그하고, 범위이므로 F4를 눌러 절대 참조를 적용한 다음 , 를 입력합니다. 세 번째 인수에는 열 번호를 입력해야 합니다. 여기서 ④ 대표자명은 찾을 범위의 두 번째 열에 입력되어 있으므로 2, 를 입력하고, 네 번째 인수는 정확히 일치한 값만 가져오기 위해 0)를 입력해서 마무리하겠습니다.

Tip

두 번째 인수 찾을 범위 앞에 한글은 시트명을 의미합니다.
예) 빅데이터!$C$3:$D$23 →
빅데이터 시트의 [C3:D23] 셀

	A	B	C	D
1				
2	1.기본정보		❶	❷
3	번호	분류(선택)	기업명	대표자명
4	1	국내기업	㈜대경바스컴	한대현, 한승민
5	2	국내기업	㈜신산이	김수석
6	3	국내기업	이류	이동형
7	4	국내기업	㈜동아스트	이장복
8	5	국내기업	㈜옥서	이태수
9	6	국내기업	주식회사 대우루컴즈	윤춘기
10	7	국내기업	(주)태진인포텍	조병철
11	8	국내기업	㈜녹대와여우컴퓨터	우명구
12	9	국내기업	㈜서광양행	
13	10	국내기업	㈜청우네이처	
14	11	국내기업	주식회사 컴텔싸인	이우규
15	12	국내기업	㈜대흥에프에스씨복합장	엄재호
16	13	국내기업	로지시스템(주)	노경호
17	14	국내기업	㈜본우드	조분형
18	15	국내기업	㈜디투엔지니어링	김박경
19	16	국내기업	㈜아하정보통신	구기요
20	17	국내기업	(주)이노셈코리아	최운용
21	18	국내기업	(주)유니온앤이씨	윤중한
22	19	국내기업	한성의료산업(주)	유동수
23	20	국내기업	대한전광	김재율
24				

❸ 드래그 → F4 → , 입력

5 순서대로 입력했는데 오류가 났습니다. 기업명이 입력되어 있지 않기 때문입니다.

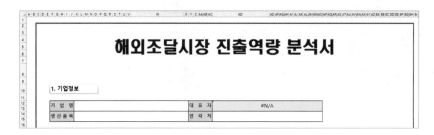

기업명을 선택하면 문제없이 대표자명이 반환되는 것을 확인할 수 있습니다.

Tip

다른 기업명도 선택해서 파일이 잘 만들어졌는지 확인하세요.

	A	B	C	D
1				
2	1.기본정보			
3	번호	분류(선택)	기업명	대표자명
4	1	국내기업	㈜대경바스컴	한대현, 한승민
5	2	국내기업	㈜신산이	김수석

다음으로 '생산품목'과 '연락처'를 입력해야 하는데 이번에도 VLOOKUP 함수를 사용하여 완성해 보겠습니다. '생산품목'은 '기업명'을 기준으로 여섯 번째 열에, 연락처는 기업명을 기준으로 세 번째 열에 입력되어 있습니다. '자동화 파일' 시트에서 생산품목을 입력하는 곳에는 =VLOOKUP(K12,빅데이터!$C$3:$H$23,6,0)을, 연락처를 입력하는 곳에는 =VLOOKUP(K12,빅데이터!$C$3:$E$23,3,0)을 입력합니다.

	A	B	C	D	E	F	G	H
1								
2	1.기본정보					2.제품정보		
3	번호	분류(선택)	기업명	대표자명	대표번호	대표자이메일	품목군(선택)	생산품목
4	1	국내기업	㈜대경바스컴	한대현, 한승민	041-2***-7***	trd@dkvascom.co.kr	정보통신	방송음향,영상기기
5	2	국내기업	㈜신산이	김수석	032-2***-7***	sinsanenergy@naver.com	전기전자	태양열집진기
6	3	국내기업	이룬	이동형	032-2***-7***	ceodon@dreamwiz.com	사무기기	문서세단기
7	4	국내기업	㈜동아스트	이장복	041-2***-7***	dast21@dast21.com	건설환경	막구조물
8	5	국내기업	㈜율서스	이태수	032-2***-7***	tslee@sogang.ac.kr	기계장치	산소발생기

1. 기업정보		
기 업 명	㈜대경바스컴	대 표 자 한대현, 한승민
생 산 품 목	=VLOOKUP(K12,빅데이터!$C$3:$H$23,6,0)	

=VLOOKUP(K12,빅데이터!$C$3:$H$23,6,0) 입력

1. 기업정보		
기 업 명	㈜대경바스컴	대 표 자 한대현, 한승민
생 산 품 목	방송음향,영상기기	연 락 처 =VLOOKUP(K12,빅데이터!$C$3:$E$23,3,0)

=VLOOKUP(K12,빅데이터!$C$3:$E$23,3,0) 입력

이렇게 기업정보를 모두 완성했습니다. VLOOKUP 함수 한 가지만 이용했을 뿐인데 이렇게 다양한 작업을 할 수 있다니, 놀랍죠?

다음으로 역량분석 부분을 완성해 보겠습니다. '해외입찰참가'에서 '입찰 제안서 제출'에 대한 내용을 작성해야 하는데요. 제출 여부에 가져와야 할 내용은 '빅데이터' 시트에서 M열의 데이터 값입니다. 입찰 제안서도 기업명(기준 값)의 오른쪽에 있기 때문에 VLOOKUP 함수를 사용할 수도 있지만, 여러 함수로 연습해 보는 것이 중요하니까 INDEX 함수를 사용해서 완성해 보겠습니다.

1 먼저 입찰 제안서의 제출 여부에 ❶ =INDEX(를 입력하겠습니다. INDEX 함수의 첫 번째 인수는 출력 범위입니다. ❷ '빅데이터' 시트로 이동한 다음 입찰 제안서 제출 여부가 입력되어 있는 [M4:M23]을 드래그하고 F4를 눌러 절대 참조를 적용하고 ,를 입력합니다.

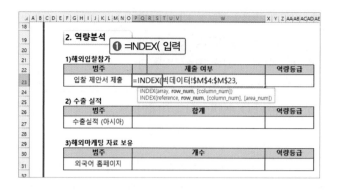

2 두 번째 인수에는 아래 방향으로 이동할 셀의 수를 입력해야 합니다. 아래 방향으로 몇 칸 이동할지는 기업명에 맞춰 이동되어야 하는데요. 현재 기업명은 '㈜대경바스컴'인데 기업명의 첫 번째 칸이니까 1,를 입력하면 됩니다. 세 번째 인수에는 오른쪽 방향으로 이동할 셀의 수인데요. 지금은 이동할 필요가 없으니까 공란으로 두기 위해)를 입력해서 함수를 마무리하겠습니다.

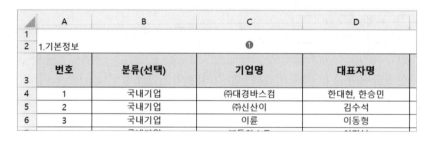

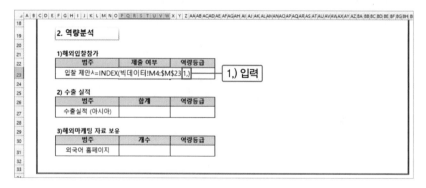

3 그런데 기업명은 보고 싶은 정보에 따라 계속 변경되므로 자동화를 고려해야 합니다. 데이터를 보면 선택된 기업명에 맞춰 몇 칸 내려갈지 결정해야 하는 형태입니다. 따라서 INDEX 함수의 두 번째 인수는 숫자가 아닌 함수가 되어야 합니다. 즉, 찾을 값(기업명)이 찾을 범위에 몇 번째 있는지를

숫자로 표시해야 하므로 MATCH 함수를 사용하겠습니다. ❶ 1을 지우고 MATCH(를 입력한 다음 ❷ 첫 번째 인수에는 기업명인 [K12] 셀을 클릭하고 ,를 입력합니다. ❸ 두 번째 인수인 찾을 범위는 빅데이터 시트로 가서 기업명이 입력되어 있는 [C4:C23]을 드래그한 다음 범위이므로 [F4]를 눌러 절대 참조를 적용하고 ,를 입력하겠습니다. ❹ 세 번째 인수에는 정확히 일치를 의미하는 0)를 입력한 다음 INDEX 함수에 대한)를 제일 뒤에 한 번 더 입력하고 [Enter]를 누르겠습니다.

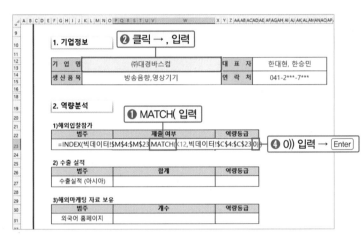

기업명을 변경해 보면서 작성한 자동화 함수를 테스트하면 원하는 대로 결과가 정확히 나오는 것을 확인할 수 있습니다.

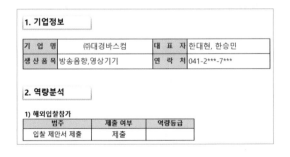

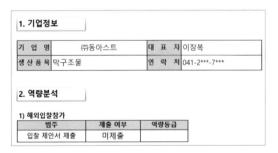

	C	M	N	O	P
1					
2					
3	기업명	입찰 제안서	해외조달 벤더	홈페이지 1	홈페이지2
4	㈜대경바스컴	제출	등록	영문	
5	㈜신산이	제출	등록	영문	일문
6	이룐	제출	미등록	일문	중문
7	㈜동아스트	미제출	등록	일문	중문
8	㈜옥서스	미제출	등록	영문	일문
9	주식회사 대우루컴즈	제출	등록	영문	일문
10	㈜태진인포텍	제출	등록	영문	일문
11	㈜녹대와여우컴퓨터	미제출	등록	중문	영문

이번에는 '역량등급' 부분의 수식을 제출했으면 별 5개, 미제출이면 별 1개로 기준을 정해서 작성하겠습니다. 경우의 수가 2가지니까, IF 함수를 사용하면 되겠네요. IF 함수의 첫 번째 인수는 기준이 되는 조건식이니까 =IF(P23="제출",을 입력합니다. IF 함수의 두 번째 인수에는 제출이 입력되었을 때 표시할 값이므로 "★★★★★",를 입력하고, 세 번째 인수에는 세부 내용에 제출이 아닌 값이 입력되었을 때 표시할 값이므로 "★")를 입력하겠습니다.

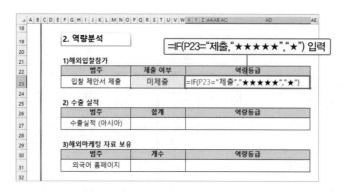

함수를 마무리하고 결과를 테스트해 보면 제출 여부에 맞춰 별의 개수가 표시되는 것을 알 수 있습니다.

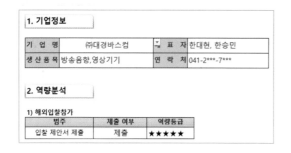
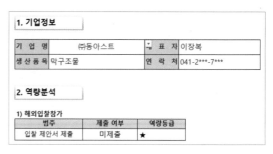

'수출 실적'을 작성해 보겠습니다. '수출 실적(아시아) 합계'에 가져와야 할 데이터는 '빅데이터' 시트의 I열과 J열의 합입니다. 이번에는 OFFSET 함수를 사용하겠습니다.

1 '수출 실적(아시아) 합계'의 결과를 가져와야 하는 셀에 ❶ =OFFSET(를 입력하겠습니다. OFFSET 함수의 첫 번째 인수는 '기준 셀'입니다. 가져와야 할 데이터가 빅데이터 시트에 있으므로 ❷ 빅데이터 시트로 이동해서 [A3] 셀을 클릭하고 ,를 입력합니다.

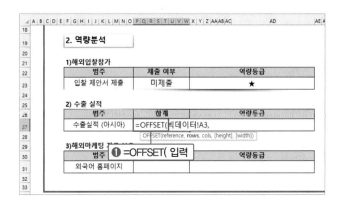

2 OFFSET 함수의 두 번째 인수는 기준 셀에서 아래 방향으로 이동하는 횟수입니다. 아래 방향은 기업명에 따라 이동해야 하는데, 현재 기업명은 '㈜대경바스컴'입니다. 기준인 [A3] 셀보다 한 칸 아래에 있으므로 1,를 입력하고, 오른쪽 방향으로 이동하는 횟수를 결정하는 세 번째 인수에는 I열까지 이동해야 하므로 8,를 입력합니다.

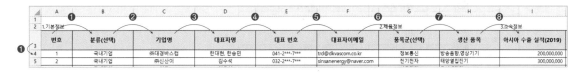

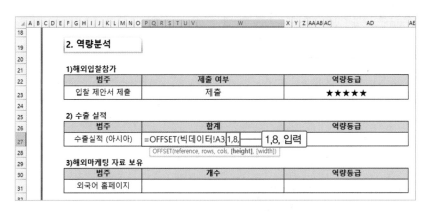

3 수출 실적(아시아)합계는 [I4] 셀과 [J4] 셀의 합과 같습니다. 오른쪽으로 2칸을 선택해야 하므로, OFFSET 함수 네 번째 인수(상하 범위)는 공란으로 두기 위해 ,만 입력하고, 다섯 번째 인수(좌우 범위)에 2)를 입력합니다.

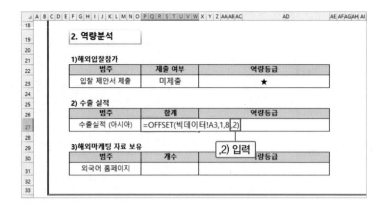

4 마지막으로 구하고 싶은 것은 실적의 합계이니까 =과 OFFSET 사이에 ❶ SUM(를 입력하고 함수의 제일 마지막에 ❷)를 입력해서 함수를 마무리 합니다.

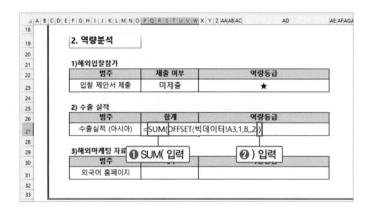

'(주)대경바스컴'의 결과를 확인하면 원하는 대로 수출 실적 합계가 잘 나온 것을 볼 수 있습니다.

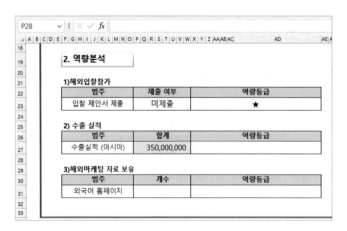

아시아 수출 실적(2019)	아시아 수출 실적(2020)
3.소속정보	
200,000,000	150,000,000

5 이제 자동화 단계로 넘어가겠습니다. 수출 실적 합계도 기업명에 맞춰 계산되어야 하므로 셀이 상하로 이동되어야 합니다. ❶ OFFSET 함수의 상하 방향에 해당하는 두 번째 인수인 1을 지우고, MATCH(를 입력합니다. ❷ 첫 번째 인수에는 기업명인 [K12] 셀을 클릭한 다음 ,를 입력하고, ❸ 두 번째 인수인 '찾을 범위'에는 빅데이터 시트로 이동해서 기업명이 입력되어 있는 [C4:C23] 셀을 드래그하고 F4 를 눌러 절대 참조를 적용한 다음 ,를 입력합니다. ❹ 세 번째 인수에는 정확히 일치하는 값을 반환하다는 의미의 0),를 입력하여 마무리합니다.

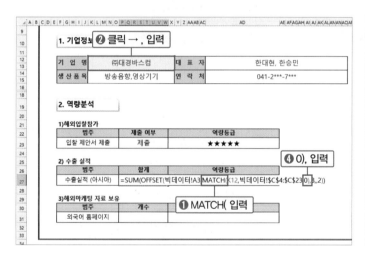

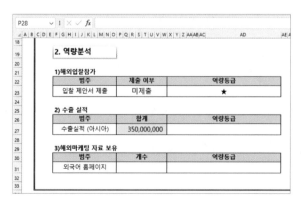

자동화 함수로 수정했으니 테스트를 진행하겠습니다. 두 번째 기업인 '㈜ 신산이'를 클릭해도 정확한 결과가 나오는 것을 확인할 수 있습니다.

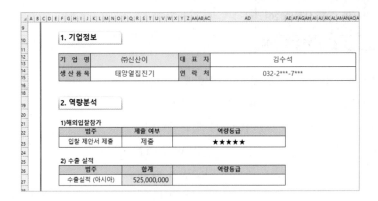

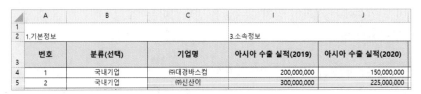

6 마찬가지로 '수출 실적'에 따른 '역량등급'도 작성해 보겠습니다.
이번에는 10억 원 이상은 별 5개, 5억 원 이상은 별 3개, 5억 원 미만은 별 1개로 설정하겠습니다. 경우의 수가 3가지니까 중첩 IF 함수를 사용하면 되는데요. 역량등급을 입력해야 하는 셀에 =IF(P27〉=1000000000,"★★ ★★★",IF(P27〉=500000000,"★★★","★"))를 입력합니다.

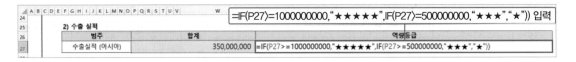

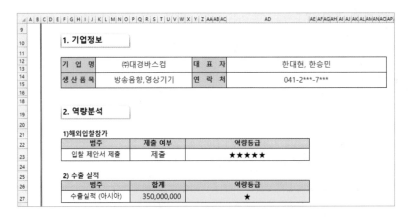

마지막으로 '해외마케팅 자료 보유'에서 '외국어 홈페이지' 개수를 표시하겠습니다. '빅데이터' 시트의 O열부터 Q열에 해당하는 내용인데요. 홈페이지 1에만 입력되었으면 1개, 2까지는 2개, 3까지 입력되어 있으면 3개입니다. 즉, 범위에 입력된 데이터 개수를 숫자로 표현하는 것입니다. 이번에도 OFFSET 함수를 사용하겠습니다.

1 OFFSET 함수의 첫 번째 인수는 기준 셀이니까 이번에도 빅데이터 시트의 [A3] 셀을 기준으로 정하겠습니다. ❶ '개수'를 입력해야 하는 셀에 =OFFSET(를 입력하고, ❷ 첫 번째 인수로 빅데이터 시트의 [A3] 셀을 클릭한 다음 ,를 입력합니다.

Tip

함수의 인수에 숫자를 넣어서 완성할 때 기준은 가장 쉬운 내용으로 정해서 완성하는 것을 추천합니다. 그래서 본문에서도 제일 위에 작성된 '대경바스컴'을 기준으로 작성했습니다.

2 OFFSET 함수의 두 번째 인수는 기준 셀에서 아래 방향으로 이동할 횟수인데 기업명에 맞춰 이동해야 합니다. '㈜대경바스컴'은 [A3] 셀보다 1칸 아래에 있으니까 1,를 입력합니다. 세 번째 인수에는 오른쪽 방향으로 이동할 횟수를 입력해야 합니다. 따라서 A열에서 O열까지 오른쪽 방향으로 14번 이동해야 하므로 14,를 입력합니다.

3 [O4:Q4] 범위에 입력된 데이터 개수는 '㈜대경바스컴'의 외국어 홈페이지 개수입니다. 홈페이지에 대한 열의 수는 O열, P열, Q열이므로 오른쪽으로 3칸의 범위를 선택해야 합니다. ❶ OFFSET 함수의 네 번째 인수는 상하 방향으로의 범위를 의미하므로 ,만 입력합니다. 다섯 번째 인수는 좌우 방향으로의 범위를 의미하므로, 오른쪽으로 3칸을 선택하도록 3)을 입력하겠습니다. ❷ 마지막으로 OFFSET 함수로 선택한 범위에 입력된 데이터의 개수를 구해야 하니까 =과 OFFSET 사이에 COUNTA(를 입력하고, ❸ 함수를 마무리하기 위해)를 추가로 입력합니다.

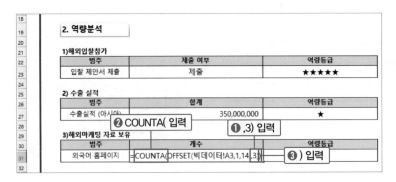

결과를 확인하면 '㈜대경바스컴'의 홈페이지 개수에 맞춰 옳은 결과가 나온 것을 볼 수 있습니다.

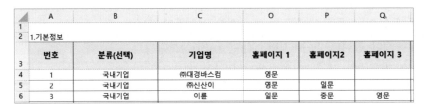

	A	B	C	O	P	Q
1						
2	1.기본정보					
3	번호	분류(선택)	기업명	홈페이지 1	홈페이지2	홈페이지 3
4	1	국내기업	㈜대경바스컴	영문		
5	2	국내기업	㈜신산이	영문	일문	
6	3	국내기업	이륜	일문	중문	영문

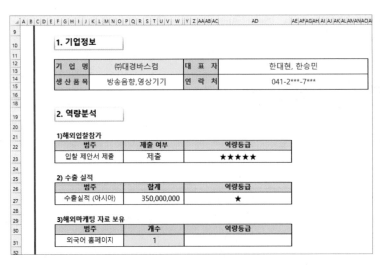

4 결과를 확인했으니 이제 숫자를 함수화하여 자동화 하겠습니다. '외국어 홈페이지'의 개수도 기업명에 맞춰 변경되어야 하므로 상하 방향으로 셀 이동을 해야 합니다. 두 번째 인수인 1을 지우고, MATCH(를 입력하겠습니다. MATCH 함수의 첫 번째 인수는 비데이터 시트에서 기업명인 [K12] 셀을 선택하고 ,를 입력한 다음 두 번째 인수인 찾을 범위로는 빅데이터 시트에 기업명이 입력된 [C4:C23] 셀을 드래그하고 범위이므로 F4를 눌러 절대 참조를 적용하고 ,를 입력하겠습니다. 세 번째 인수는 찾을 방법이므로 정확히 일치를 뜻하는 0)를 입력해서 마무리합니다.

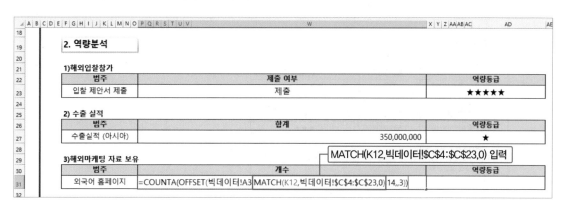

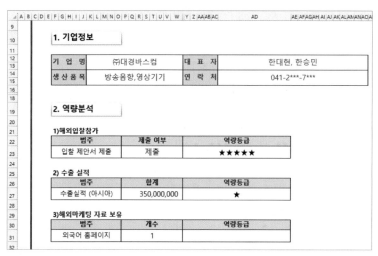

자동화 함수로 수정했으니 정상적으로 작동되는지 확인해 보겠습니다. '㈜신산이'로 변경하면 '㈜신산이'의 개수에 맞춰 결과가 나오는 것을 확인할 수 있습니다.

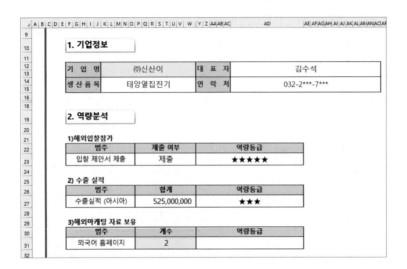

번호	분류(선택)	기업명	홈페이지 1	홈페이지2	홈페이지 3
	1.기본정보				
1	국내기업	㈜대경바스컴	영문		
2	국내기업	㈜신산이	영문	일문	
3	국내기업	이륜	일문	중문	영문

5 마지막으로 '역량등급'을 입력하겠습니다. 홈페이지가 1개일 때는 별 1개, 홈페이지가 2개일 때는 별 3개, 홈페이지가 3개일 때는 별 5개로 표시해야 합니다. 역량등급의 내용을 입력하는 셀에 =IF(P31=3,"★★★★★",IF(P31)=2,"★★★","★"))를 입력합니다.

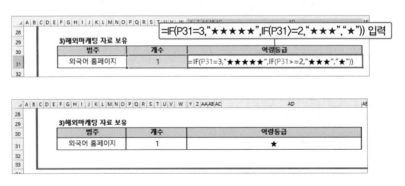

이렇게 자동화 파일의 작성이 마무리되었습니다. INDEX와 OFFSET 함수는 엑셀 구조에 최적화된 함수입니다. 이제 INDEX, OFFSET 함수로 셀과 범위 모두를 가져올 수 있다는 걸 이해하셨을 테니, 업무 파일 필요한 곳에 적극 활용해 봅시다!

●●● 퇴근 30분 전!! 🏃 ✕ +

기간별 매출 내역 조회? 회사 프로그램처럼 구현 가능하지

① 기존 수식 확인

② 수식을 함수화(인수는 숫자 사용)

③ 인수의 숫자 함수화

팀장님께서 빠르게 데이터 결괏값만 확인할 수 있는 파일을 원하시는군요. 지금까지 열심히 공부했으니까 '기존 수식 확인 → 수식을 함수화(인수는 숫자 사용) → 인수의 숫자 함수화' 순서에 맞춰 7월의 기간별 매출 평균을 구하는 자동화 파일을 만들어 보겠습니다.

1 기존 수식 확인: 현재 파일은 아직 입력된 수식이 없으므로 다음 단계로 넘어갑니다.

2 수식을 함수화(인수는 숫자 사용): '시작 날짜'와 '마지막 날짜'를 토대로 해당 기간에 대한 매출 평균을 구하려고 합니다. 기간에 따라 범위가 달라져야 하므로 OFFSET 함수를 사용하겠습니다. ❶ [B4] 셀에 =OFFSET(을 입력하고, OFFSET 함수의 첫 번째 인수(기준 셀)는 '7월 일마감 현황' 자료의 [B9] 셀로 하겠습니다. ❷ [B9] 셀을 클릭하고 ,를 입력합니다. 두 번째 인수(상하 방향으로 이동할 횟수)는 마지막 날짜에 해당하는 ❸ '2015-07-06'까지 이동해야 하므로 7,를 입력합니다. 세 번째 인수(좌우 방향으로 이동할 횟수)는 [B9] 셀부터 '카테고리 영업매출액'이 입력된 E열까지 이동해야 하므로 3,를 입력합니다. 네 번째 인수(상하 범위)는 '2015-07-03'부터 '2015-07-06'까지 4일인데, 위로 4칸을 선택해야 하고, 다섯 번째 인수(좌우 범위)는 선택할 필요가 없으므로 -4,)를 입력합니다. ❹ 기간의 평균을 구해야 하므로 =과 OFFSET 사이에 AVERAGE(를 입력하고, 함수식을 마무리하기 위해 ❺)를 입력하고 Enter 를 누릅니다. 그럼 선택한 기간의 매출 평균인 16,856,637이 나옵니다.

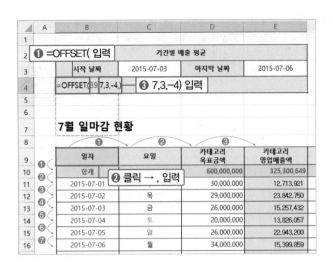

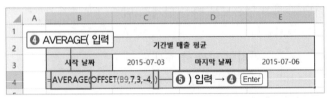

3 **인수의 숫자 함수화**: 이제 기간을 설정하는 숫자 인수에 함수를 사용해서 자동화해 보겠습니다. '시작 날짜'와 '마지막 날짜'를 각각 '2015-07-04', '2015-07-10'로 바꿨다고 할 때, OFFSET 함수에서 변경되어야 할 인수를 결정해 보겠습니다. ① '마지막 날짜'인 두 번째 인수가 7에서 11로 변경돼야 합니다. 즉, 날짜에 맞춰 변경되어야 하므로 MATCH 함수를 사용하겠습니다. ❶ OFFSET 함수에서 7을 지우고 MATCH(를 입력합니다. MATCH 함수의 첫 번째 인수(찾을 값)는 ❷ '마지막 날짜'에 해당하는 셀인 [E3] 셀을 클릭하고 ,를 입력합니다. ❸ 두 번째 인수(찾을 범위)에는 '일자'가 입력된 [B11:B41] 셀을 드래그하고 ,를 입력합니다. ❹ 세 번째 인수(찾을 방법)는 정확히 일치를 의미하는 0)을 입력하겠습니다. 이때 MATCH 함수의 범위는 [B11] 셀부터 시작하므로 결과는 10이 됩니다. 그런데 인수에 가져와야 하는 값이 11이 되어야 하므로 MATCH 함수 뒤에 +1을 입력합니다.

기간별 매출 평균

| 시작 날짜 | 2015-07-04 | 끝 날짜 | 2015-07-10 | ❷ 클릭 → , 입력 |

=AVERAGE(OFFSET(B9,MATCH(E3,B11:B41,0)+1,3,-4))

7월 일마감 ❶ MATCH(입력   ❹ 0)+1 입력

일자	요일	카테고리 목표금액	카테고리 영업매출액	달성률	신장률	전달 카테고리 영업 매출액	판매수량	평균 판매단가
합계		600,000,000	325,300,649	54.2%	-32.2%	480,090,690	2,214	146,929
2015-07-01	수	30,000,000	12,713,921	42.4%	-46.0%	23,542,280	52	244,498
2015-07-02	목	29,000,000	23,842,750	82.2%	48.2%	16,089,610	74	322,199
2015-07-03	금	26,000,000	15,257,432	58.7%	-6.0%	16,232,360	82	186,066
2015-07-04	토	20,000,000	13,826,057	69.1%	-5.0%	14,556,530	88	157,114
2015-07-05	일	26,000,000	22,943,200	88.2%	69.3%	13,554,030	61	376,118
2015-07-06	월	34,000,000	15,399,859	45.3%	76.0%	8,750,590	74	208,106
2015-07-07	화	32,000,000	13,836,905	43.2%	45.2%	9,526,360	56	247,088
2015-07-08	수	27,000,000	27,828,675	103.1%	58.5%	17,560,110	52	535,167
2015-07-09	목	25,000,000	28,845,932	115.4%	86.4%	15,473,250	87	331,562
2015-07-10	금	21,000,000	23,574,595	112.3%	9.2%	21,580,980	79	298,413
2015-07-11	토	16,000,000	19,474,759	121.7%	-4.1%	20,297,480	52	374,515
2015-07-12	일	23,000,000	29,919,877	130.1%	79.3%	16,684,980	96	311,665
2015-07-13	월	23,000,000	11,462,635	49.8%	6.7%	10,745,650	67	171,084
2015-07-14	화	21,000,000	24,062,614	114.6%	96.7%	12,235,810	73	329,625
2015-07-15	수	18,000,000	27,311,438	151.7%	17.0%	23,352,180	54	505,767
2015-07-16	목	17,000,000	15,000,000	88.2%	-29.0%	21,133,570	52	288,462
2015-07-17	금	14,000,000		0.0%	-100.0%	22,971,130	74	-
2015-07-18	토	12,000,000		0.0%	-100.0%	17,687,200	65	-
2015-07-19	일	15,000,000		0.0%	-100.0%	14,113,700	70	-
2015-07-20	월	21,000,000		0.0%	-100.0%	11,322,980	69	-
2015-07-21	화	19,000,000		0.0%	-100.0%	11,831,910	86	-

❸ 드래그 → , 입력

기간별 매출 평균

시작 날짜	2015-07-04	끝 날짜	2015-07-10
23,521,527			

4 다음으로 또 함수화 할 인수를 생각해 보겠습니다. '2015-07-04'와 '2015-07-10' 사이의 기간은 7일 입니다. 즉, 네 번째 인수인 -4가 -7로 변경되어야 하죠. 이를 수식으로 생각해 보면 ('마지막 날짜'-'시작 날짜')+1과 같습니다. 그런데 마지막 날짜를 기준으로 식을 세우면 10일에서 4일로, 위로 올라가야 하니까 +가 아닌 -로 입력되어야 합니다. 즉, ('시작 날짜'-'마지막 날짜')-1이 되어야 하죠. OFFSET 함수에 -4를 지우고, (C3-E3)-1을 입력하면 함수 자동화가 완성됩니다. 다른 날짜를 입력해서 테스트하는 과정을 절대 잊지 마세요!

A	B	C	D	E
1				
2	기간별 매출 평균			(C3-E3)-1 입력
3	시작 날짜	2015-07-04	끝 날짜	2015-07-10
4	=AVERAGE(OFFSET(B9,MATCH(E3,B11:B41,0)+1,3 C3-E3-1))			
5				

A	B	C	D	E
1				
2	기간별 매출 평균			
3	시작 날짜	2015-07-04	끝 날짜	2015-07-10
4	23,521,527			
5				

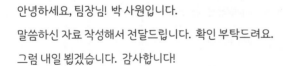

안녕하세요, 팀장님! 박 사원입니다.

말씀하신 자료 작성해서 전달드립니다. 확인 부탁드려요.

그럼 내일 뵙겠습니다. 감사합니다!

데이터 분석은
피벗 테이블

엑셀로 데이터 분석, 통계 등의 작업이 하고 싶다면 간단한 방법으로는 피벗 테이블을 사용하면 됩니다. 피벗 테이블의 장점 중 하나는 사용 방법이 매우 쉽다는 것인데요. 데이터 분석 및 통계 등을 몇 번의 클릭만으로 작업할 수 있습니다. 지금부터는 많은 사용자가 엑셀 최고의 기능으로 피벗 테이블을 꼽는 이유에 대해서 하나씩 말씀드리도록 하겠습니다.

01 엑셀 최고의 기능은 무조건 피벗 테이블

피벗 테이블은 사용해 보면 어렵지 않은데 어려운 것처럼 느껴지는 기능입니다. 또한 데이터 분석에 최적화되어 있어서 데이터 분석을 하기 위해 지켜야 할 준비 사항도 있습니다. 하지만 이를 모두 알면 피벗 테이블을 쉽게 활용할 수 있는데요. 피벗 테이블을 제대로 활용하는 방법을 알아보겠습니다.

● ● ● **업무 요청!** ✕ ＋

← → ⌂ ⟳   🔍   ... https /// SEARCH WEBSITE URL   ☆ 🗋 ⋮

보내기	예약	임시저장	더보기

제목   [업무 요청] 미국 지사 판매 데이터 분석 요청

보낸 사람   김 팀장

받는 사람   박 사원

참조   최 대리, 김 주임

첨부파일

박 사원의 엑셀 실력이 저에게 아주 큰 도움이 되고 있어요. 고맙습니다.

최근 미국에서 우리 회사 제품의 매출이 좋은데 매출액 대비 이익이 너무 낮습니다.
영업 제품들의 구조를 파악해야 할 것 같은데요.
제품 영업이익이 큰 순으로 나열한 후 그 누적 합계가 영업이익의 80% 안에 들어가는 제품의 수가
몇 개인지 피벗 테이블로 만들어서 보여줄 수 있을까요?

이번에도 잘 부탁합니다.

데이터 분석을 쉽게 해 주는 피벗 테이블 만들기

실습파일: 실무엑셀 06.xls - 피벗테이블연습

1 피벗 테이블을 만들기 전에 꼭 확인해야 하는 3가지

피벗 테이블을 만들기 전에 데이터에서 확인해야 할 사항은 3가지인데요. 사실 이 3가지는 피벗 테이블 이외에도 엑셀을 사용하는 대부분의 상황에서 먼저 확인하면 그 기능을 원활하게 사용하는 데 도움이 됩니다. 첫째, 피벗 테이블은 세로 정렬인 데이터를 기준으로 만들어졌습니다. 때문에 데이터를 추가할 때는 반드시 행(아래) 방향으로 입력해야 합니다.

둘째, 머리글(분류명)은 반드시 데이터의 첫 번째 행에 입력해야 하고, 이에 해당하는 행은 1개여야 합니다. 머리글이 2개 이상의 행으로 되어 있는 경우에는 피벗 테이블 자체를 만들 수 없습니다. 부득이하게 두 개의 행으로 자료를 작성해야 한다면 병합된 셀이 없는 1개의 행만 선택해야 합니다.

	A	B	C	D	E	F	G	H
1								
2					주문 관련			
3		행번호	거래유형	할인여부	주문_코드	주문_날짜	선적_날짜	선적_등급
4		1	B2C	할인	ME-2014-773066	2014-06-16	2014-06-21	Standard Class
5		1	B2B	정가판매	ME-2014-773067	2014-06-16	2014-06-21	Standard Class
6		2	B2C	정가판매	LD-2016-365824	2016-12-03	2016-12-08	Standard Class
7		3	B2B	할인	QW-2014-955381	2014-10-21	2014-10-26	Standard Class
8		4	B2B	할인	GW-2016-801610	2016-07-21	2016-07-26	Standard Class

셋째, 피벗 테이블은 자료에 병합된 셀이 있으면 정확한 데이터 분석을 할 수 없습니다. 피벗 테이블을 사용하기 위해 자료에서 병합을 해제하면 빈 셀이 생성되는데요. 이렇게 빈 셀이 있는 경우에도 피벗 테이블은 정확한 결과를 가져올 수 없습니다. 때문에 빈 셀을 삭제하거나 이미 입력된 데이터라도 중복해서 입력해야 합니다.

	A	B	C	D	E	F
1						
2	행번호	거래유형	할인여부	주문_코드	주문_날짜	선적_날짜
3	1	B2C	할인	ME-2014-773066	2014-06-16	2014-06-21
4	2	B2C	정가판매	LD-2016-365824	2016-12-03	2016-12-08
5	3	B2B	할인	QW-2014-9553B1	2014-10-21	2014-10-26
6	4	B2B		GW-2016-801610	2016-07-21	2016-07-26
7	5	B2C		HI-2017-170987	2017-08-07	2017-08-11
8	6	B2B	정가판매	RM-2017-397174	2015-07-20	2015-07-25

2 피벗 테이블을 만들자

위의 3가지에 대한 확인이 끝났다면, 이제 피벗 테이블을 만들어 보겠습니다.

1 ● 먼저 피벗 테이블로 만들고 싶은 전체 자료를 드래그 한 후 ❷ [삽입] 탭
 – [표] 그룹 – [피벗 테이블]을 클릭합니다. 이때 머리글 항목은 1줄만 선택해
 야 합니다.

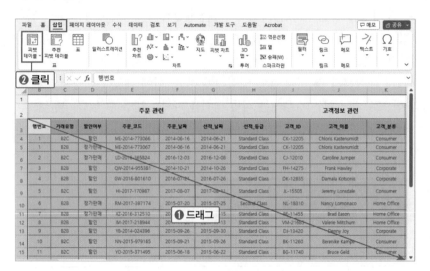

2 그럼 [표 또는 범위의 피벗 테이블] 대화상자가 나타나는데요. ● 여기에서
 '표/범위'는 데이터의 범위를 선택하는 곳입니다. 이 부분은 이미 드래그
 를 한 상태이므로 그대로 두고, 피벗 테이블을 배치할 위치를 선택합니다.
 ❷ 우리는 '새 워크시트'에 체크한 후 ❸ [확인] 단추를 클릭합니다.

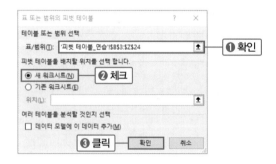

3 피벗 테이블을 생성하면 [피벗 테이블 필드]에 아래와 같은 필드 목록이 생깁니다. 필드는 피벗 테이블을 만들 때 선택했던 데이터의 머리글 부분이 나열된 것입니다.

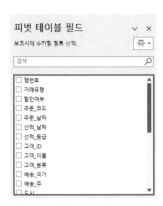

4 직접 필드를 옮기면서 피벗 테이블을 완성하겠습니다. '구' 필드를 [필터], '배송_주' 필드는 [행], '제품_분류' 필드는 [열], '주문수량' 필드는 [값]으로 옮깁니다. 그럼 '배송_주'와 '제품 분류별 주문수량'을 한눈에 볼 수 있는 피벗 테이블이 완성됩니다.

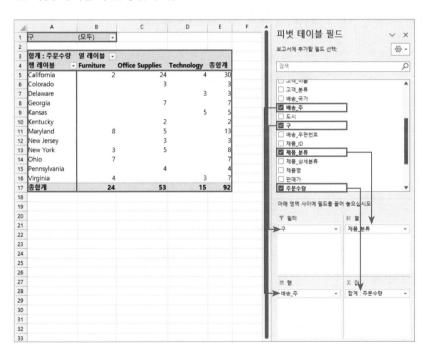

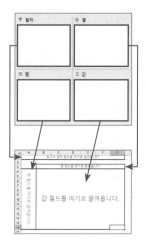

5 계속해서 ❶ [B1] 셀의 드롭다운 단추를 클릭하고 'East'를 클릭한 후 ❷
[확인] 단추를 클릭합니다. 그럼 East에 해당하는 내용으로만 피벗 테이블
이 변경되는 것을 확인할 수 있습니다.

6 이번에는 [값]에 숫자 데이터가 아닌 글자 데이터를 넣어 보겠습니다. [값]
의 '주문수량' 필드를 제거하고, '제품명' 필드를 옮기겠습니다. 그럼 또 다
른 피벗 테이블이 완성되는데요. '제품명'의 글자가 그대로 나오는 것이 아
니라 개수가 나오는 것을 확인할 수 있습니다. 이처럼 [값]에 숫자로 된 데
이터를 넣으면 피벗 테이블은 합계를 표시하고, 숫자가 아닌 데이터를 넣
으면 개수를 표시하게 됩니다.

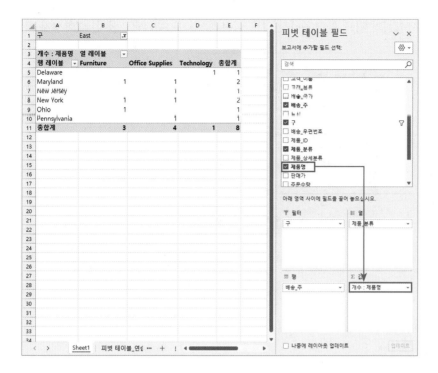

이 외에도 정말 다양한 피벗 테이블을 만들 수 있고, 이를 활용해서 데이터 분석을 할 수 있습니다. 그럼 피벗 테이블 기능을 좀 더 자세하게 알아보겠습니다.

 피벗 테이블에서 자주 사용하는 기능　　　실습파일: 실무엑셀 06.xls - 피벗테이블연습

1 값 필드 설정

[값 필드 설정]은 피벗 테이블에서 중요한 설정 중 하나입니다. 피벗 테이블을 풍성하게 만들기 때문인데요. [값 필드 설정]을 사용하는 방법은 다음과 같이 두 가지가 있습니다.

❶ 피벗 테이블 내에서 마우스 우클릭 → [값 요약 기준] 또는
　[값 표시 형식] 확인

❷ [피벗 테이블 필드] 창에서 [값]의 필드 클릭 → [값 필드 설정] 클릭 → [값 필드 설정] 대화상자 확인

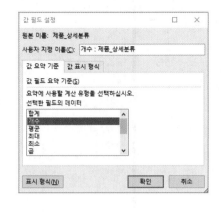

[값 필드 설정]으로 들어가면 [값 요약 기준]과 [값 표시 형식]을 설정할 수 있습니다. 두 가지 방식을 상황에 맞게 자유자재로 사용하는 것은 피벗 테이블을 잘하는 첫걸음입니다.

❶ [값 요약 기준]

[값 요약 기준]은 쉽게 말해 값 요약 방법을 변경하는 것이라고 생각하면 됩니다. 합계로 나왔던 결괏값을 평균, 표준 편차 등 사용자가 원하는 결괏값으로 나오게 하는 곳입니다.

❷ [값 표시 형식]

[값 표시 형식]에서는 요약된 결괏값을, 비율, 순위, 누계, 차이, 지수 등으로 표시하는 방식을 선택하는 곳입니다. 각 항목을 더 심층적으로 분석할 수 있는 기능이라고 생각하면 됩니다.

2 슬라이서와 시간 표시 막대

슬라이서와 시간 표시 막대는 한마디로 필터입니다. 그렇지만 필터보다 훨씬 디자인적으로 우수한 기능인데요. 피벗 테이블을 클릭한 후 **[피벗 테이블 분석]** 또는 **[분석]** 탭 – **[필터]** 그룹 – **[슬라이서 삽입]**과 **[시간 표시 막대 삽입]**을 찾을 수 있습니다.

❶ 슬라이서

슬라이서는 필터와 정말 기능이 똑같습니다. 연습하던 ❶ [피벗 테이블]에서 **[피벗 테이블 분석]** 탭 – **[필터]** 그룹 – **[슬라이서 삽입]**을 클릭하고, ❷ '선적_등급'에 체크한 다음 ❸ [확인] 단추를 클릭합니다. 그러면 총 3가지 선적 등급이 나오는데요. 여기서 각각의 등급을 마우스로 클릭하면 필터링이 진행되면서 피벗 테이블에도 변화가 나타납니다.

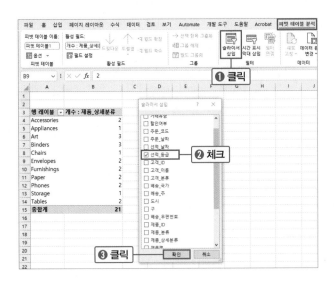

▲ 선택하는 등급에 따라 다른 값이 나타난다.

그리고 필터를 해제(원상 복구)하거나 다중 선택을 하고 싶을 때는 슬라이서의 오른쪽 상단에 다중 선택 () 단추와 필터 지우기() 단추를 클릭하면 됩니다. 필터보다 훨씬 디자인적으로 우수한 기능이 맞죠?

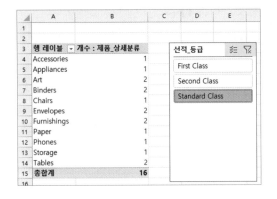

Tip

엑셀의 버전에 따라 단추와 필터 지우기는 다르게 표시되거나 없을 수 있습니다.

❷ 시간 표시 막대

시간 표시 막대는 시간에 한정된 필터라고 기억하면 되는데요. 그래서 [시간 표시 막대 삽입]을 사용하려면 날짜 또는 시간과 관련된 데이터가 있어야 합니다. 연습 시트에서 ❶ [피벗 테이블 분석] 탭 - [필터 그룹] - [시간 표시 막대 삽입]을 클릭합니다. 그러면 [시간 표시 막대 삽입] 대화상자가 나타나는데, ❷ '주문_날짜'에 체크하고 ❸ [확인] 단추를 클릭합니다.

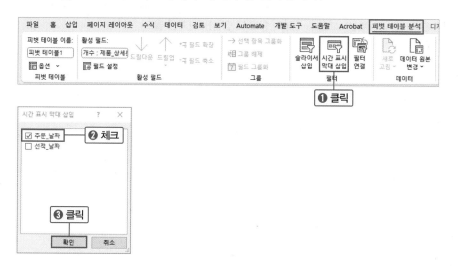

그러면 모든 기간이 표시된 막대가 나오는데요. 이 중 확인하고 싶은 기간을 선택하면 해당 기간의 데이터만 피벗 테이블에 나타납니다. 기간을 더 상세하게 설정하고 싶다면 '월' 부분 옆에 있는 드롭다운을 클릭해서 데이터를 년, 분기, 월, 일별로 필터링하면 됩니다.

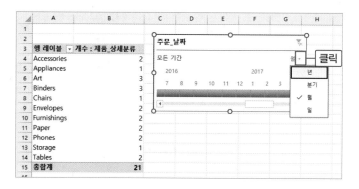

데이터의 양이 많을 때 유용하게 사용할 수 있는 기능이겠죠? 그리고 시각적으로도 보기 좋기 때문에 실무에서는 대시보드에 많이 사용됩니다.

3 계산 필드

계산 필드는 기존 데이터에서는 알 수 없는 내용을 필드끼리 계산하여 새로운 필드로 만드는 기능입니다. 예를 들어 피벗 테이블에 영업 이익은 나와있지만, 순이익에 대한 데이터는 없을 때 데이터를 추가하는 것이 아니라, 계산 필드를 사용하여 피벗 테이블 내에서 데이터를 만드는 것입니다.

1 시트에서 **[피벗 테이블 분석]** 탭 – **[계산]** 그룹 – **[필드, 항목 및 집합]** – **[계산 필드]**
를 클릭합니다.

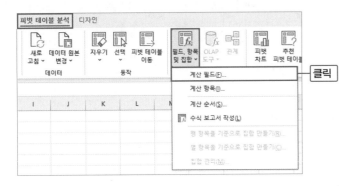

2 [계산 필드 삽입] 대화상자가 나타나면 ❶ '이름'에 순이익을 입력하고 ❷ '수식'에 ='영업 이익'–'선적비용'을 입력한 후 ❸ [확인] 단추를 클릭합니다. 그러면 순이익이라는 새로운 필드가 추가됩니다.

Tip

수식에 필드명을 직접 입력하는 대신 원하는 필드를 더블클릭하여 입력할 수 있습니다.

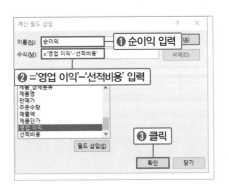

[계산 필드]는 이렇게 기존 필드의 데이터로만 분석이 어려운 경우에 사용하면 좋은 기능입니다.

피벗 테이블로 데이터 분석하기

실습파일: 실무엑셀 06.xls - 피벗테이블문제

피벗 테이블로 분석하는 것은 이론 위주로 공부하는 것보다 반복적으로 연습하는 게 훨씬 중요합니다. 다음 예제를 통해서 연습해 보겠습니다.

먼저 A 사의 판매 데이터 중 'colorado' 주로 배송되는 제품의 평균 단가를 구해보겠습니다.

Q1. A사의 판매 데이터 중 'colorado' 주로 배송되는 제품의 평균 단가는 얼마인가?			
보기			
1	2	3	4
143,421 원	163,505 원	165,559 원	173746 원

1 **❶** '피벗 테이블_문제' 시트의 데이터 전체를 드래그 하고, **❷** [**삽입**] 탭 – [**표**] 그룹 – [**피벗 테이블**]을 클릭한 후 [표 또는 범위의 피벗 테이블] 대화상 자에서 피벗 테이블의 위치를 정합니다. 저는 Q1 문제 아래로 위치를 설정 하겠습니다. **❸** '기존 워크시트'에 체크하고 **❹** '위치' 옆에 있는 단추(⬆) 를 클릭합니다. 그럼 셀을 선택할 수 있는 창이 나타나는데요. 'Q1' 시트의 [B10] 셀을 클릭한 다음 다시 오른쪽에 있는 단추(⬇)를 클릭하고, **❺** [확 인] 단추를 클릭합니다.

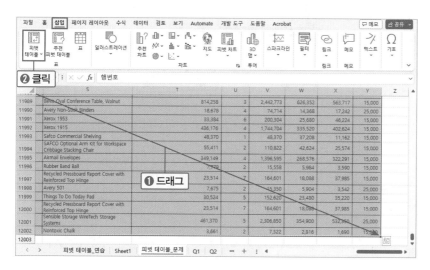

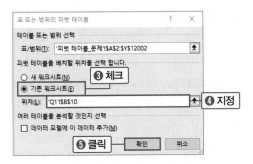

2 피벗 테이블을 만들었으면 Colorado 데이터가 어디에 있는지 확인해야 합니다. '피벗 테이블_문제' 시트의 L열(배송_주)에 'Colorado' 데이터가 있는 것을 확인할 수 있는데요. 다시 Q1 시트의 피벗 테이블 필드로 이동해서 **①** '배송_주' 필드를 [행]으로 이동시킵니다. **②** 제품 평균 단가를 구하기 위해 '제품 단가' 필드를 [값]에 이동시킵니다. 그러면 '배송_주'별 제품 단가의 합계 금액이 나타나는데요. 우리가 구해야 하는 것은 제품 단가의 '평균'이므로 **③** [값]의 '합계:제품단가' – '값 필드 설정'을 클릭한 다음 **④** [값 요약 기준]을 평균으로 변경한 후 **⑤** [확인] 단추를 클릭합니다.

Tip

어떤 필드를 활용해야 하는지 판단이 서지 않을 경우에는 직접 찾아보면서 작성해야 합니다.

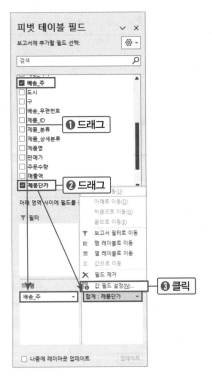

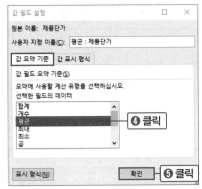

이제 Colorado 주를 찾아서 금액을 확인하면 되겠죠? Colorado 주로 배송
되는 제품 단가의 평균은 163505.657이니까 정답은 2번입니다.

이처럼 피벗 테이블을 활용하려면 어떤 필드를 사용해야 하는지, 어떤 기능을 사용해야 하는지는 모두
사용자가 판단해야 합니다.

다음 문제로 넘어가겠습니다. 이번에는 '제품_상세분류'에서 매출액 합계가
다섯 번째로 높은 제품군을 구해 보겠습니다.

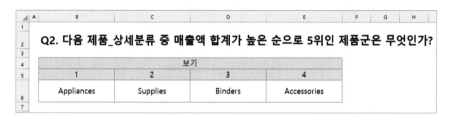

1 먼저 Q2 문제 아래에 피벗 테이블을 만들고, 어떤 필드를 사용할지 판단해
야 합니다. '제품_상세분류'의 '매출액 합계'를 구해야 하므로, '제품_상세
분류' 필드를 [행]으로 옮기고, '매출액' 필드를 [값]으로 옮겨 줍니다.

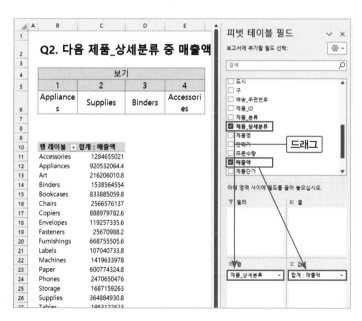

2 매출액이 높은 순으로 5위인 제품군을 찾아야 하는데요. 직접 눈으로 찾는 방법도 있겠지만, 피벗 테이블 기능을 통해 알아보겠습니다. '매출액' 필드를 [값]에 다시 한번 추가합니다. 그러면 피벗 테이블에 매출액2가 추가되는데요. '매출액2' 필드에서 [값 필드 설정]을 클릭하겠습니다.

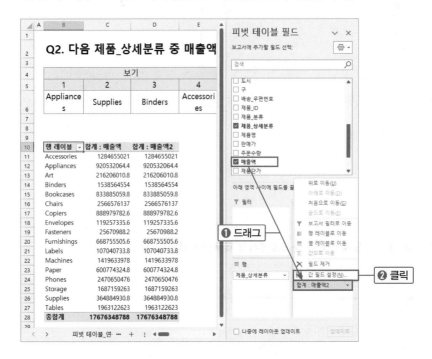

3 [값 필드 설정] 대화상자가 나타나면 ❶ [값 표시 형식] 탭을 클릭하고 ❷ '값 표시 형식'을 '내림차순 순위'로 변경한 다음 ❸ [확인] 단추를 클릭합니다.

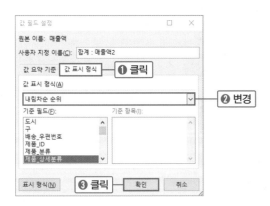

4 ❶ 다음으로 피벗 테이블의 매출액 부분을 드래그 하고, ❷ **[홈]** 탭 − **[표시 형식]** 그룹 − **[쉼표 스타일]**을 클릭합니다. 매출액과 매출액2를 보면서 Binders가 5순위인 것을 확인합니다.

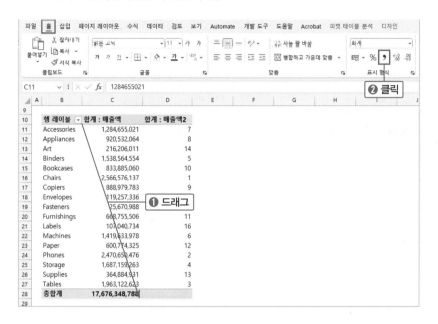

여기서 알아야 할 내용은 피벗 테이블 필드를 옮길 때 [행], [열], [값]에 꼭 한 개씩만 옮겨서 사용해야 하는 것이 아니라, 상황에 맞게 여러 개 옮겨서 사용할 수 있다는 점입니다.

마지막으로 조건이 복잡한 피벗 테이블을 만들어 보겠습니다. '주문수량'이 5개 이상이고, '선적_등급'이 'Same Day'인 거래 비중을 100%라고 할 때 '제품_분류'가 'Office Supplies'인 것의 매출액 비중은 몇 %일까요?

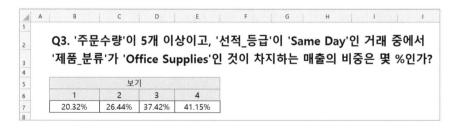

1 먼저 Q3 문제 아래에 피벗 테이블을 만들고, 어떤 필드를 사용할지 판단해야 합니다. 문제를 풀기 위해서는 '주문수량', '제품_분류', '선적_등급', '매출액' 총 4개의 필드가 필요합니다. '제품_분류' 필드를 [행], '매출액' 필드를 [값]으로 옮기면 '제품_분류'별 매출액 합계를 알 수 있습니다. 계속해서 '선적_등급' 필드를 [열]로 옮기면 각각의 '제품_분류'와 '선적_등급'에 해당하는 매출액 합계를 피벗 테이블로 확인할 수 있습니다.

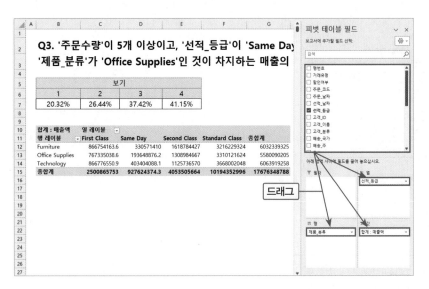

2 그런데 우리는 매출액 합계 금액이 아니라 동일한 선적 등급 내에서의 매출액 비중을 알아야 합니다. ❶ '합계 : 매출액' 필드를 클릭하고 [값 필드 설정] 탭을 클릭합니다. [값 필드 설정] 대화상자가 나타나면 ❷ [값 표시 형식]을 클릭하고, ❸ '값 표시 형식'을 '열 합계 비율'로 변경한 후 ❹ [확인] 단추를 클릭합니다. '열 합계 비율'로 변경하는 이유는 'Same day' 주문의 전체 매출을 100%로 설정해야 하기 때문입니다. 이렇게 설정하면 제품 분류가 'Office Supplies'인 것이 'Same Day' 선적 등급에서 차지하는 매출액 비중은 20.88%으로 나옵니다.

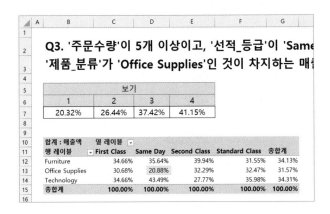

3 마지막으로 주문수량이 5개 이상이라는 조건을 설정해야 합니다. ❶ **[피벗 테이블 분석]** 탭 - **[필터]** 그룹 - **[슬라이서 삽입]**을 클릭합니다. 슬라이서는 필터와 기능이 같다고 했죠? ❷ [슬라이서 삽입] 대화상자에서 '주문수량'에 체크하고 ❸ [확인] 단추를 클릭합니다.

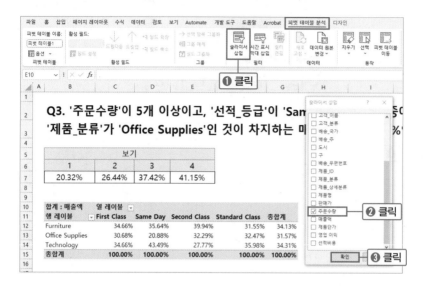

4 여기에서 5개 이상만 보기 위해 ❶ [다중 선택] 단추를 활용하여 ❷ 1~4를 체크 해제합니다. Office Supplies, Same Day 피벗 테이블의 결과가 20.88%에서 20.32%로 변경되었습니다. 그래서 정답은 1이 됩니다.

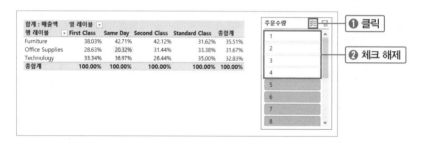

역시나 이번 문제에서도 피벗 테이블의 기능인 [슬라이서]와 [값 필드 설정]을 통해 데이터 분석이 진행되었고, 이 과정은 상황에 맞게 스스로 판단할 수 있어야 합니다.

차근차근 논리적으로 생각해 보자!

① 피벗 테이블에 필요한 항목 생각해 보기

② 필요한 항목을 정해서 비중 계산하기

매출액 대비 이익이 낮아서 제품 구조 파악이 필요합니다. 먼저 전체 제품의 영업이익이 큰 순으로 나열한 다음 그 누적합계가 영업이익의 80% 안에 들어오는 제품의 수를 피벗 테이블로 구해 보겠습니다.

1 ❶ '피벗 테이블_문제' 시트의 데이터 전체를 드래그 하고, ❷ **[삽입]** 탭 –
[표] 그룹 – **[피벗 테이블]**을 클릭한 후 [표 또는 범위의 피벗 테이블] 대화상
자에서 피벗 테이블의 위치를 정해야 합니다. ❸ 기존 워크시트에 체크하
고 ❹ **[위치]** 옆에 있는 단추(⬆)를 클릭합니다. 그럼 셀 선택을 할 수 있는
엑셀 창이 나타나는데요. '퇴근' 시트의 [B9] 셀을 클릭한 다음 다시 오른
쪽에 있는 단추(⬇)를 클릭하고, ❺ **[확인]** 단추를 클릭합니다.

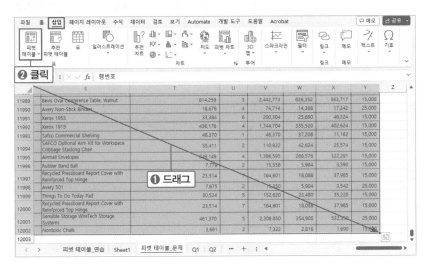

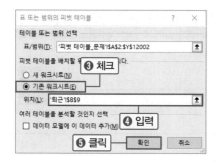

2 제품별 영업 이익을 알아야 하므로 ❶ '제품_ID' 필드를 [행], '영업 이익' 필드를 [값]으로 옮기면 제품별 영업 이익을 확인할 수 있습니다. 다음으로 '영업 이익'이 높은 순으로 제품을 확인해야 하니까 ❷ **[데이터]** 탭 – **[정렬 및 필터]** 그룹에서 圆를 클릭하여 내림차순으로 정리해 줍니다.

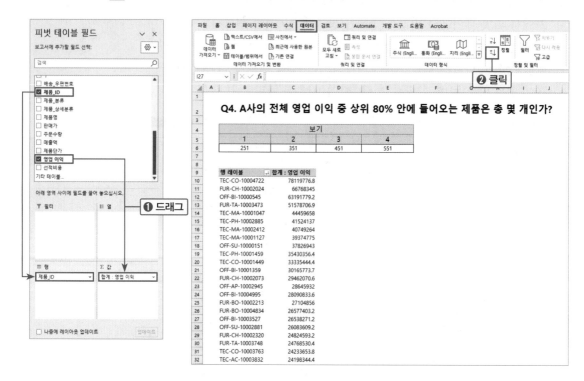

3 ❶ '영업 이익' 필드를 한 번 더 [값] 영역으로 옮긴 다음 ❷ '합계 : 영업 이익2'를 클릭하고, '값 필드 설정'을 클릭합니다. ❸ [값 필드 설정] 대화 상자가 나타나면 '값 표시 형식'에서 '값 표시 형식'을 '누계 비율'로 설정 하고, ❹ [확인] 단추를 클릭합니다.

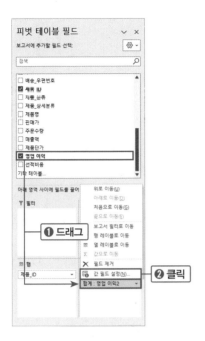

4. 시작 행이 10행이었고, 누계 비율이 80%을 넘지 않는 마지막 제품의 행이 360행이니까 총 개수는 351개라는 것을 알 수 있습니다. 그러므로 정답은 2번입니다.

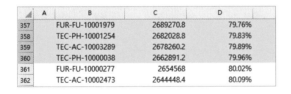

안녕하세요, 팀장님! 박 사원입니다.

말씀하신 자료 작성해서 전달드립니다. 확인 부탁드려요.

그럼 내일 뵙겠습니다. 감사합니다!

회사에서 엑셀을 검색하지 마세요

발 행 일	2024년 6월 21일 초판
저 자	이재형
펴 낸 이	양형남
펴 낸 곳	(주)에듀윌
등록번호	제25100-2002-000052호
주 소	08378 서울특별시 구로구 디지털로34길 55
	코오롱싸이언스밸리 2차 3층

www.eduwill.net

대표전화 1600-6700

꿈을 현실로 만드는
에듀윌

DREAM

공무원 교육
- 선호도 1위, 신뢰도 1위! 브랜드만족도 1위!
- 합격자 수 2,100% 폭등시킨 독한 커리큘럼

자격증 교육
- 8년간 아무도 깨지 못한 기록 합격자 수 1위
- 가장 많은 합격자를 배출한 최고의 합격 시스템

직영학원
- 직영학원 수 1위
- 표준화된 커리큘럼과 호텔급 시설 자랑하는 전국 21개 학원

종합출판
- 온라인서점 베스트셀러 1위!
- 출제위원급 전문 교수진이 직접 집필한 합격 교재

어학 교육
- 토익 베스트셀러 1위
- 토익 동영상 강의 무료 제공

콘텐츠 제휴 · B2B 교육
- 고객 맞춤형 위탁 교육 서비스 제공
- 기업, 기관, 대학 등 각 단체에 최적화된 고객 맞춤형 교육 및 제휴 서비스

부동산 아카데미
- 부동산 실무 교육 1위!
- 상위 1% 고소득 창업/취업 비법
- 부동산 실전 재테크 성공 비법

학점은행제
- 99%의 과목이수율
- 16년 연속 교육부 평가 인정 기관 선정

대학 편입
- 편입 교육 1위!
- 최대 200% 환급 상품 서비스

국비무료 교육
- '5년우수훈련기관' 선정
- K-디지털, 산대특 등 특화 훈련과정
- 원격국비교육원 오픈

에듀윌 교육서비스 **공무원 교육** 9급공무원/7급공무원/소방공무원/계리직공무원/기술직공무원/군무원 **자격증 교육** 공인중개사/주택관리사/감정평가사/노무사/전기기사/경비지도사/검정고시/소방설비기사/소방시설관리사/사회복지사1급/건축기사/토목기사/직업상담사/전기기능사/산업안전기사/위험물산업기사/위험물기능사/유통관리사/물류관리사/행정사/한국사능력검정/한경TESAT/매경TEST/KBS한국어능력시험/실용글쓰기/IT자격증/국제무역사/무역영어 **어학 교육** 토익 교재/토익 동영상 강의 **세무/회계** 회계사/세무사/전산세무회계/ERP정보관리사/재경관리사 **대학 편입** 편입 교재/편입 영어·수학/경찰대/의치대/편입 컨설팅·면접 **직영학원** 공무원학원/소방학원/공인중개사 학원/주택관리사 학원/전기기사학원/세무사·회계사 학원/편입학원 **종합출판** 공무원·자격증 수험교재 및 단행본 **학점은행제** 교육부 평가인정기관 원격평생교육원(사회복지사2급/경영학/CPA)/교육부 평가인정기관 원격 사회교육원(사회복지사2급/심리학) **콘텐츠 제휴·B2B 교육** 교육 콘텐츠 제휴/기업 맞춤 자격증 교육/대학 취업역량 강화 교육 **부동산 아카데미** 부동산 창업CEO/부동산 경매 마스터/부동산 컨설팅 **국비무료 교육 (국비교육원)** 전기기능사/전기(산업)기사/소방설비(산업)기사/IT(빅데이터/자바프로그램/파이썬)/게임그래픽/3D프린터/실내건축디자인/웹퍼블리셔/그래픽디자인/영상편집(유튜브)디자인/온라인 쇼핑몰광고 및 제작(쿠팡, 스마트스토어)/전산세무회계/컴퓨터활용능력/ITQ/GTQ/직업상담사

교육 문의 **1600-6700** www.eduwill.net